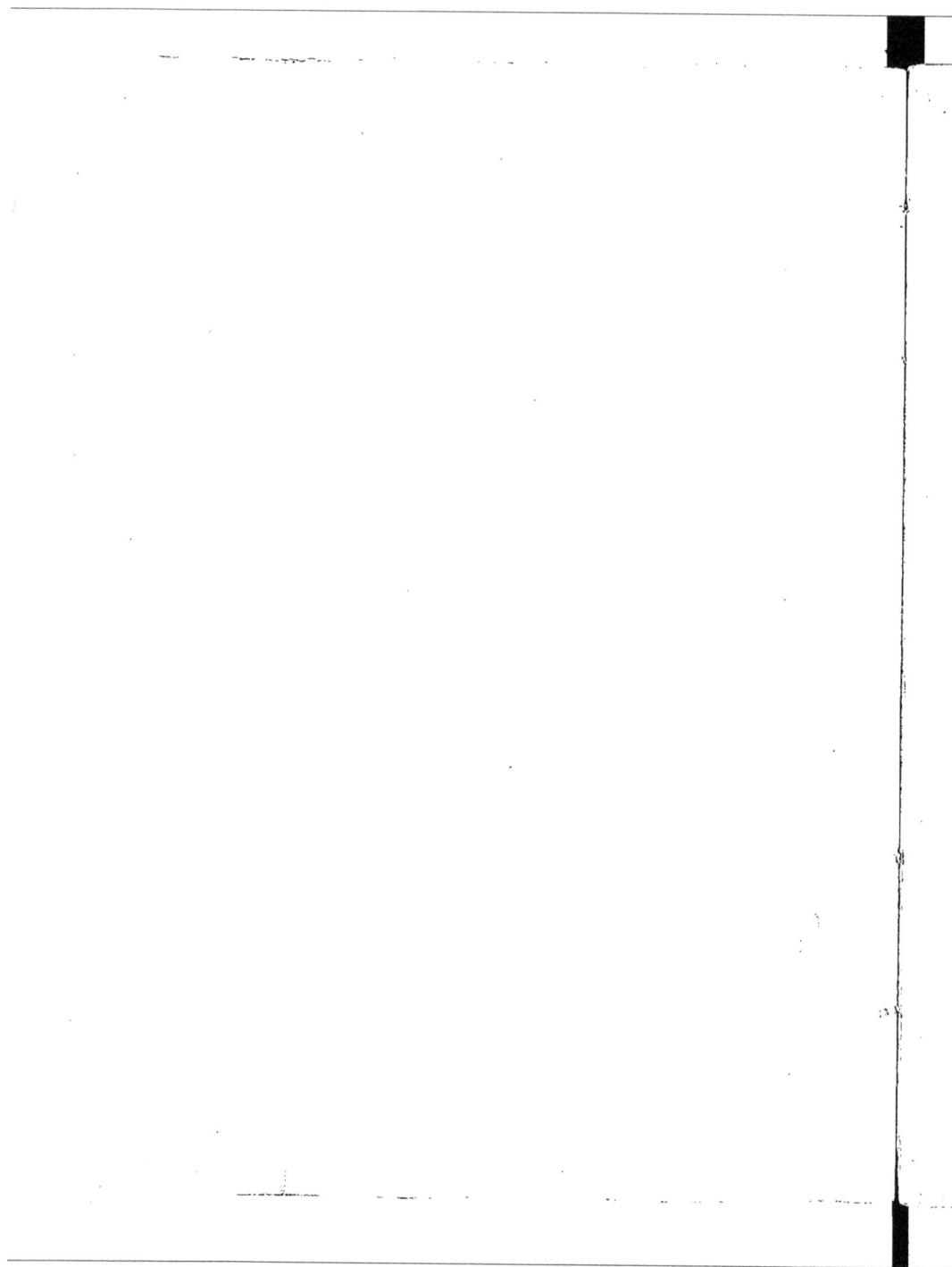

POUR

BIEN CONNAITRE
SES DROITS

LISTE DES OUVRAGES

DE LA COLLECTION *FEMINA-BIBLIOTHÈQUE*

Pour bien tenir sa maison.

Pour bien s'habiller.

Pour bien connaître les usages mondains.

Pour bien se porter.

Pour bien élever ses enfants.

Pour bien faire du sport.

Pour bien travailler chez soi.

Pour bien gagner sa vie.

Pour bien manger.

Pour bien s'initier aux arts.

Pour bien connaître ses droits.

Pour être belle.

FEMINA-BIBLIOTHÈQUE

POUR

BIEN CONNAITRE SES DROITS

PRÉFACE DE
Mme GABRIELLE RÉVAL

Collection publiée sous le patronage du LYCEUM

*OUVRAGE ORNÉ DE 12 PAGES D'ILLUS-
TRATIONS HORS TEXTE*

PIERRE LAFITTE & Cie
90, AVENUE DES CHAMPS-ÉLYSÉES
PARIS

NOTE DES ÉDITEURS

Les Édi-
teurs de FEMINA-
BIBLIOTHÈQUE seront
obligés aux lecteurs de ce volume de leur signaler les oublis
et les omissions qui pourraient s'y
être produits. :: :: :: Ils accueilleront
aussi avec reconnaissance les indications, les conseils qu'on voudra bien
leur faire parvenir au sujet des perfec-
tionnements et améliorations à y
apporter. :: :: :: :: :: Ils s'efforceront
d'en tenir compte dans les édi-
tions ultérieures du présent
ouvrage, ainsi que dans les
autres volumes de la
collection.

POUR BIEN CONNAITRE SES DROITS

TABLE DES MATIÈRES

LA FEMME MARIÉE

LE DIVORCE

DÉCÈS. FUNÉRAILLES. SUCCESSION

LA MÈRE ET LA FEMME DANS LE COMMERCE

LA FEMME ET LE COMMERCE

LA LOI ET SES REPRÉSENTANTS

LE PATRIMOINE ET LA PROPRIÉTÉ

IMPOTS ET DROITS

CONVENTIONS ET CONTRATS

Généralités 293
Définition du contrat. 295
De l'offre 296
DE LA VENTE 298
Règles générales 298
Obligations du vendeur. 299
Obligations de l'acheteur. 300
Garanties du vendeur. 300
Différentes espèces de ventes. 301
LA LOCATION. 304
Conditions du bail. 304
Preuves du bail verbal 304
Obligations du bailleur. 305
Cas d'incendie. 305
Obligations du locataire 306
Cessation du bail. 307
Sous-location et cession 308
Actions relatives aux loyers et baux. 308
Délais de paiement 309
Concierges 309
Obligations du concierge. 309
Formules de baux 310
Bail d'une maison 310
Bail d'un appartement 312
Bail à ferme. 313
DU LOUAGE DES DOMESTIQUES ET OUVRIERS. 317
Domestiques. 317
Obligations réciproques des maîtres et des domestiques 318
Certificat 318
Responsabilité des maîtres. 319
Ouvriers. 319
Résiliation. 320

ASSURANCES, RENTES VIAGÈRES, CAISSES D'ÉPARGNE, ETC.

PRÉFACE

NUL n'est censé ignorer la loi ! dit-on.

En fait, rien n'est plus commun que l'ignorance des droits que la loi nous confère.

Exceptez les avocats, les notaires, les juristes, etc., qui sont tenus par leur devoir professionnel de connaître les prescriptions du Code, combien sont rares ceux qui, dans la vie courante et dans la vie des affaires, savent exactement les garanties que la loi leur accorde, et quelle limite elle impose à l'exercice de leurs libertés.

Une discussion éclate-t-elle sur un point litigieux, un procès en sera-t-il la conséquence, notre unique souci est de courir chez l'avoué, dans cette disposition d'esprit particulière, qui nous permet d'accueillir et de suivre aveuglément son avis :

— Mon avoué m'a dit de faire ceci !

— Mon avocat me pousse à faire cela !

La compétence des hommes de loi nous en impose et nous opinons après eux ! C'est légitime ! dites-vous.

Mais il est plus légitime encore de s'instruire dès l'abord de nos obligations envers autrui, de nos propres droits, des risques que nous encourons, chaque fois qu'une imprudence ou l'ignorance des lois nous placent dans un mauvais cas.

Ainsi avertis, à la veille d'un procès, nous saurons choisir le loyal et l'habile « *Conseil* » qui se chargera de défendre nos intérêts, et du même coup, nous éviterons le danger de tomber entre les mains impitoyables de ceux qu'on nomme les corbeaux et les hommes d'affaires véreux.

Car l'ignorance où nous sommes des lois et de la jurisprudence nous livre pieds et poings liés à la merci de celui qui reçoit mandat d'agir en notre lieu et place. Plus de contrôle. Il faut nous en remettre à lui, puisque, en matière de législation, le bon sens et l'équité ne suffisent pas à suppléer aux connaissances qui nous font défaut.

On conviendra que la connaissance de nos droits est une arme qui, en bien des cas, nous permet d'assurer la protection et la défense d'intérêts immédiats, intérêts d'où dépendent la sécurité, la prospérité, l'honneur de toute une vie.

Cette arme appartient à la femme aussi bien qu'à l'homme. Peu d'éducateurs cependant ont envisagé, dans leurs programmes, la nécessité d'enseigner aux jeunes filles les éléments du droit.

Fénelon avait réclamé pour elles, avec juste raison, cet enseignement sous une forme pratique. Les collèges et les lycées féminins réalisent aujourd'hui le vœu de l'évêque de Cambrai.

Si quelque grincheux vient nous dire : « A quoi bon surcharger l'instruction des femmes, ajouter les notions de droit à tant d'autres notions ? Voulez-vous faire de ces jeunes filles des comtesses d'Escarbagnas, des Chicanous femelles; allez-vous farcir leur cervelle d'un jargon barbare, leur faire parler un charabia digne de l'Écolier Limousin ?...

Non pas ! Il s'agit d'apprendre aux femmes quels sont leurs droits, et comment elles peuvent en user au mieux de leurs intérêts.

Mais encore : « La femme est une mineure presque sa vie durant !... Elle passe de la tutelle paternelle à la tutelle maritale !... Elle abdique en faveur de son époux, et la loi la considère comme une incapable, donc... »

Voilà qui est trop vite dit.

D'abord toutes les femmes ne sont pas sous puissance de mari. Le nombre même de celles qui se marient devient de plus en plus restreint ; on sait quelles raisons économiques ont déterminé cette crise du mariage.

Il est de fait, aujourd'hui, que toute une catégorie de femmes vivent indépendantes comme des célibataires ; à celles-ci la loi garantit de nombreux droits : elles peuvent aller, venir comme bon leur semble, acheter, vendre, hériter, administrer leurs biens, exercer la profession qui leur plaît, etc.

A côté des femmes non mariées, il y a les femmes qui ont cessé de l'être par le veuvage ou le divorce. La veuve, du jour au lendemain cesse d'être une mineure. L'incapable devient le chef de la famille. Elle se substitue au mari mort, dispose de sa puissance, achète, vend, signe des contrats, engage sa responsabilité, exerce la tutelle sur ses enfants, administre leur fortune, autorise leur mariage, etc.

Comment cette incapable *exercera-t-elle sans imprudence ou sans légèreté des pouvoirs si complets, alors qu'elle ignore les plus élémentaires de ses droits ? Si elle doute de ses capacités, elle s'en remettra à un homme d'affaires dont la compétence lui apparaît d'autant plus sûre qu'elle est hors d'état de la contrôler, ou bien les choses iront au pis aller, si elle ne cherche pas à s'instruire pour mieux gouverner.*

Enfin l'épouse elle-même, dans les conditions normales, bien que la loi l'ait assujettie à son mari n'en est pas moins l'égale de son compagnon. Elle abdique l'exercice et les droits en sa faveur, la loi l'y oblige. Mais rien ne peut l'obliger à abdiquer sa dignité d'épouse avec les droits moraux et les devoirs que cette dignité comporte.

Les devoirs sont clairs ; ils sont les mêmes pour toutes : rendre un mari heureux, élever les enfants. Or, ni ce bonheur, ni la véritable éducation de la famille ne vont sans l'union et sans la sécurité. La femme se trouve être la véritable gardienne de toutes les forces morales et matérielles de qui dépend le bonheur des siens.

Elle n'administre pas ses biens, soit ; elle ne signe pas de contrats, c'est entendu, mais si elle n'agit pas, elle réfléchit et elle conseille. Un sage avis donné à point nommé peut éviter une faute grave. Son bon sens et sa raison lui suffisent quelquefois, mais que l'on juge ce que pourrait faire et bien faire une épouse vigilante, l'associée morale du mari si, à sa naturelle clairvoyance, s'ajoutait la connaissance d'une science aussi nécessaire que celle du droit !

Niera-t-on l'utilité pratique d'un tel enseignement?

Mais cet enseignement, qui le donnera ?

Le livre que voici !

Grâce à lui, point n'est besoin d'apprendre le droit ou de « piocher » le Code. Ouvrez-le. Chaque page vous enseignera quelque chose d'essentiel.

Il résume à votre intention, Lectrice, ce que vous auriez appris en plusieurs années d'études. Dans une langue simple, claire, sobre, vous trouverez ici, l'exposé méthodique de tous vos droits. Chaque état de la vie féminine y est étudié. Rien n'a été omis de ce qui concerne le sort légal de la personne et des biens.

Toutes les éventualités qui peuvent se présenter dans le destin de la jeune fille majeure ou mineure, de l'épouse, de la veuve ; tout ce qui concerne l'exercice d'une profession commerciale, l'administration des biens, les héritages, la propriété, l'impôt, les divers contrats, se trouve exposé ici par un esprit d'une grande compétence juridique. De sorte qu'avant de s'engager par un acte décisif, ce livre permettra à chacun de se faire une idée précise des droits à défendre, des droits à respecter.

Aucun livre d'ordre pratique ne saurait être plus utile que celui-ci.

Ce n'est pas un livre uniquement écrit pour les femmes, c'est un livre écrit pour la famille entière. Il est un vade mecum *d'une rare importance usuelle, puisqu'il résume et commente le* Code.

Je l'appellerais le livre de Sapience *si ce n'était abuser d'un terme archaïque. Je préfère le nommer un livre de* Prudence, *car c'est le classer aussitôt au nombre des livres qui sont indispensables à la famille. Sa place est à tous les foyers et partout où il sera, nul ne regrettera, au jour d'anxiété, de l'avoir eu sous la main.*

Gabrielle RÉVAL.

LA FEMME ET LE DROIT

LA FEMME ET LE DROIT

LA JEUNE FILLE

AVANT de prendre dans la société, par le mariage, la place et la fonction qui lui sont propres, la femme a traversé une première phase de son existence, phase de préparation et d'attente. Elle a vécu sa vie de jeune fille.

Au point de vue du droit spécial de la femme, cette fraction initiale est la moins intéressante, car la jeune fille et le jeune homme subissent sans différence les conditions communes d'incapacité que la loi assigne aux mineurs des deux sexes. Il est cependant utile de l'étudier brièvement si l'on veut dresser un tableau exact et complet de l'existence féminine.

Trois cas sont à considérer :

Ou la jeune fille vit chez ses parents ;

Ou elle est orpheline ;

Ou elle est émancipée, dans l'un ou l'autre des cas précédents.

LA JEUNE FILLE CHEZ SES PARENTS Envisageons d'abord le cas le plus simple. La jeune fille mineure vit chez ses parents. A tous deux la loi confie le soin de la garder et de l'élever, mais au père seul, chef de la famille, elle réserve l'autorité paternelle. C'est donc à lui préférablement que la jeune fille obéira, en cas de conflit entre les volontés de ses parents. C'est chez lui qu'elle a son domicile légal ; c'est lui qui administre ses biens et qui en a la jouissance jusqu'à ce qu'elle ait atteint dix-huit ans.

A sa mère, elle doit ainsi qu'à son père « honneur et respect », selon les termes du code. Ce devoir s'étend aux autres « ascendants légitimes », à l'aïeul et à l'aïeule. Même lorsqu'il se produit dans la famille une mésintelligence ou une scission, les grands parents pourront, en s'adressant aux tribunaux, voir leur petite-fille.

Investis du droit d'éducation et de surveillance, le père et la mère contrôlent les relations de leur enfant, arrêtent les lettres qu'elle reçoit, si bon leur semble, et en prennent connaissance.

Rappelons ici le droit de *correction paternelle* qui permet au père de faire enfermer dans des maisons spéciales un enfant rebelle, pendant quelque temps, sur requête au président du tribunal qui pourra délivrer ou refuser l'ordre d'arrestation après en avoir conféré avec le procureur de la République si l'enfant est âgé de plus de seize ans. Si l'enfant a moins de seize ans, le président doit délivrer l'ordre d'arrestation sans pouvoir contrôler les griefs du père. (A défaut du père, la mère ne le pourrait qu'avec l'autorisation écrite de deux parents en ligne paternelle).

Si le père abusait de son autorité, s'il s'en montrait indigne, les tribunaux pourraient prononcer sa *déchéance*, qui entraînerait pour lui la perte de tous ses droits (art. 389-90).

Le tuteur peut *intenter* seul les actions mobilières de la mineure ; il a besoin de l'autorisation du conseil de famille pour intenter les actions immobilières.

Il peut répondre à toutes les actions, soit mobilières, soit immobilières.

Le droit d'administration légale du père ne s'exerce pas sur les biens qu'elle aurait acquis par son propre travail, ni à ceux qui lui seront légués ou donnés à la condition que les père et mère n'en jouissent pas. Il est tenu de faire, en bon administrateur, emploi des capitaux appartenant à l'enfant, lorsqu'ils s'élèvent à plus de 1.500 francs et de convertir en titres nominatifs les titres au porteur des valeurs mobilières. A tout âge elle peut se faire ouvrir un livret de caisse d'épargne et, à partir de seize ans, retirer elle-même, sauf opposition de la part du père, les sommes dont elle aurait besoin. Dans ce cas, elle jouit d'une plus grande liberté que la femme mariée. Car, si nous la supposons mariée plus tard, ayant conservé ce même livret, les paiements ne lui seront plus faits à elle seule, mais à elle et à son mari.

A seize ans, elle dispose par testament, mais pour la moitié seulement, des biens dont la loi permet au majeur de disposer, sauf en ce qui concerne son tuteur en faveur de qui elle ne pourra tester que quand, après sa majorité, le compte définitif de tutelle aura été approuvé.

L'autorisation paternelle lui est indispensable pour accepter une donation. Mais le donateur peut stipuler que le père n'aura pas la jouissance des biens donnés à sa fille, s'il a sujet de mettre en doute la sûreté ou la fidélité de sa gestion. Au cas où le père et la mère refuseraient la donation sans motif et contrairement aux intérêts de leur fille, le subrogé-tuteur agirait pour les intérêts de la mineure.

La jeune fille mineure ne peut faire aucune donation, à la réserve des menus cadeaux sans importance.

Parfois, la mineure est appelée à recueillir une succession qui lui échoit à titre personnel, lorsque le testateur n'a pas voulu disposer en faveur du père, par manque de confiance ou pour tout autre motif. Dans ce cas encore, comme pour une donation, elle ne saurait accepter ni répudier l'héritage ; cette décision appartient au père sous les mêmes réserves que nous avons indiquées plus haut. Le testateur, comme le donateur, peut stipuler que le père n'aura pas la jouissance des biens légués par lui ; cette clause n'empêche pas le testament d'être valable.

Si le père a refusé la succession et si elle demeure encore disponible à l'époque où sa fille atteindra sa majorité, celle-ci pourra l'accepter dans les délais fixés pour la prescription, c'est-à-dire trente ans.

Le mariage apporte une modification essentielle à la situation légale de la jeune fille. Elle peut, dans son contrat, faire à son fiancé les mêmes donations que si elle était majeure, et nous verrons que ces donations sont irrévocables. D'une manière générale, elle est apte à contracter toutes les obligations et à prendre toutes les dispositions que comporte le mariage. Celui-ci, lors de son accomplissement, procure à la mineure une sorte d'émancipation passagère ; avant, elle était soumise à l'autorité paternelle, après, elle passera sous l'autorité maritale ; mais au moment où elle s'engage par contrat, toutes les capacités d'une majeure lui sont reconnues.

L'ORPHELINE La jeune fille orpheline de mère se trouve naturellement soumise à la tutelle de son père, à moins que celui-ci n'ait été déclaré indigne ou incapable.

Si c'est le père qui meurt le premier, la mère n'est pas absolument obligée d'accepter la tutelle. Il se peut aussi que le père ait désigné par testament une personne chargée de l'assister dans sa charge de tutrice ; c'est ce qu'on nomme le conseil de tutelle.

Si la jeune fille est orpheline de père et de mère, sans tuteur élu par ses père ou mère, sans ascendants mâles, le conseil de famille choisira son tuteur [1].

Le domicile légal de la jeune fille est chez son tuteur, qui est obligé de la recevoir. Tous les biens de celui-ci sont frappés d'une hypothèque ; cette mesure a pour but de garantir les intérêts de la mineure et le paiement de ce qui pourra lui être dû lorsque le tuteur rendra ses comptes.

De plus, le subrogé-tuteur, dont nous définirons plus loin les attributions, est chargé de contrôler la gestion du tuteur.

De même que lorsqu'elle était sous l'autorité paternelle, la jeune fille en tutelle ne peut elle-même accepter ni refuser une donation ou une succession ; si elle passe un contrat quelconque avec son tuteur, c'est le subrogé-tuteur qui la représente et qui traite pour son compte.

L'ÉMANCIPÉE   Par l'*émancipation*, la jeune fille mineure est affranchie de la puissance paternelle ou de l'autorité de son tuteur. Elle peut gouverner sa personne et administrer ses biens sous les réserves indiquées plus loin.

Il y a lieu de distinguer entre l'émancipation *tacite*, qui n'a pas besoin d'être prononcée formellement, et l'émancipation *expresse* pour laquelle un acte légal et particulier est nécessaire.

L'émancipation tacite est celle qui se produit par le mariage. Nous avons vu en effet que la mineure qui se marie peut prendre dans son contrat de mariage les mêmes engagements et contracter les mêmes obligations que si elle était majeure.

L'émancipation *expresse* se fait par une simple déclaration du père ou de la mère, en présence du juge de paix.

Si les parents sont décédés, c'est le conseil de famille qui conclut à l'émancipation de la jeune fille après en avoir délibéré ; la déclaration est prononcée ensuite par le juge de paix.

---

1. C'est ce qu'on nomme la tutelle dative.

La mineure dont les parents vivent encore peut être émancipée par eux dès l'âge de quinze ans. L'orpheline ne peut l'être qu'à dix-huit ans.

Droits de l'émancipée. — La jeune fille émancipée a un domicile personnel ; elle n'est plus soumise au droit de correction paternelle, elle peut employer librement son temps, louer ses services comme elle l'entend. Elle gère sa fortune propre et reçoit elle-même ses revenus. Elle fait toutes les dépenses nécessaires à son entretien ou à la conservation de ses biens, par exemple les réparations de bâtiments.

Le curateur. — Le conseil de famille nomme à la jeune fille émancipée un curateur dont l'assistance lui est nécessaire pour différents actes.

Sans lui, elle ne saurait recevoir son compte de tutelle, ni intenter un procès relatif aux immeubles qu'elle possède, tels que fonds de terre, maisons, etc. Sans lui, elle ne peut ni accepter ni refuser une donation, ni recevoir un capital *mobilier*, une somme d'argent, par exemple. (Nous verrons en un chapitre spécial l'exacte signification des termes meuble et immeuble, mobilier et immobilier.)

Le conseil de famille et l'émancipée. — Outre l'assistance du curateur, l'autorisation du conseil de famille est nécessaire à l'émancipée pour accepter ou refuser une succession, aliéner des rentes ou des valeurs de bourse.

Pour aliéner ou hypothéquer ses immeubles, pour contracter un emprunt, vendre des valeurs de bourse dépassant cinq cents francs, l'autorisation du conseil de famille ne suffit pas. Il faut qu'elle soit *homologuée*, c'est-à-dire approuvée par le tribunal civil de première instance, le procureur de la République étant entendu.

En aucun cas, la mineure émancipée ne peut faire un *compromis*. On appelle ainsi le contrat par lequel deux personnes qui ont un procès conviennent de s'en rapporter à la sentence d'un arbitre.

L'émancipation est-elle révocable ? — Les parents et, à leur défaut, le conseil de famille, peuvent toujours retirer l'émancipation, en suivant les mêmes formes que pour la conférer. La mineure retombe alors sous la puissance paternelle ou en tutelle, et y reste jusqu'à sa majorité.

Seule, l'émancipation qui résulte du mariage est irrévocable, quel que soit l'âge auquel la jeune femme devient veuve.

LA JEUNE FILLE MAJEURE

PARVENUE à sa majorité, la jeune fille célibataire a les mêmes droits civils que le majeur. Cependant elle ne peut exercer la tutelle ni faire partie d'un conseil de famille ; seules, les mères ou aïeules ont ce droit.

Un délai de six mois lui est accordé pour demander à son tuteur, si elle en a un, son compte de tutelle.

Si ce tuteur n'est ni son père, ni son aïeul, elle ne peut disposer de ses biens en sa faveur, soit par donation, soit par testament, jusqu'à ce que le compte de tutelle ait été rendu et soldé entièrement. La loi a prévu le cas où la pupille pourrait être influencée par les sollicitations d'un tuteur peu scrupuleux, et c'est pourquoi elle a voulu protéger sa faiblesse contre elle-même.

TABLEAU DES DROITS COMPARÉS DE LA JEUNE FILLE DANS SES DIFFÉRENTES CONDITIONS

La mineure chez ses parent.

A. LA JEUNE FILLE MINEURE PEUT, PAR ELLE-MÊME,

A 16 ans :
- Se faire ouvrir un livret de caisse d'épargne,
- Retirer elle-même de la caisse d'épargne les sommes portées à son livret,
- Disposer par testament de la moitié de ses biens propres.

B. LA JEUNE FILLE MINEURE PEUT, AVEC L'AUTORISATION PATERNELLE

Accepter ou refuser une donation (le père seul accepte ou refuse la succession).

La pupille.

A. LA PUPILLE peut faire par elle-même les mêmes actes que la mineure chez ses parents.

B. LA PUPILLE autorisée par son tuteur et son conseil de famille peut :

Accepter ou refuser une donation ou une succession.

La jeune fille qui se marie ⟩ LA JEUNE FILLE QUI SE MARIE peut faire tous les actes, conventions, obligations, etc. que comporte le mariage.

A) L'ÉMANCIPÉE peut

Avoir un domicile personnel ;
Disposer de sa personne, de son temps, de ses services ;
Gérer ses biens propres ;
Recevoir ses revenus ;
Faire toutes dépenses et frais conservatoires.

B) L'ÉMANCIPÉE peut, *avec l'assistance du curateur,*

Recevoir son compte de tutelle ;
Intenter un procès relatif à ses immeubles ;
Recevoir un capital mobilier.

C) L'ÉMANCIPÉE, *assistée du curateur et autorisée par le conseil de famille,* peut

Accepter ou refuser une succession ;
Aliéner des rentes ou valeurs.

D) L'ÉMANCIPÉE, dans les mêmes conditions et avec *l'homologation du tribunal civil,* peut

Aliéner ou hypothéquer ses immeubles ;
Emprunter ;
Vendre des valeurs de bourse au delà de 500 francs.

LA JEUNE FILLE MAJEURE peut faire les mêmes actes que le majeur.

LE MARIAGE. CONDITIONS ET FORMALITÉS NÉCESSAIRES

Pour contracter mariage, le jeune homme doit avoir au moins dix-huit ans, la jeune fille quinze ans. Le consentement mutuel des deux parties est nécessaire, et cela est de toute évidence, puisque le mariage est, par son essence même, un contrat.

La loi exige aussi le consentement du père et de la mère. Cette prescription découle du principe énoncé par elle, qui est que les enfants doivent à leurs parents honneur et respect.

Il peut arriver qu'il y ait dissentiment entre le père et la mère ; en ce cas, il suffit que le père consente, puisqu'il est seul dépositaire de la puissance paternelle. Si l'un des parents est décédé, le consentement du survivant suffit ; si tous deux ont disparu, celui des aïeuls doit être produit et, dans le cas où il y aurait désaccord entre les aïeuls des lignes paternelle et maternelle, c'est l'avis des aïeuls paternels qui l'emporterait.

Jusqu'à l'âge de trente ans, la jeune fille et le jeune homme sont obligés, pour contracter mariage, de justifier du consentement de leurs père et mère ou de leurs autres ascendants, c'est-à-dire de leurs aïeuls. S'ils n'ont pu l'obtenir, ils devront, par égard pour ceux-ci, leur faire notifier l'union projetée. C'est ce qu'on appelait autrefois l'acte respectueux.

La notification a lieu à la requête de la jeune fille ou du jeune homme dont les parents ont refusé leur consentement au mariage projeté ; elle est faite par un notaire, assisté de deux témoins.

(S'il n'y avait pas de témoins, il faudrait l'intervention de deux notaires, ce qui compliquerait l'affaire et augmenterait les frais.)

Supposons, comme il arrive presque toujours, que les parents persistent dans leur refus.

Trente jours après, il est passé outre, et le mariage est célébré, à condition toutefois que les futurs époux aient tous deux l'âge légal qui est, comme pour la majorité, de *vingt et un ans*.

Jusqu'à ces derniers temps, il était fixé, pour le jeune homme, à vingt-cinq ans. La loi du 21 juin 1907 voulant, dans un haut intérêt social, faciliter le mariage le plus possible, a établi pour les deux sexes des conditions uniformes [1].

FORMULE D'ACTE RESPECTUEUX
OU DE NOTIFICATION

L'an 1910, le 6 février, à onze heures du matin, à Troyes, rue de la Monnaie, 45, en l'étude de Mᵉ Rattier, notaire,

Par devant ledit Mᵉ Rattier, notaire soussigné, assisté de M. Lucien Simonis, rentier à Troyes, mail des Tauxelles, nᵒ 16, et de M. Pierre Faguet, imprimeur, nᵒ 4, place du Marché, y domiciliés, témoins instrumentaires; a comparu M. Louis-Joseph Lefébure, employé de commerce, demeurant à Troyes, rue des Chats, nᵒ 15, majeur, étant né le 13 janvier 1888 à Troyes, rue Grosley, nᵒ 28, du mariage d'entre M. Prosper Lefébure, négociant en bonneterie, et Mᵐᵉ Claire-Élisabeth Pitois, demeurant ensemble à Troyes, rue Grosley, nᵒ 28, ainsi qu'il en a été justifié par la présentation de son acte de naissance qui lui a été aussitôt rendu;

Lequel a déclaré qu'il demande respectueusement, par ces présentes, à M. et Mᵐᵉ Lefébure, ses père et mère, leur conseil sur le mariage qu'il se propose de contracter avec Mˡˡᵉ Eugénie Tapprest, sans profession, demeurant à Bar-sur-Aube, rue Armand, nᵒ 18, chez ses père et mère, née aux Riceys (Aube) du mariage d'entre M. Théodore Tapprest, propriétaire-viticulteur, et Mᵐᵉ Éléonore Noblot.

Et il a requis Mᵉ Rattier, notaire soussigné, de se transporter au domicile de M. et Mᵐᵉ Lefébure, ses père et mère, pour leur faire la notification du présent acte.

Et après lecture, le comparant a signé avec les témoins et le notaire.

(*Signatures.*)

---

1. Une difficulté peut surgir, dans le cas où les parents qui s'opposent au mariage seraient *absents*. On devra alors, pour pouvoir passer outre, produire un jugement du tribunal constatant l'*absence*, ou, à défaut, un jugement ordonnant l'enquête sur cette absence. Ou enfin, un *acte de notoriété* délivré par le juge de paix du lieu où les parents ont eu leur dernière résidence, et contenant la déclaration de quatre témoins, appelés d'office par le juge de paix. Si les parents opposants sont *morts* et si l'on ne peut produire leurs actes de décès, l'attestation de ce décès par les aïeuls de la branche à laquelle ils appartiennent suffira. A défaut, la déclaration par serment des futurs époux que le lieu de décès et celui du dernier domicile de leurs ascendants leur sont inconnus.

NOTIFICATION DE L'ACTE

Et le même jour, à midi,
Obtempérant à la réquisition contenue en l'acte de ce jour dont la minute précède,
M. Rattier, notaire à Troyes, soussigné, toujours assisté de M. Lucien Simonis, rentier à Troyes, mail des Tauxelles, n° 16, et de M. Pierre Faguet, imprimeur, demeurant 4, place du Marché, et tous les deux y domiciliés, témoins instrumentaires, s'est transporté au domicile de M. et Mᵐᵉ Lefébure, rue Grosley, n° 28, père et mère ci-dessus nommés ;
Et il leur a notifié, en parlant à leurs personnes, l'acte respectueux dont la minute précède, et par lequel M. Louis-Joseph Lefébure, leur fils, demande respectueusement leur conseil sur le mariage qu'il se propose de contracter avec Mˡˡᵉ Eugénie Tapprest, sans profession, demeurant à Bar-sur-Aube, rue Armand, n° 18, chez ses père et mère, ci-dessus dénommés, née aux Riceys (Aube), le...
Sur l'interpellation à eux faite, M. et Mᵐᵉ Lefébure ont dit savoir :
M. Lefébure, que par des motifs qu'il a déjà fait connaître à son fils, et qu'il ne croit pas utile de répéter ici, il désapprouve le mariage projeté, et persiste dans son refus d'y consentir ;
Et Mᵐᵉ Lefébure que pour les mêmes motifs, elle refuse son consentement.
Et après lecture, M. et Mᵐᵉ Lefébure ont refusé de signer.
De tout ce qui précède, il a été dressé le présent procès-verbal, qui a été rédigé au domicile de M. et Mᵐᵉ Lefébure, les jours et mois susdits.
Et à l'instant, Mᵉ Rattier, notaire soussigné, a laissé à M. Lefébure et à Mᵐᵉ Lefébure, séparément, une copie signée du notaire et des témoins, tant du présent procès-verbal que de l'acte respectueux qui précède.
Après lecture, le notaire et les témoins ont signé.

(Signatures.)

Empêchements pour cause de parenté et d'alliance. — Une des conditions nécessaires pour que le mariage puisse avoir lieu, c'est qu'il n'intervienne pas d'empêchement de cette nature. Rappelons, sans y insister, que le mariage est prohibé par la loi entre l'oncle et la nièce, la tante et le neveu, le grand-oncle et la petite-nièce, la grand'tante et le petit-neveu. Il l'est encore entre la belle-mère et le fils de son mari issu d'un premier mariage, entre le beau-père et la fille issue du premier mariage de sa femme.

On voit assez souvent deux frères épouser les deux sœurs ; le père et le fils peuvent épouser l'un la mère, l'autre la fille. Dans les cas *graves*, le gouvernement peut autoriser certains mariages généralement prohibés, par exemple entre le beau-frère et la belle-sœur.

D'après la *loi religieuse*, les empêchements au mariage pour cause de parenté sont beaucoup plus nombreux ; nous en parlerons au chapitre du mariage religieuxet des cas de nullité qu'il peut offrir.

Oppositions. — Pour se marier, il faut encore que l'union projetée n'ait pas soulevé d'*oppositions*, ou qu'on en ait obtenu *mainlevée*, c'est-à-dire qu'elles aient été annulées légalement et régulièrement.

Le tableau suivant indique les catégories de personnes qui peuvent faire opposition à un mariage.

Une personne déjà engagée par mariage avec une des parties contractantes.
Le père.
A son défaut la mère.
A leur défaut, les aïeuls et aïeules.
A défaut d'ascendants, le frère ou la sœur; l'oncle ou la tante; le cousin germain ou la cousine germaine dans les deux cas suivants seulement.
1° S'il s'agit de mineurs orphelins, non autorisés par le conseil de famille.
2° En cas de démence des futurs époux.

Tout acte d'opposition, à peine de nullité, doit contenir les indications suivantes [1] :

1° *La qualité dont s'autorise l'opposant :*

2° *L'élection de domicile dans le lieu où doit se célébrer le mariage ;*

3° *Les motifs de l'opposition, s'il n'est formé par un ascendant (père, mère, aïeul ou aïeule).*

Formalités préliminaires. — Un des caractères essentiels du mariage est la *publicité*, car le bon fonctionnement de cette institution intéresse l'ordre social; il faut donc que sa célébration soit précédée d'une suffisante notoriété.

La publication de l'union projetée est faite à l'avance, au moyen d'une affiche spéciale apposée à la mairie. Cette affiche énonce les

[1]. Les actes d'opposition au mariage doivent être signés, sur l'original et sur la copie, par les opposants ou par leurs fondés de procuration spéciale et authentique ; ils sont signifiés, avec la copie de la procuration, à la personne ou au domicile des parties, et à l'officier de l'état civil qui met son visa sur l'original et fait, sans délai, une mention sommaire des oppositions sur le registre des publications, il fait aussi mention, en marge de l'inscripion, desdites oppositions, des jugements ou des actes de mainlevée dont expédition lui est remise.

En cas d'opposition, l'officier de l'état civil ne peut célébrer le mariage avant qu'on lui en ait remis la mainlevée, sous peine de 300 francs d'amende et de tous dommages-intérêts.

prénoms, noms, professions et domiciles des futurs époux ; elle indique s'ils sont majeurs ou mineurs, elle contient les noms, prénoms, domiciles et professions de leurs parents ; enfin, elle mentionne le jour, le lieu et l'heure où la publication a été faite.

L'affiche reste apposée pendant dix jours, qui doivent comprendre deux dimanches.

Supposons que le mariage n'ait pas lieu dans l'année, par exemple en cas de maladie ou d'absence prolongée de l'un des futurs époux. Il faudra alors procéder à une nouvelle publication, d'après les mêmes règles que pour la première.

L'acte de naissance que chaque partie remet à l'officier de l'état civil ne devra pas remonter à plus de trois mois s'il a été délivré en France, à plus de six mois s'il a été délivré dans une colonie ou un consulat [1].

Nous ne parlerons ici que pour mémoire des *fiançailles*, malgré tout ce que ce mot évoque de charme et de poésie. Les *fiançailles*, en effet, qui consistent dans l'échange d'une promesse de mariage, n'ont aucune valeur légale, par le fait que la loi pose, comme un principe essentiel et nécessaire, l'absolue liberté du mariage. Celui-ci ne serait plus libre s'il était la conséquence d'un engagement.

Si donc un fiancé ou une fiancée manque à sa parole, il n'y a là qu'une trahison sentimentale qu'aucune pénalité ne vise, et l'autre partie ne peut, de ce fait, réclamer des dommages-intérêts.

Toutefois, s'il y a eu préjudice moral ou matériel, si la fiancée, par exemple, a été compromise par une cour trop prolongée et trop assidue, si le fiancé a été entraîné à des dépenses devenues inutiles, telles que des cadeaux, ce préjudice sera réparé par une indemnité que le tribunal fixera. Il y a, à cet égard, toute une jurisprudence, et toutes les preuves sont admises pour justifier le bien fondé de la demande.

Le tribunal de Saint-Etienne et, après lui, celui de Montbrison condamnèrent à des dommages-intérêts des fiancés infidèles, en raison des faits de la cause, comme on dit au palais.

Le procès de Montbrison, détail assez original, mettait aux prises

---

1. Si l'un des futurs ne pouvait produire son acte de naissance, parce que les registres de l'état civil de son lieu d'origine auraient été détériorés ou perdus (comme il advint à Paris, sous la Commune de 1871), il suffirait d'un acte de notoriété délivré par le juge de paix du lieu de naissance ou de domicile.

deux fonctionnaires du même département. La demanderesse, estimant que sa réputation avait souffert par suite de trois années de fiançailles ininterrompues, réclamait dix mille francs d'indemnité. Le tribunal lui en accorda trois mille.

D'après un arrêt de la cour de Poitiers, il ne suffit pas, pour qu'il y ait lieu à des dommages-intérêts, que la promesse réciproque ait fait manquer à la fiancée un autre établissement, si l'honnêteté de la plaignante n'a pas été compromise. Aussi, la demoiselle B... se voit-elle refuser l'indemnité qu'elle réclamait à un sieur F..., fiancé infidèle, mais correct.

La cour de Toulouse est d'un avis contraire. Elle estime que le refus d'épouser porte *toujours* un tort réel à la fiancée, et elle alloue à la demoiselle F... délaissée par D..., cinq cents francs. L'arrêt date de 1813 ; en 1909, le tribunal de Montbrison fixe l'indemnité à trois mille francs. Tout augmente !

Mais un point sur lequel tous les juges semblent d'accord, c'est que si la rupture de la promesse a entraîné pour l'une des parties un dommage matériel positivement constaté, il y a toujours lieu à réparation. C'est ainsi que la cour de Grenoble, en 1841, accorde cinq mille francs de dommages-intérêts à la demoiselle D.., qui, en vue du mariage projeté et manqué, avait abandonné un commerce. Et, fait assez rare, on voit allouer à un fiancé, non plus à une fiancée, pour un fait analogue, une somme de six cents francs par la cour de cassation. (Procès B... contre la demoiselle C...)

Il n'en saurait être autrement puisque l'article 1382 du Code civil porte que tout auteur d'un dommage est tenu de le réparer. Dans les cas qui nous occupent, ce n'est donc pas, aujourd'hui surtout, la violation d'une promesse nulle en soi qu'on punit, c'est la réparation d'un dommage qu'on entend poursuivre.

On peut trouver que les sanctions édictées par les tribunaux contre la violation d'un engagement presque sacré sont dérisoires, si l'on se place au point de vue des conséquences morales que la rupture des fiançailles produit dans certains cas. Mais la loi est impuissante à exercer de telles vindictes, et elle ne peut guère apprécier que des dommages positifs, évaluables matériellement.

D'autre part, elle est avant tout soucieuse de sauvegarder l'intégrité d'un principe fondamental de la législation du mariage : à savoir, l'absolue liberté des contractants.

LE CONTRAT DE MARIAGE

GÉNÉRALITÉS *Liberté de contrat. Son immutabilité.* — Le contrat de mariage peut être défini par le statut qui règle l'association des époux, relativement à leurs biens, d'une façon irrévocable pour toute la durée de la vie conjugale. Parmi les actes légaux que la femme accomplit, il n'en est pas de plus important par ses conséquences ; il n'en est donc pas qui doive être entouré de plus de précautions, ni abordé avec une connaissance plus approfondie de la matière. La future épouse, ou ses conseils naturels qui sont ses parents ou son tuteur, ne saurait apporter un soin trop diligent au choix du *régime matrimonial*, c'est-à-dire du système d'association conjugale qui régira l'existence économique du ménage : communauté, régime dotal ou séparation de biens. La tranquillité de l'union, la sauvegarde des intérêts matériels de chaque époux dépendent étroitement du contrat de mariage, et le grand Balzac, avec sa forte intuition des réalités, s'en est rendu compte lorsqu'il lui a consacré un de ses plus beaux livres qui porte ce titre.

On ne devra donc pas perdre de vue deux points principaux. Le premier est celui de la liberté pour ainsi dire illimitée que la loi accorde aux futurs époux, non seulement pour choisir le régime qui leur convient, mais pour y apporter toutes les modifications, restrictions ou atténuations possibles. Mieux encore, pour se former avec des éléments empruntés aux divers régimes, une sorte de régime mixte à leur convenance. Cette indépendance presque absolue n'est limitée que par une seule réserve : la puissance maritale et la puissance paternelle réunies dans la personne du mari ne doivent jamais être infirmées par aucune clause du contrat.

Le second point est celui de l'irrévocabilité du contrat de mariage. Aussitôt que l'union est célébrée et qu'ainsi il est devenu *parfait*, toutes ses clauses sont et demeurent immuables et, par une dérogation au principe qui règle les conventions ordinaires, la volonté conforme des parties elles-mêmes n'y peut plus rien changer. Il n'est pas besoin d'insister davantage sur la gravité exceptionnelle d'un acte aussi absolument définitif.

Cependant le contrat n'est pas nécessaire pour qu'il soit procédé au mariage. Dans le peuple et dans la bourgeoisie, beaucoup d'unions sont contractées sans contrat ; alors, c'est le régime de la communauté légale, c'est-à-dire de la communauté pure et simple qui est appliqué, après que parties ont déclaré devant l'officier de l'état civil qu'elles se mariaient sans contrat [1].

La disposition rigoureuse qui rend pour toujours immuables les conventions matrimoniales, une fois le mariage célébré, emporte, comme correctif, la liberté de les modifier et de les remanier jusqu'au dernier moment qui précède cette célébration. Les futurs époux peuvent donc y apporter toutes sortes de *changements*. Ceux-ci doivent être faits par acte notarié et consentis par les personnes dont l'autorisation est requise par la loi, au cas où les époux seraient mineurs. Ils doivent l'être également par celles qui leur auraient fait des *donations* figurant au contrat de mariage.

Donations par contrat de mariage. — Les donations par contrat de mariage ou contractuelles sont de deux sortes : celles qui sont faites aux époux par des tiers, et celles que les époux se font entre eux.

A. Les parents ou les étrangers peuvent donner aux époux, par une clause du contrat, des *biens présents*, spécialement déterminés, que ceux-ci sont aptes à recueillir, tels qu'ils existent présentement.

Ils peuvent aussi donner des *biens à venir*, c'est-à-dire tout ou partie des biens qu'ils laisseront à leur décès.

Ils peuvent enfin donner des *biens présents et des biens à venir*, c'est-à-dire permettre aux époux d'opter entre les biens tels qu'ils *étaient* à l'époque de la donation ou tels qu'ils *seront* à la mort des donateurs.

1. En cas de fraude, si les parties qui ont fait un contrat de mariage déclarent faussement n'en point avoir fait, ce contrat demeure valable, mais il y a lieu néanmoins à une restriction pour le cas où la femme serait mariée sous le régime dotal. Les immeubles de celle-ci, tels que maisons, propriétés, biens-fonds, etc., perdraient le bénéfice de l'inaliénabilité qui leur est acquis sous ce régime. Cette mesure est prise dans l'intérêt des tiers, des créanciers, par exemple, qui pourraient être lésés par la fausse déclaration.

B. Les époux, même mineurs, peuvent se faire entre eux des donations de toute espèce, dont voici quelques exemples :

DONATIONS FAITES PAR LA FUTURE ÉPOUSE AU FUTUR ÉPOUX

Dans le cas où il existerait un ou plusieurs enfants à son décès.
1/4 en propriété ;
1/4 en usufruit.
Dans le cas où il n'y aurait pas d'enfants.
1/2 en pleine propriété.
L'autre moitié à son père et à sa mère.

RÉGIME DE LA COMMUNAUTÉ

L E régime de la communauté peut être appliqué de différentes manières. Il y a d'abord la *communauté légale, ou absolue*, qui régit les mariages célébrés sans contrat, et que la loi a réglée elle-même dans tous ses détails, sans rien laisser à l'initiative des époux, jusqu'au moment où s'opère la dissolution de la communauté par la mort de l'un d'eux ou par la séparation de biens.

Il y a ensuite la *communauté conventionnelle*, c'est-à-dire restreinte ou modifiée par différentes conventions que les époux sont libres d'adopter. On en distingue plusieurs espèces.

Communauté légale. — Parlons d'abord de la communauté *légale ou absolue*. En l'établissant, le législateur a voulu créer, à côté du patrimoine personnel de chacun des époux, une sorte de patrimoine impersonnel qui est proprement la communauté, et dont la destination est de subvenir aux charges essentielles du mariage, c'est-à-dire à l'entretien des époux et des enfants; c'est en quelque sorte le fonds spécial du mariage.

La communauté est propriétaire de tous les *meubles*[1] des époux, c'est-à-dire de leurs biens *transportables*, tels que l'argent, par exemple. Elle l'est également des immeubles (biens *non transportables*) acquis pendant le mariage et que l'on nomme les *acquêts*. Elle est usufruitière des biens qui appartiennent en propre à chacun des époux, c'est-à-dire que le produit ou les revenus de ces biens sont pour elle seule.

Le mari est chef et administrateur de la communauté. Il administre aussi les biens propres de sa femme. Dans sa gestion des biens communs, il n'est pas responsable. Il peut les dissiper; il lui est

---

1. Voir le chapitre spécial.

seulement interdit de les employer à enrichir son patrimoine à lui. Il peut léguer par testament sa part de la communauté. Il ne peut donner les immeubles communs, ni la totalité, ni une partie considérable des meubles, à moins que ce ne soit pour l'établissement des enfants issus du mariage, frais essentiellement imputables à la communauté.

Considérée par le législateur comme une fortune, un patrimoine en soi, avec ses ressources et ses charges particulières, la communauté a donc un actif et un passif. Le tableau suivant permettra de s'en rendre compte.

LA COMMUNAUTÉ

Actif.	*Passif.*
1° Meubles présents et à venir des époux à moins qu'ils n'aient été expressément réservés.	1° Dettes mobilières des époux au moment du mariage, sauf celles relatives aux immeubles propres (par exemple réparations, améliorations).
2° Fruits et revenus des biens propres de chacun.	2° Dettes contractées pendant la communauté par le mari, ou la femme autorisée par le mari.
3° Acquêts ou immeubles acquis pendant le mariage à l'exception des cinq catégories suivantes. **A.** Immeuble cédé par un ascendant, en paiement d'une dette à un descendant à charge pour celui-ci de payer la dette. **B.** Immeuble acquis par voie d'échange d'un propre de l'un des époux. **C.** Immeuble acquis en *remploi*[1]. **D.** Immeuble acquis sur vente aux enchères par l'époux, propriétaire personnel partiel. **E.** Immeuble acquis de même, quand la femme en était co-propriétaire avec des tiers, et que le mari l'a acquis en son nom personnel.	3° Intérêts et arrérages des dettes propres des époux. 4° Charges usufructuaires des propres, par exemple : impôts. 5° Entretien des époux et des enfants. C'est le but et la raison d'être de la communauté. 6° Passif des successions échues, en proportion de l'actif recueilli.

On a vu par ce tableau que, seules, les dettes contractées par la femme avec l'autorisation de son mari sont à la charge de la com-

[1]. C'est-à-dire quand l'époux a vendu un des propres pour acquérir l'immeuble avec le prix.

munauté. Il n'en est pas de même de celles de la femme, qui lui demeurent personnelles, à moins qu'elle n'ait été autorisée par son mari, d'une façon générale ou spéciale.

Pour la dépense du ménage, par exemple, le mari est censé avoir autorisé tacitement sa femme ; cependant, si les dettes de cette nature étaient excessives, c'est-à-dire disproportionnées avec les ressources communes, le mari peut avertir les fournisseurs, soit individuellement, soit par la voie des journaux, qu'il ne se considère plus comme responsable des dettes que pourrait contracter sa femme.

Quant aux *dettes du mari,* même excessives et inutiles à la communauté, elles obligent toujours celle-ci, puisqu'il en est le chef.

Disons un mot des *dettes successorales.* Lorsqu'un des époux hérite d'une succession mobilière, telle qu'une somme d'argent, par exemple, celle-ci tombe dans la communauté, avec les dettes dont elle pourrait être grevée. S'il s'agissait d'une succession en *immeubles,* la communauté, n'en profitant pas, ne serait tenue que des intérêts de la dette.

Si la succession était à la fois mobilière et immobilière, l'époux contribuerait au paiement des dettes proportionnellement à la valeur immobilière recueillie et la communauté de même pour la valeur mobilière.

Pour les dettes dont seraient grevées les *donations,* on suit les mêmes règles que pour les dettes successorales.

Pourtant, si la donation était exclusivement attribuée à l'un des époux et purement mobilière, l'époux qui la recueille serait seul obligé par les dettes.

Si la donation était purement immobilière et affectée par une clause expresse à la communauté, ce serait celle-ci que les dettes obligeraient.

Les biens personnels de la femme dans la communauté légale. — Le mari n'est pas seulement le chef de la communauté, il est aussi l'administrateur des biens personnels de la femme, sous sa propre responsabilité.

La femme mariée ne pouvant exercer une action en justice, c'est lui qui poursuit ses débiteurs et touche les créances ainsi recouvrées ; il ne peut vendre les immeubles, mais quand elle les a vendus, c'est encore lui qui en touche le prix, lequel tombe dans la communauté.

Lui seul peut exercer, devant le juge de paix, au nom de sa femme, une action relative à la jouissance ou à la possession d'un immeuble. C'est ce qu'on nomme l'*action possessoire*.

Mais seule la femme, autorisée par lui ou, à son défaut, par la justice, intente les procès dans lesquels est soulevée la question de la propriété d'un immeuble. C'est l'*action pétitoire*.

Non seulement le mari ne peut pas vendre les immeubles de sa femme, ni les donner ou les échanger sans son consentement, mais il lui est interdit de les hypothéquer, d'en accorder l'usufruit ou de concéder une servitude si elle ne l'y autorise. Il peut, à lui seul, les affermer par un bail qui n'excède pas neuf ans.

La communauté réduite aux acquêts. — C'est la principale forme de la *communauté conventionnelle*. La communauté légale ou absolue qui est, en France, le régime de droit commun, présente de graves inconvénients lorsqu'il s'agit d'un mariage où les futurs époux apportent des parts constituées sous deux formes différentes, meubles ou immeubles. Un exemple le fera constater aisément.

Voici une femme qui apporte une fortune mobilière, ou en argent, de deux cent cinquante mille francs. Ces deux cent cinquante mille francs tombent dans la communauté.

Son mari, au contraire, possède presque exclusivement des immeubles représentant à peu près une valeur équivalente, plus une somme de douze mille francs. Ces douze mille francs seuls vont à la communauté. L'inégalité de traitement pour les deux parties ne saurait être plus flagrante.

Aussi le régime de la communauté légale n'est-il guère en usage que dans les classes populaires et bourgeoises, où les époux ne possèdent rien, sinon quelques deniers, fruit de leurs économies, et qui vont nécessairement à la communauté. Mais les gens riches ont toujours intérêt à faire un contrat qui apporte à ce régime le genre de modifications que réclament leurs convenances particulières. La communauté n'est plus alors que conventionnelle et, généralement, elle est *réduite aux acquêts*. La plupart des mariages français sont contractés sous ce régime.

On entend par acquêts les biens meubles ou immeubles acquis pendant la durée du mariage à *titre onéreux*, c'est-à-dire contre argent ou moyennant une servitude. La communauté d'acquêts, jouissant des biens propres des époux, en a la possession ; elle en est donc présumée propriétaire. De là, obligation pour les époux, dans certains cas, d'établir par des preuves leur propriété lorsqu'il y a contestation soit entre eux, soit avec un créancier de la communauté.

Sous le régime de la communauté réduite aux acquêts, la nécessité d'un inventaire pour constater l'apport des propres n'existe que par rapport aux tiers, mais entre les époux tous les modes de preuve sont admissibles.

Par exemple, si la contestation s'élevait entre la femme et un créancier de la communauté, elle devrait produire un inventaire ou un acte notarié analogue.

Le tableau suivant permettra de comparer l'actif et le passif de la communauté réduite aux acquêts avec ceux de la communauté légale indiqués plus haut. On verra que le passif y est allégé dans la proportion des réductions de l'actif.

COMMUNAUTÉ RÉDUITE AUX ACQUÊTS

Actif.	*Passif.*
1° Acquêts, c'est-à-dire meubles et immeubles acquis à titre onéreux pendant le mariage.	1° Dettes contractées pendant le mariage.
2° Revenus des biens propres de chaque époux.	2° Intérêts des dettes propres aux époux.
	3° Réparations usufructuaires des biens propres.
	4° Charges essentielles du mariage (entretien des époux, des enfants, etc.).

Autres formes de la communauté conventionnelle. — A. *Le préciput.* — C'est la forme la plus fréquente de la communauté conventionnelle, après celle de la communauté réduite aux acquêts. La clause de préciput réserve en faveur de l'époux survivant une somme ou un immeuble à prendre avant tout partage sur les biens communs, une fois les dettes payées. Le préciput peut être établi soit pour le mari, soit pour la femme. Il ne saurait être ni révoqué, ni réduit, quand il est constitué.

Quand la communauté est dissoute par le divorce ou la séparation de biens, l'époux contre lequel ils sont prononcés perd son droit au préciput.

De même la femme qui, après la dissolution de la communauté, renonce à cette communauté, ainsi qu'il sera expliqué plus loin, ne

peut plus prétendre au préciput ; à moins que le contraire ne soit
expressément stipulé dans une clause spéciale du contrat de mariage. Alors, si les biens communs sont insuffisants, le mari est tenu
de fournir le préciput sur ses biens propres.

Il ne faut pas confondre le préciput, dit préciput conventionnel,
avec le *préciput successoral* dont il sera parlé plus loin à propos des
successions.

B. *Clause de réalisation*. — Autre forme de la communauté conventionnelle. Les époux exceptent de la communauté, dans leur contrat de mariage
un ou plusieurs biens meubles déterminés.

C. *Clause d'apport*. — Par cette clause, les époux promettent de mettre
dans la communauté un ou plusieurs biens meubles. En conséquence le reliquat du mobilier est excepté de la communauté. L'époux qui s'engage ainsi
est créancier personnel de son apport envers la communauté.

D. *Clause d'ameublissement*. — Elle est rarement employée et nous ne la
citons que pour mémoire. En vertu de cette clause, les époux mettent dans
la communauté tout ou partie de leurs immeubles ; généralement, ils ne les
ameublissent que jusqu'à concurrence d'une somme déterminée.

E. *Clause de séparation de dettes*. — Par cette clause, les époux conviennent que leurs dettes mobilières, c'est-à-dire celles qui grèvent leurs
biens meubles, antérieures au mariage ne seront point imputables à la communauté, chacun d'eux gardant la responsabilité des siennes.

Naturellement, il y aura lieu de dresser un inventaire des biens meubles
de chaque époux, sans quoi ceux-ci se confondraient avec les biens communs.

F. *Clause de franc et quitte*. — Elle libère l'époux des dettes antérieures
au mariage, mais les créanciers ont recours contre la communauté laquelle,
à son tour, peut se faire rembourser du paiement de la dette par l'époux
débiteur.

G. *Clause d'apport franc et quitte*. — Cette clause stipule que si après
la communauté la femme renonce à cette communauté, elle reprendra tout
ce qu'elle y avait mis, et, par conséquent, ne sera nullement tenue des
dettes de la communauté.

RÉGIMES AUTRES QUE LA COMMU-
NAUTÉ ET LE RÉGIME DOTAL

LES précédents régimes ont tous pour base la communauté. Dans le premier elle est absolue, dans les autres elle est limitée par des restrictions.

Le régime dotal est une institution à part, dont le fonctionnement, qui ressemble à celui d'un organisme spécial, mérite une analyse détaillée.

Outre ces deux principales catégories, il y a lieu de distinguer encore deux régimes particuliers.

Le premier est le *régime sans communauté*, qui laisse à la fortune de chaque époux son autonomie, en réservant toutefois au mari, avec les charges communes, le pouvoir d'administrer les biens de sa femme ainsi que la jouissance de ces biens. Il ne peut les aliéner sans son autorisation.

C'est le régime applicable en Allemagne à toutes les unions sans contrat ; il est presque inconnu en France.

La *séparation de biens* contractuelle, au contraire, y est d'un usage très fréquent. C'est, de tous les régimes, celui qui sauvegarde le mieux les intérêts respectifs des époux. C'est aussi celui qui simplifie davantage la situation de chacun et qui évite le plus sûrement toutes les difficultés d'interprétation du pacte matrimonial, tous les dissentiments et tous les conflits d'intérêt entre conjoints, par suite toutes les occasions de procès.

Chaque époux garde la propriété de sa fortune personnelle, la gère et en a la jouissance. Il n'y a donc aucune confusion possible entre les deux patrimoines.

Le contrat de mariage établit dans quelle proportion la femme devra contribuer aux charges de l'existence commune.

A défaut de convention expresse, elle devra abandonner à cet effet le tiers de ses revenus.

Les mêmes principes qui s'appliquent à la *séparation de biens judiciaire,* celle que le tribunal prononce à la requête de la femme pour dissoudre la communauté, s'appliquent également au régime de la séparation contractuelle. Cependant, il est un cas où la femme déjà séparée de biens par contrat peut avoir avantage à réclamer en outre la séparation judiciaire, lorsque le mari dissipe pour des dépenses injustifiées la somme qu'elle lui abandonne pour les charges du ménage.

Le tribunal décide des mesures qui devront être prises pour assurer le bon emploi de la pension versée par la femme à son mari.

Remarquons entre la séparation judiciaire et la séparation contractuelle une différence : c'est que, dans la première, la contribution de la femme aux dépenses communes est proportionnelle à ses ressources, sans évaluation plus précise, tandis que dans la seconde, ainsi que nous venons de le voir, elle est fixée au tiers des revenus, sauf convention spéciale énoncée dans le contrat.

Il est inutile de nous attarder davantage à l'examen de la séparation contractuelle, puisque nous serons amenés à étudier en détail la séparation judiciaire qui est régie par les mêmes principes. Bornons-nous à rappeler que c'est là, par excellence, le régime de tout repos et, avec le régime de la communauté réduite aux acquêts, celui qui se recommande de lui-même pour les mariages des classes riches ou aisées. C'est celui que, dans un avenir plus ou moins proche, elles adopteront exclusivement. Il est actuellement applicable à tous les mariages sans contrat, en France et en Angleterre.

RÉGIME DOTAL — LA DOT

DÉFINITION   La dot est constituée par les biens que la femme
apporte en se mariant pour soutenir les charges du
ménage. Elle est un patrimoine en soi, distincte de la fortune de la
femme et de celle du mari. Les immeubles qui la composent sont
toujours censés inaliénables, si le contrat de mariage n'a pas expressément stipulé le contraire.

Biens dotaux. — Ce sont tous ceux énoncés comme tels dans le
contrat de mariage.

La constitution, en termes généraux, de tous les biens de la femme
comprend ses biens présents et non ses biens à venir. Pour que
ceux-ci fussent compris dans la dot, il faudrait que le contrat l'eût
formellement stipulé.

Le mari a l'administration et la jouissance des biens dotaux de sa
femme.

Dans le cas où les époux auraient déclaré se marier sous le régime
dotal sans qu'aucune dot fût constituée, le contrat n'en serait pas
moins valable.

La femme se trouverait alors dans la même situation que si elle
avait été mariée sous le régime de la séparation de biens. Elle serait
censée n'avoir que des biens *paraphernaux.*

Biens paraphernaux. — On appelle ainsi les biens de la femme
autres que ceux qui font partie de la dot. La jouissance et l'administration lui en sont réservées.

Biens donnés à la femme dans son contrat. — Ils sont attribués à la
dot, sauf indication contraire.

Biens donnés à la femme pendant le mariage. — Leur affectation
dépend des conventions du contrat. Ils ne peuvent être dotaux que
si les termes de celui-ci ne s'y opposent point. Il en serait autrement
sous le régime de la communauté, comme nous l'avons vu.

Garantie de la dot. — La dot, étant une véritable créance que la femme a contre son mari, administrateur et usufruitier de cette dot, devait être garantie : elle l'est par une hypothèque légale qui frappe tous les biens du mari jusqu'à concurrence de sa valeur.

La dot est incessible et insaisissable, même après le mariage.

Le mari usufruitier des biens dotaux. — Son droit de jouissance sur les biens dotaux de la femme emporte le droit de propriété sur ceux dont on ne saurait jouir sans les consommer : tels, par exemple, que des sommes d'argent. Mais il demeure tenu de les restituer quand l'association conjugale se trouve dissoute.

Il a également, d'après la loi, la propriété des biens meubles estimés dans le contrat, sous la même réserve. Si, avec l'argent qu'il a recueilli comme usufruitier de la dot, il a pu acheter un immeuble, celui-ci n'est pas dotal et ne fera pas retour à la dot après la dissolution de l'association conjugale.

Le mari administrateur des biens dotaux. — Il a toujours seul cette qualité ; la femme qui pourrait administrer ses biens propres, sous le régime de la communauté, ne peut jamais administrer sa dot.

De plus, il a seul qualité pour intenter les procès en actions *pétitoires*, c'est-à-dire celles qui revendiquent la propriété des biens dotaux [1].

Enfin, il peut vendre même les biens meubles non estimés dans le contrat de mariage, à charge de restituer le prix touché, lorsque l'association aura pris fin.

La dot et les créanciers. — Les immeubles qui constituent la dot ne peuvent jamais être saisis par les créanciers, ni pendant, ni après le mariage.

Les créanciers ne peuvent pas non plus, pour se faire indemniser, se substituer à la femme en intentant à son mari un procès en restitution de la dot mobilière.

Ils ne peuvent pas davantage profiter de l'hypothèque légale sur les biens du mari, qui garantit cette dot.

Inaliénabilité des immeubles dotaux. — Inaliénables quand le contrat ne porte pas de clause spéciale à ce sujet, les immeubles qui constituent la dot peuvent être aliénés cependant dans quelques cas.

---

1. Voyez plus haut.

1º Quand les époux ont stipulé dans leur contrat l'aliénation de ces immeubles, disposition qui est presque toujours accompagnée d'une autre prescrivant de faire un *remploi* avec le prix de la vente. Nous avons expliqué plus haut ce que c'est qu'un remploi.

2º Quand les époux n'ayant rien stipulé se voient forcés d'assurer par la vente des immeubles l'établissement de leurs enfants (le mari autorisé par la femme, ou la femme autorisée par son mari peut les aliéner. Pour la femme l'autorisation de la justice ne remplacerait valablement celle du mari que s'il s'agissait d'enfants nés d'un premier mariage).

3º Quand le ménage est sans ressources ;

4º Quand il faut payer les dettes de la femme, antérieures au mariage ;

5º Quand il faut réparer un immeuble dotal, ou l'échanger contre un autre immeuble.

Dans ces trois derniers cas, c'est la femme autorisée par le tribunal civil qui peut aliéner l'immeuble.

L'aliénation d'un immeuble inaliénable est-elle nulle ? — Elle n'est pas nulle de droit, mais elle peut être annulée soit à la demande de la femme, soit à celle du mari.

Pour l'action en nullité, la prescription est acquise dix ans après la dissolution de l'association conjugale.

Faite par le mari seul, l'aliénation serait nulle de droit, puisqu'il n'est pas propriétaire.

Imprescriptibilité des immeubles dotaux. — Un immeuble ne peut échapper à la dot par prescription, à moins que celle-ci n'ait commencé avant le mariage.

Régime dotal avec société d'acquêts. — Il arrive assez souvent que les époux adoptent, comme régime matrimonial, une combinaison du régime dotal et de la communauté réduite aux acquêts.

Il y a lieu de distinguer alors les quatre patrimoines suivants :

1º *Le patrimoine du mari ;*

2º *Celui de la femme, ou biens paraphernaux ;*

3º *La dot ;*

4º *La communauté, embrassant les acquêts.*

Il va de soi que les revenus des biens propres ou paraphernaux de la femme, administrés par le mari, tombent dans la communauté.

Sous ce régime mixte, les revenus de la dot, au lieu d'aller au mari seul comme dans le régime dotal ordinaire, appartiennent également à la communauté. Cette différence à part, les dispositions ordinaires prises pour la dot s'appliquent aussi au régime dotal avec société d'acquêts.

CONCLUSION

La dot, incessible et insaisissable, constitue un patrimoine qui doit toujours être représenté à la dissolution de l'association conjugale, soit par la mort, soit par la séparation de biens judiciaire. Si le contrat stipule que les immeubles qui la composent peuvent être aliénés, ils devront être représentés alors par le prix de leur aliénation. La femme elle-même ne peut toucher à sa dot, car elle ne lui appartient pas, au sens exact du mot; elle est un fonds de réserve dont les produits ou revenus sont essentiellement destinés à supporter les charges du ménage.

Ce système offre donc de sérieuses garanties contre les agissements d'un mari dissipateur, peu scrupuleux ou incapable. Aussi est-il très en faveur dans beaucoup de pays, notamment dans le Midi de la France et en Normandie.

Néanmoins, il est moins efficace que celui de la séparation des biens, à cause du pouvoir qu'il laisse au mari comme administrateur et usufruitier de la dot. Il peut aussi susciter des complications de différentes sortes dans la pratique.

Bref, les époux que ne satisferait pas le régime de la communauté réduite aux acquêts, qui est la plus fréquemment indiquée par les notaires, ont avantage à adopter celui de la séparation de biens, qui coupe court à toutes difficultés d'interprétation et supprime toutes les occasions d'un conflit d'intérêts entre les futurs conjoints.

CÉLÉBRATION DU MARIAGE

QUAND la publication du mariage a été faite dans les formes prescrites, et que nous avons indiquées plus haut, on prend jour et heure à la mairie pour la célébration de l'union projetée. Au préalable, on aura fait tenir au secrétaire de la mairie les pièces suivantes, indispensables pour la préparation de l'acte de mariage.

1° Les actes de naissance ne doivent pas remonter au delà des dates indiquées au chapitre des formalités du mariage, pour les actes délivrés en France et aux colonies ou à l'étranger.

2° Les actes qui établissent le consentement des père et mère ou ascendants.

3° A leur défaut, les actes respectueux.

4° En cas de décès des père et mère, les actes qui constatent ces décès.

5° Au cas d'un précédent mariage d'un des futurs époux, l'acte de décès de son conjoint.

6° Au cas où des publications auraient dû être faites dans des communes autres que celle où le mariage est célébré, les certificats attestant que ces publications ont eu lieu.

7° Les certificats des maires de ces communes, attestant qu'ils n'ont pas reçu d'oppositions au mariage.

8° S'il y a eu des oppositions, la mainlevée de ces oppositions.

9° Le certificat du notaire qui aura rédigé le contrat de mariage.

10° S'il y a lieu à une dispense d'âge ou de parenté, les décrets qui les confèrent et l'acte du procureur de la République accordant dispense de toute publication.

11° Si l'un des époux est divorcé, la transcription du jugement ou de l'arrêt qui prononce définitivement le divorce.

A l'aide de ces pièces le secrétaire de la mairie établira l'acte de mariage. S'il se produisait quelque erreur dans la rédaction, il suffirait de les rectifier par des ratures que l'on ferait approuver par les personnes dont la signature est nécessaire.

Les formalités préliminaires ainsi accomplies, les futurs époux et ceux qui doivent les assister, parents, ascendants, témoins, se rendent à la mairie, pour la célébration du mariage.

Celui-ci ne peut être célébré au domicile de l'un des époux que dans le cas d'une maladie grave, comme il arrive, par exemple, pour le mariage *in extremis*. En ce cas, l'acte doit mentionner expressément que les portes de la maison sont demeurées ouvertes, afin de permettre à toute personne d'entrer, la loi exigeant toujours la publicité du mariage.

Il faudra aussi un certificat du médecin constatant le danger qu'il y aurait à transporter le malade à la mairie, certificat qui sera transcrit dans l'acte de mariage. L'original devra être écrit sur une demi-feuille de papier timbré à 60 centimes, et la signature du médecin légalisée, si celui-ci n'habite pas la commune.

Pour le mariage, il faut l'assistance de deux témoins majeurs pour chaque partie.

On sait que les femmes peuvent être témoins ; c'est même un usage qui se répand depuis quelques années, dans le monde élégant, qu'une jeune fille demande à une de ses amies de l'assister en cette qualité à la mairie et à l'église.

Ce sont les époux qui choisissent le jour ; c'est l'officier de l'état civil qui fixe l'heure pour la célébration du mariage.

Celle-ci peut avoir lieu un jour quelconque, même un dimanche ou jour de fête. Mais le dimanche étant jour de repos pour les fonctionnaires, d'après la loi du 18 germinal an X, l'officier de l'état civil ne saurait être tenu d'y procéder ce jour-là, non plus qu'un jour de fête légale.

On peut se marier la nuit, mais pour des raisons graves et péremptoires, sous peine de voir plus tard le mariage attaqué pour cause de clandestinité.

Afin d'assurer la publicité du mariage, la loi prescrit qu'au moment de sa célébration, les portes de la mairie soient tenues ouvertes, afin de donner accès à tout venant.

Les futurs époux, leurs parents et leurs témoins entrent dans la salle des mariages et se trouvent en présence du maire ou de son représentant faisant fonctions d'officier de l'état civil. Celui-ci, après avoir donné lecture aux parties des articles du Code, relatifs aux devoirs des époux, leur demande s'il a été fait un contrat de mariage. Le certificat délivré par le notaire qui l'a rédigé indique la date de ce contrat, le nom et l'adresse de l'officier ministériel, mais la loi exige la déclaration verbale des époux. Après ces préliminaires indispensables, le maire ou l'adjoint demande à chacun des futurs époux, l'un après l'autre, s'ils veulent se prendre pour mari et femme, chacun d'eux doit répondre séparément. Après quoi, il les déclare unis au nom de la loi.

L'acte de mariage, dit le code, doit être dressé sur-le-champ, mais, ainsi que nous l'avons vu, dans la pratique, il est toujours préparé d'avance. Il doit être signé par les époux, par leurs père et mère et par leurs quatre témoins.

La coutume de laisser signer, à titre honorifique, des amis ou des personnages considérables, est absolument illégale et répréhensible. D'ailleurs, elle tend à disparaître.

FORMULE D'ACTE DE MARIAGE

L'an 1908, le 25 mai, à onze heures du matin, pardevant nous, Jules-Antoine Legrand, maire et officier de l'état civil de la commune de Moutiers-en-l'Isle, arrondissement de Bar-sur-Aube, département de l'Aube, ont comparu : Eugène-Ernest Rigollot, métreur-vérificateur, âgé de vingt-neuf ans, né à Melun (Seine-et-Marne), le 4 mars 1881, fils majeur de Victor-Edmond Rigollot, propriétaire, et de Jeanne-Marguerite Bonne-foy, son épouse, sans profession, demeurant ensemble à Bar-sur-Seine (Aube) présents et consentant au mariage de leur fils, et Lucie-Gabrielle Roux, sans profession, âgée de vingt-quatre ans, née à Moutiers-en-l'Isle, le 12 janvier 1886, demeurant avec ses père et mère, ci-après nommés, fille majeure de Joseph Roux, propriétaire, et de Renée Dupuis, son épouse, sans profession, domiciliés à Moutiers-en-l'Isle, présents et consentant au mariage de leur fille : lesquels nous ont requis de procéder à la célébration de leur mariage, dont les publications ont été faites en cette mairie les dimanches 11 et 18 mai de la présente année. Les futurs époux nous ont représenté : leurs actes de naissance; lesdites pièces paraphées chacune par la partie qui les a produites et par nous, demeureront annexées au présent acte de mariage. Aucune opposition ne nous ayant été signifiée, faisant droit à la requête des parties, nous leur avons donné lecture des pièces ci-dessus mentionnées, ainsi que du chapitre VI du titre du mariage, sur les droits et les devoirs respectifs des époux. Nous avons ensuite interpellé les futurs époux et les personnes présentes qui autorisent le mariage, de nous déclarer s'il a été fait un contrat de mariage; ils nous ont répondu affirmativement, en nous produisant un certificat délivré par Mᵉ Lachelier, notaire à Moutiers-en-l'Isle, le 19 mai 1908, lequel certificat sera annexé au présent acte, après avoir été paraphé par nous et par les parties. Enfin, nous avons demandé aux futurs époux l'un après l'autre, s'ils veulent se prendre pour mari et pour femme; chacun d'eux ayant répondu séparément et affirmativement, nous avons prononcé, au nom de la loi, que Eugène-Ernest Rigollot et Lucie-Gabrielle Roux sont unis par le mariage. Le tout a été fait publiquement en la mairie, en présence de Charles Lenoir, âgé de cinquante-sept ans, domicilié à Bar-sur-Seine, oncle paternel de l'époux; de Pierre Courtois, âgé de trente-trois ans, percepteur des contributions directes, domicilié à Bar-sur-Seine, ami de l'époux; de Louis Degrémont, âgé de quarante-huit ans, domicilié à Moutiers-en-l'Isle, cousin issu de germain de l'épouse du côté maternel, et de Victorine-Alphonsine Maubouge, âgée de vingt-cinq ans, domiciliée au même Moutiers-en-l'Isle, amie de l'épouse. Le présent acte de mariage a été dressé sur le champ et, après lecture faite, signé avec nous par les parties, les pères et mères et les témoins.

Lorsque le maire a procédé à la célébration du mariage civil, le ministre du culte peut prêter son ministère aux époux pour la célébration du mariage religieux. Il est obligé de s'assurer, par un certificat signé de l'officier de l'état civil, que les formalités légales ont été accomplies. Ce certificat est rédigé en ces termes :

« Nous, Jules-Antoine Legrand, maire de la commune de Moutiers-en-l'Isle, département de l'Aube, certifions que M. Eugène-Ernest Rigollot, métreur-vérificateur, âgé de vingt-neuf ans, domicilié au même Moutiers-en-l'Isle, et Mᵐᵉ Lucie-Gabrielle Roux, sans profession, domiciliée également à Moutiers-en-l'Isle, ont contracté mariage par-devant nous, le 25 mai 1908. En foi de quoi, nous leur avons délivré le présent certificat.

(Cachet de la mairie.)   Le maire,
Signé : Legrand. »

Ce certificat est délivré sur une demi-feuille de papier timbré à 60 centimes.

Si le ministre du culte célébrait le mariage religieux sans s'être assuré d'abord de la célébration du mariage civil, il encourrait, pour la première fois, une amende, pour la seconde la prison, pour la troisième la déportation.

Refus, par le mari, de consentir à la célébration du mariage religieux.
— Il peut arriver que le mari, après avoir promis à sa femme de faire consacrer religieusement l'union civile, se dérobe à cet engagement.

D'après la jurisprudence, ce fait constitue une *injure grave*. L'épouse serait fondée à s'en servir comme de base à une demande en séparation de corps ou en divorce.

NULLITÉ DU MARIAGE

L E mariage peut être attaqué et déclaré nul pour différents
motifs que nous nous contenterons d'indiquer brièvement
ici, car il est rare, dans la pratique, qu'une union contractée avec
toutes les formes obligatoires puisse donner lieu à une action en
nullité.

1º *Erreur en la personne.*

Dans ce premier cas, le mariage ne peut être attaqué que par celle des
deux parties qui a été victime de l'erreur.

Si la demande est formée après six mois de cohabitation elle n'est plus
recevable.

Il en est de même, s'il s'est écoulé six mois depuis que l'époux, induit en
erreur a été détrompé.

2º *Pour défaut de consentement des père et mère, des ascendants ou du
conseil de famille.*

Dans ce cas, l'action en nullité ne peut être formée valablement que par
celui des deux conjoints auquel ce consentement était indispensable, ou par
ceux mêmes qui avaient à le donner.

Si les époux ou ceux qui avaient à donner leur consentement au mariage
l'ont approuvé de façon expresse ou tacite, il ne saurait plus être attaqué
par eux.

Il en est de même dans le cas où ils auraient laissé passer une année
entière sans réclamation depuis que le mariage a été célébré.

Enfin, l'époux qui a tardé un an, sa majorité arrivée, avant de former une
action en demande de nullité, n'a plus qualité pour le faire.

3º *Pour insuffisance d'âge chez les deux époux ou chez l'un d'eux seulement.*

Ce motif d'annulation ne saurait plus être invoqué six mois après que
l'époux ou les époux ont atteint l'âge fixé par la loi.

Les père et mère, les ascendants et le conseil de famille qui ont accordé
leur consentement à un mariage semblable ne sont plus reçus à en demander l'annulation.

3

Le cas d'une personne mariée deux fois en même temps, ou biga-
mie, est heureusement assez rare pour faire sensation quand il
apparaît, de loin en loin, dans la chronique des tribunaux.

Il va sans dire que l'époux au préjudice duquel il a été contracté
un second mariage peut toujours en poursuivre l'annulation.

Mais il faut avant tout prouver que le premier mariage a été régulièrement célébré, et c'est ce qui n'a pas toujours lieu. On n'a pas
oublié certain procès engagé, il y a quelques années, par une
artiste connue contre une personnalité parisienne, à propos d'un
mariage célébré en Suisse et qui, déclaré non valable en France,
n'empêcha point l'époux d'en contracter un second.

Rappelons enfin que le mariage déclaré nul produit cependant
les mêmes effets civils, tant à l'égard des époux qu'à l'égard des
enfants, s'il a été contracté de bonne foi.

Dans le cas où la bonne foi n'existerait que de la part d'un seul
époux, le mariage ne produirait ses effets civils qu'en la faveur de
cet époux et des enfants.

LA FEMME MARIÉE

PRÉLIMINAIRES Nous avons exposé les conditions nécessaires
pour se marier, les formalités préliminaires
que la loi impose, l'importance et les différentes espèces du régime
matrimonial déterminé par le contrat ; nous avons également
donné les règles à suivre pour la célébration du mariage. Nous voici
donc arrivés au moment où la vie conjugale commence ; il nous
faudra étudier maintenant le *modus vivendi*, le sort légal de la
femme mariée, au point de vue de sa personne et de ses biens. Ce
sera l'objet des chapitres qui vont suivre.

Nous verrons successivement les restrictions apportées par le fait
si grave du mariage à la liberté individuelle de la femme ; l'incapacité spéciale qui la frappe et qui, selon le régime choisi, offre une
gradation et des nuances très sensibles ; puis ce que devient, dans
l'existence commune, sa fortune propre, indépendante en soi et
pourtant soumise aux répercussions de cette existence ; les effets
que produisent sur elle la ruine ou la déconfiture du mari ; enfin les
principes qui réglementent les cas particuliers de l'*absence*, de l'*interdiction* et de l'*adoption*.

Il est inutile d'insister sur l'importance de cette partie consacrée
à l'étude d'une condition fondamentale de la société et de la famille,
et dans laquelle l'immense majorité des femmes est appelée à vivre
les trois quarts de sa vie.

LE MARIAGE ET LA LIBERTÉ
PERSONNELLE DE LA FEMME

Résidence. — La première restriction apportée par le mariage à la liberté personnelle de la femme est dans l'obligation qu'il lui impose expressément, aux termes de la loi, de suivre son mari partout où celui-ci juge à propos de résider.

Toute convention contraire entre les deux époux est nulle de plein droit ; la femme ne saurait s'en prévaloir ni dans le présent, ni dans l'avenir.

Quelles sont les sanctions édictées par la loi pour contraindre la femme à l'observance de cette règle essentielle ? La justice, à laquelle le mari devra d'abord s'adresser, l'autorisera à employer la force publique s'il est nécessaire.

Il dispose encore d'un autre moyen. Le refus de la femme d'habiter avec son mari suspend, pour lui, l'obligation de procurer à celle-ci *des aliments,* c'est-à-dire tout ce qui est nécessaire à la vie. Il n'est plus tenu de lui fournir aucun secours pécuniaire, jusqu'à ce qu'elle ait réintégré le domicile conjugal.

Il peut encore la faire condamner à des dommages-intérêts, pour chaque jour de retard. Si elle se livre à un travail rétribué, il peut obtenir une saisie-arrêt sur son salaire. En un mot, tous les moyens sont mis par le législateur à sa disposition.

S'il lui plaît de fixer sa résidence aux colonies ou à l'étranger, elle est contrainte de l'y suivre. Elle ne peut même pas, pour se soustraire à ce devoir, arguer du mauvais état de sa santé ou des inconvénients d'un climat nuisible.

La loi ne l'en dispense que dans un seul cas, celui où il se passerait au domicile conjugal certains faits d'immoralité de la part du mari.

L'indigence où celui-ci serait tombé ne deviendrait nullement pour elle une raison de quitter ce domicile. Elle serait tenue, au contraire, de venir au secours de l'époux nécessiteux, car entre conjoints, l'obligation de se fournir *d'aliments* est réciproque.

La correspondance de la femme mariée. — Le principe de l'autorité maritale confère naturellement au mari le droit de surveiller la conduite de sa femme et de contrôler tous ses actes. La conséquence qui en découle est le droit particulier de prendre connaissance des lettres que sa femme écrit ou reçoit.

Le droit est de lui-même absolu. Si la femme refuse de remettre sa correspondance à son mari, ce dernier peut s'en emparer de force.

Mais quoique absolu, il n'est pas illimité. Exercé à tout propos et d'une façon injurieuse, il peut être contesté à l'époux qui en abuse.

Par contre, un mari peut aller jusqu'à intercepter les lettres adressées à sa femme par des parents dont l'influence fâcheuse et les mauvais conseils troublent la tranquillité du ménage. Il en a été jugé ainsi.

Lorsque le métier de la femme l'oblige au secret professionnel, ce qui est le cas de la femme-avocat ou médecin, le mari n'a pas le droit de prendre connaissance des lettres relatives à sa profession. Il s'est imposé à lui-même ce respect du secret professionnel lorsqu'il a autorisé le femme à exercer cette profession qui en fait une nécessité.

Lorsqu'intervient la séparation de corps entre les époux, le droit du mari sur la correspondance de sa femme subsiste théoriquement, puisque son autorité maritale subsiste, le mariage n'étant pas dissous. Mais comme les deux conjoints ont cessé d'avoir une résidence commune, le droit n'a plus rien de réel.

Après le décès de la femme, le mariage étant dissous, le mari ne peut plus garder les lettres de celle-ci ; il est tenu de les remettre à ses héritiers.

Après le divorce, le mariage étant également dissous, il doit restituer à la femme sa correspondance.

Le mari n'a d'ailleurs de droit sur la correspondance de sa femme que vis-à-vis d'elle-même, et jamais vis-à-vis des tiers, de ses correspondants par exemple.

Il ne peut pas leur enlever les lettres qu'elle leur a écrites. S'il employait à cet effet la violence, la fraude ou la ruse, il serait taxé de vol, d'abus de confiance ou d'escroquerie.

Il ne peut pas davantage saisir, entre les mains d'un facteur ou d'un messager quelconque, les lettres adressées à sa femme ; une lettre, en effet, tant qu'elle n'a pas été livrée au destinataire, demeure la propriété de son auteur.

Il suit de là que l'administration postale ne peut pas, en principe, remettre au mari personnellement la correspondance adressée à la femme. Mais celui-ci a le droit d'assister à la remise de ces lettres et, sitôt qu'elle est faite, de s'en emparer de gré ou de force.

Ces mêmes règles s'appliquent quand la femme va chercher ses lettres au bureau de la poste restante. Le mari peut saisir les lettres aussitôt remises, non se les faire remettre à lui-même directement.

Observons encore à ce propos que, s'il abuse injurieusement de son droit sur la correspondance de sa femme, cette injure, considérée comme grave par la jurisprudence, peut servir de fondement à une demande en séparation de corps ou en divorce. La matière est très délicate ; elle est réservée entièrement à l'appréciation des juges qui ont tout pouvoir pour décider si les faits allégués suffisent à justifier la demande.

Correspondance du mari. — La femme ne peut ni intercepter les lettres écrites ou reçues par son mari, ni demander à en prendre connaissance.

Elle ne peut pas non plus produire en justice (à l'appui d'une instance en divorce, par exemple), une correspondance « qu'elle ne détiendrait pas légitimement », c'est-à-dire qu'elle aurait dérobée frauduleusement à son mari.

La jurisprudence admet pourtant quelques exceptions. Ainsi, on peut faire état des lettres quand elles ont été remises volontairement ou vendues à l'épouse par une femme à qui elles auraient été adressées ; ou encore lorsque la découverte de ces lettres a été parfaitement involontaire. Ainsi, lorsqu'elles ont été trouvées décachetées dans un vêtement du mari, lorsque celui-ci a laissé des brouillons dans un meuble ouvert.

Il est impossible de fixer à cet égard une règle certaine. Ce sont les faits, interprétés par les tribunaux, qui tranchent la question ; en cette matière, ils sont souverains.

Liberté de conscience. — La conscience de la femme est un domaine réservé sur lequel ne saurait s'exercer l'autorité maritale. Toute contrainte, toute violence morale, à cet égard, lui demeure interdite et serait susceptible de revêtir le caractère d'une *injure grave*, capable de motiver la séparation de corps ou le divorce.

La question d'appréciation est entièrement abandonnée aux juges. Les arrêts des cours d'appel ont établi une sorte de jurisprudence à laquelle ils peuvent se référer. Rappelons seulement que l'on a vu aboutir des actions en séparation ou en divorce fondées sur ce fait que le mari avait empêché sa femme de remplir les devoirs de sa religion.

Le principe de la liberté de conscience garantit évidemment à l'époux et à l'épouse le droit de changer de religion, bien qu'on puisse penser que ce fait modifie d'une façon très appréciable les conditions du mariage, tel qu'il avait été primitivement consenti par les deux parties.

Pour que ce changement constituât à l'égard de l'autre conjoint une injure grave, il faudrait que l'intention injurieuse fût manifestée par les motifs qui ont donné lieu à l'acte de se produire, ou par les circonstances qui l'ont accompagné. Il faudrait prouver, par exemple, que le mari a cherché à être désagréable à sa femme ou à tourner ses croyances en ridicule.

Le droit strict ne peut donner à cet égard que des indications très sommaires ; c'est la jurisprudence qu'on devra consulter.

L'absence du mari. Ses effets sur la liberté personnelle de la femme. — Si le mari disparaît de sa résidence sans donner de ses nouvelles pendant un assez long temps, il est *présumé absent.*

L'*absence* est l'état de quelqu'un dont on ne sait s'il est vivant ou mort.

La femme devra alors adresser au président du tribunal civil une demande en *déclaration d'absence.* Elle engage la procédure contradictoirement avec le procureur, qui représente le mari absent. La demande a la forme d'une requête signée par un avoué près le tribunal civil.

Le président ouvre alors une enquête ; le procureur de la République peut, de son côté, ouvrir une contre-enquête.

Le jugement déclarant l'*absence* ne peut être rendu qu'un an après que l'enquête a commencé. Il est publié dans le *Journal officiel*.

Si l'absent avait laissé en partant un mandataire chargé d'administrer ses biens, *l'absence* ne pourrait être déclarée que dix ans après.

A partir du moment où il a été déclaré, l'état d'absence produit ses effets juridiques. Cependant, pendant la période de présomption d'absence, le mari présumé absent ne saurait recueillir une succession, puisqu'on n'est pas certain qu'il soit vivant.

L'absence prolongée peut, selon les cas, être considérée comme injure grave, motivant le divorce.

L'absence déclarée ne dissout pas le mariage. La femme demeure donc incapable de contracter par elle-même des obligations, d'intenter une action ou de se défendre devant les tribunaux ; l'autorisation judiciaire remplace alors pour elle l'autorisation maritale.

Si elle a été mariée sous le régime de la communauté, elle peut ou demander la séparation provisoire des biens de la communauté ou accepter la continuation de la communauté. Dans ce dernier cas, l'ouverture des droits des héritiers présomptifs, de l'absent, et des propriétaires d'immeubles dont celui-ci avait l'usufruit, est retardée pendant trente ans, à partir du jugement de déclaration d'absence.

La femme qui a accepté la continuation de la communauté pourra toujours y renoncer par la suite.

La femme, dont le mari est absent, a la surveillance des enfants, la charge de leur éducation et l'administration de leurs biens, à la place du mari.

Elle ne peut se remarier que si la preuve du décès de l'absent est faite.

Mais le mariage contracté illégalement ne serait annulé que dans le cas où l'absent reparaîtrait.

INCAPACITÉ DE LA FEMME MARIÉE

DÉFINITION D'après la législation française, la femme mariée est incapable, c'est-à-dire qu'elle ne peut pas exercer librement et personnellement ses droits, et qu'elle ne peut accomplir seule la plupart des actes qui s'y rattachent.

Mais le législateur, considérant que l'association conjugale doit être dirigée par un chef, en a dévolu les fonctions et l'autorité au mari seul. C'est pourquoi l'incapacité de la femme mariée n'est que temporaire et cesse avec le mariage lui-même.

Caractères de cette incapacité. — L'incapacité de la femme mariée lui interdit de contracter des obligations, mais elle ne peut l'invoquer, sauf dans quelques cas, pour se dispenser de tenir des engagements, une fois qu'elle les a consentis. Ceux qui se sont engagés vis-à-vis d'elle ne peuvent pas non plus prétexter cette incapacité pour ne pas remplir les leurs.

Atténuations. — La séparation de biens, contractuelle ou judiciaire, atténue très sensiblement l'incapacité ; la femme peut alors administrer sa fortune et toucher elle-même ses revenus. Celle qui est mariée sous le régime dotal, avec des biens paraphernaux, peut donner ses biens à bail pour une période de neuf ans et au-dessous.

Exceptions. — L'autorisation maritale n'est pas nécessaire à la femme pour tester, ni pour révoquer son testament et les donations qu'elle aurait faites pendant le mariage.

Elle peut librement accepter les donations faites à ses enfants, doter un enfant né du mariage actuel (elle ne le pourrait pas pour un enfant né d'un précédent mariage). Poursuivie en matière criminelle, correctionnelle, ou de simple police, elle comparaît sans l'assistance de son mari.

Elle n'a pas besoin de cette assistance pour verser des sommes à la Caisse des retraites et se faire ouvrir un livret de caisse d'épargne, retirer les sommes qui y sont inscrites et faire une demande d'achat de rentes.

Mais si elle l'a demandée pour une de ces opérations, elle ne peut plus s'en passer pour les suivantes. Dans ce cas les paiements sont faits au mari et à la femme et tous deux doivent signer la demande.

Si le mari forme opposition, les paiements ne peuvent être faits, tous tous les cas, qu'à la femme et au mari, non à la femme seule.

Actes que la femme peut faire avec l'autorisation maritale. — Autorisée par son mari, la femme peut être exécuteur testamentaire, accepter ou refuser un legs, faire une donation entre vifs, c'est-à-dire de son vivant, donner en toute propriété quelque chose à quelqu'un; accepter une donation dans les mêmes conditions, adopter ou être adoptée, vendre ou transférer des rentes, et enfin bénéficier des versements faits pour elle par des tiers à la Caisse des retraites.

Actes que la femme peut faire avec l'autorisation de la justice. — Tous ceux pour lesquels l'autorisation du mari serait nécessaire quand il refuse cette autorisation ou qu'il lui est impossible de la donner.

Les trois tableaux synoptiques qui suivent permettent de se rendre compte rapidement des actes dont la femme mariée est *capable* dans ces diverses conditions.

I

TABLEAU DES ACTES DONT EST CAPABLE LA FEMME MARIÉE
sans L'ASSISTANCE DE SON MARI

A. La femme mariée sous le régime de la communauté peut, sans être autorisée par son mari :
1° Faire son testament ;
2° Le révoquer ;
3° Révoquer les donations faites par elle pendant le mariage ;
4° Accepter les donations faites à ses enfants ;
5° Doter un enfant commun ;
6° Comparaître en justice quand elle est poursuivie en matière criminelle, correctionnelle ou de simple police ;
7° Se faire ouvrir un livret de caisse d'épargne ;
8° Se faire rembourser les sommes portées sur ce livret ;
9° Acquérir des rentes ;
10° Faire des versements à la caisse des retraites ;

B.
- La femme mariée sous le régime dotal avec des biens paraphernaux ;
- La femme mariée sous le régime de la séparation de biens ;
- La femme séparée judiciairement de corps ou de biens ;

peuvent

1º Accomplir tous les actes précédents ;
2º Donner leurs biens à bail pour une période de neuf ans et au-dessus.

II

Tableau des actes dont est capable la femme mariée *avec* l'assistance de son mari

La femme mariée peut, avec l'autorisation maritale :
1º Etre exécuteur testamentaire ;
2º Accepter un legs ou le refuser ;
3º Faire une donation entre vifs ;
4º Accepter une donation de cette nature ;
5º Adopter un enfant ;
6º Etre adoptée ;
7º Vendre ou transférer des rentes ;
8º Se faire rembourser à la caisse d'épargne
- un dépôt fait pendant le mariage, avec l'autorisation du mari ;
- un dépôt fait antérieurement au mariage, quand elle était célibataire, veuve ou divorcée ;

9º Acquérir des rentes, quand le dépôt a été fait avec l'assistance du mari ;
10º Bénéficier des versements faits pour elle par des tiers à la caisse des retraites pour la vieillesse.

III

Cas ou l'autorisation de la justice est nécessaire

1º Si le mari refuse son autorisation, sans motifs ;
2º S'il ne peut la donner ;
3º S'il est absent ;
4º S'il est interdit ;
5º S'il a un conseil judiciaire ;
6º S'il a été condamné à une peine afflictive ou infamante.

LA FORTUNE DE LA FEMME MARIÉE

Il n'y a guère qu'un régime qui sauvegarde efficacement la fortune de la femme mariée, comme nous l'avons vu : c'est le régime de la séparation de biens, sous lequel elle l'administre elle-même. Le régime dotal assure l'intégrité de sa dot, mais le mari peut en dissiper les revenus, puisqu'il en a la jouissance ; si cette dot contient ce qu'on nomme des *propres imparfaits*, c'est-à-dire des sommes d'argent dont on ne saurait jouir sans les consommer, il a sur eux une sorte de propriété, sauf à les restituer quand l'association légale sera dissoute, si elle ne demande pas la séparation de biens, ou si elle meurt la première. Mais il se peut qu'elle ne le soit pas du vivant de la femme. On voit donc que la dot elle-même est exposée, par le fait d'un mari dissipateur et peu scrupuleux, et que les intérêts matériels de la femme peuvent être compromis sous ce régime.

Quand le ménage adopte le régime de droit commun, c'est-à-dire la communauté de biens, la fortune personnelle de la femme continue à vivre de sa vie propre, et constitue, ainsi que nous l'avons vu, un patrimoine distinct du patrimoine commun et de celui de l'époux.

Lors du partage qui a lieu quand la société conjugale est dissoute par la séparation ou par la mort du mari, par exemple, elle en devient indépendante. Mais, pendant tout le cours de l'existence commune, elle a subi la répercussion de tout ce qui les a affectés l'un et l'autre. Elle a contribué à payer les dettes de l'époux, les charges usufructuaires de ses propres, elle a supporté les charges de la communauté, qui sont celles du ménage lui-même. Bien plus, il se peut qu'elle ait été entièrement dissipée par le mari, dans des placements malheureux, par exemple, sans que celui-ci soit le moins du monde responsable.

Même les immeubles de la femme qui ne tombent point dans la communauté peuvent lui échapper si elle les a vendus, car c'est le mari qui en a touché le prix, lequel a été versé dans la communauté dont il a l'administration et la jouissance.

On voit par là combien peu la fortune personnelle de la femme est défendue par les régimes autres que celui de la séparation de biens.

Lorsque le mari tombe en *déconfiture* — on appelle ainsi l'état d'un insolvable non commerçant — les créanciers de la femme sont autorisés à lui réclamer à elle personnellement le montant de leurs créances, tout comme si la séparation de biens avait été prononcée.

En effet, il n'y a plus, à proprement parler, de communauté ; la part du mari dont le passif dépasse l'actif a disparu.

Quand le mari est insolvable, la femme mariée sous le régime dotal est obligée de rapporter à la succession de son père, lors du décès de celui-ci, l'action qu'elle a, légalement, contre la succession de son mari, ceci dans le cas où l'insolvabilité de ce dernier remonterait à une date antérieure au mariage, ce que la femme devra prouver par un acte *ayant date certaine*.

Mais l'affaire s'aggrave quand le mari est devenu insolvable pendant le mariage, ou quand elle ne peut prouver juridiquement qu'il l'était avant. Elle est tenue alors de rapporter à la succession paternelle sa dot elle-même.

Ceci est parfaitement logique, puisque la dot n'est pas un patrimoine propre de la femme mais un patrimoine indépendant de ses biens propres, constitué en vue des charges à soutenir pendant le mariage.

Supposons que le mari ait dissipé en placements malheureux les biens meubles dont se composait la dot, qu'il ait fait vendre à sa femme, par ruse ou violence, les immeubles paraphernaux et qu'il en ait également dissipé le prix (que lui seul pouvait toucher), voilà la malheureuse sans ressources.

Et plus tard, à la mort de son père, elle sera, de plus, débitrice de sa dot envers la succession de celui-ci.

L'ADOPTION [1]

ERTAINS ménages sans enfants sentent parfois, surtout vers le déclin de la vie, le besoin de combler le vide du foyer et de compléter la famille en se créant, par un moyen légal, un héritier et un successeur. L'*adoption* répond à ce désir.

Elle permet aussi de resserrer un lien de parenté qui existait déjà. Un oncle ou une tante peuvent ainsi se faire de leur neveu ou de leur nièce un fils ou une fille. Les deux époux à la fois, ou un seul des deux avec le consentement de l'autre, peuvent adopter. Ils peuvent aussi être adoptés eux-mêmes, mais, dans ce cas, l'autorisation du mari est nécessaire à la femme mariée.

Essence juridique de l'adoption. — L'adoption consiste en un contrat passé entre l'adopteur et l'adopté par le juge de paix du domicile de l'adoptant et en vertu duquel une sorte de filiation s'établit entre les deux parties.

Nous donnons dans un tableau spécial les conditions de l'adoption pour chacun des deux intéressés.

On y verra qu'outre l'adoption ordinaire, il y a lieu de distinguer : 1° l'*adoption rémunératoire*, c'est-à-dire celle qui a lieu à la suite du sauvetage de l'adopteur par l'adopté, dans un naufrage, un incendie, etc., et pour laquelle des facilités exceptionnelles sont données ; 2° l'*adoption testamentaire*, qui diffère essentiellement de l'adoption ordinaire par ses conditions.

Procédure de l'adoption. — 1° Transcription de l'acte sur le registre des naissances, à la mairie du domicile de l'adoptant.

2° Homologation par le tribunal civil et la cour d'appel. Elle pro-

---

1. On verra par le tableau des conditions de l'adoption qu'elle n'est permise que dans le cas où il n'y aurait pas d'enfant légitime, mais la naissance d'un enfant légitime postérieure à l'adoption ne changera rien à celle-ci.

duit son effet d'une façon rétroactive, à partir du jour où le juge de paix a dressé le contrat. Si l'adoptant mourait après que l'acte a été remis au tribunal, l'adopté pourrait achever la procédure.

Effets de l'adoption. — L'adopté garde le nom qu'il a reçu de ses parents ainsi que ses droits à leur succession ; ses obligations envers eux ne sont pas abolies.

Ses relations avec l'adoptant ne lui créent aucun lien juridique avec la famille de celui-ci.

Il ajoute le nom de l'adoptant au sien.

L'adoptant et l'adopté se doivent réciproquement des *aliments*.

L'adopté a dans la succession de l'adoptant la même part réservataire qu'un enfant légitime.

Le mariage est prohibé entre l'une des deux parties et le conjoint de l'autre. Une femme dont le mari aurait adopté un jeune homme ne pourrait, par exemple, étant devenue veuve, épouser celui-ci. A plus forte raison, le mariage est-il prohibé entre les deux parties elles-mêmes.

Il l'est aussi entre une des parties et la descendance de l'autre.

Conditions nécessaires pour adopter.
1° Avoir plus de cinquante ans.
2° Avoir quinze ans de plus que l'adopté.
3° N'avoir aucun enfant descendant légitime au jour de l'adoption.
4° Jouir d'une bonne réputation.
5° Être français.
6° Si l'on est) être autorisé au domicile en France par le chef de l'Etat.
     étranger) ou autorisé par un traité passé avec son pays d'origine.
7° Avoir donné ses soins à l'adopté six années au moins avant la majorité de celui-ci.
8° Si l'on est marié, être autorisé par son conjoint.

Conditions nécessaires pour être adopté.
1° Etre majeur.
2° S'il s'agit d'une femme mariée, elle doit être autorisée par son mari

Adoption à la suite d'un sauvetage de l'adoptant par l'adopté, ou adoption rémunératrice.
Il suffit que l'adoptant soit majeur et plus âgé que l'adopté, ne fût-ce que d'un jour.

Conditions nécessaires pour adopter un enfant par testament.
1° N'avoir pas d'enfant légitime au jour de son décès.
2° Avoir été pendant cinq ans au moins tuteur officieux de l'enfant.

Condition nécessaire pour être adopté par testament.
Etre mineur.

On remarquera que pour l'adoption testamentaire, contraire-ment à ce qui a lieu pour l'adoption ordinaire, l'adopté doit néces-sairement être mineur. En effet, à sa majorité, il ne pourrait plus être adopté que dans les conditions de l'adoption pure et simple. D'autre part, la loi exige que l'adoptant ait été son *tuteur officieux* pendant au moins cinq ans.

Le tuteur officieux est celui qui pourvoit sur ses propres revenus à l'entretien et à l'éducation du pupille, tandis que le tuteur ordi-naire emploie à cet usage les revenus du pupille lui-même. La tutelle officieuse devant durer au moins cinq ans, pour donner lieu à l'adoption testamentaire, il suit de là que l'enfant à adopter doit avoir moins de cinq ans au moment où elle commence.

Observons aussi que la femme ne peut jamais adopter par testa-ment. En effet, la loi ne lui permet pas d'être tutrice, si ce n'est de ses enfants et petits-enfants ou de son mari interdit.

L'INTERDICTION

DÉFINITION L'interdiction est une mesure prononcée par jugement, déclarant incapable d'exercer les droits civils toute personne atteinte « d'aliénation mentale, imbécillité, démence, etc ».

L'interdiction suppose toujours, chez celui contre lequel elle est ordonnée, un désordre *maladif* de l'intelligence, tandis que le conseil judiciaire est donné aux individus dont l'esprit est faible ou mal équilibré, mais sain, tels, par exemple, les prodigues avérés.

Qui peut provoquer l'interdiction ? — Le ministère public, les parents (et non les alliés, en aucun cas), peuvent demander l'interdiction. La femme peut également user de ce droit à l'égard de son mari.

Comment on obtient l'interdiction. — Voici quelle est la procédure à suivre pour demander l'interdiction d'un aliéné.

On devra former une requête signée d'un avoué et adressée au président du tribunal civil du lieu de domicile de l'aliéné. On annexera à la demande les pièces qui y sont relatives, et la liste des témoins. Saisi de la requête, le tribunal ordonnera au conseil de famille d'émettre son avis, non sur l'opportunité de la mesure sollicitée, mais sur l'état mental de la personne en cause.

Ensuite il fait comparaître celle-ci devant lui. Dans le cas où le défendeur ne pourrait venir à l'audience, un juge serait commis pour l'interroger à domicile : les questions à lui poser sont choisies par le président du tribunal. L'objet de cet interrogatoire est de s'assurer si l'individu a ou n'a pas toutes ses facultés ; la simple débilité d'esprit ne serait pas un motif suffisant pour prononcer l'interdiction, qui n'est applicable qu'aux aliénés, c'est-à-dire aux malades atteints de folie ou de stupidité radicale.

4

Cette première partie de la procédure n'est pas publique ; elle se continue à l'audience. Si les juges conservent des doutes, il leur est loisible de faire examiner la personne par un médecin, ou d'autoriser la citation de témoins à la requête des deux parties, défendeur et demandeur.

Après cette enquête, trois solutions peuvent intervenir.

Ou le tribunal rejettera purement et simplement la demande d'interdiction, ou il l'accueillera, ou il jugera que les faits, sans la justifier, autorisent l'application d'une mesure atténuée, c'est-à-dire la dation d'un conseil judiciaire.

Dans le second et le troisième cas, mention du jugement sera faite sur un registre spécial au greffe du tribunal civil du lieu de naissance de la personne contre laquelle la mesure a été prononcée. Ce registre doit être communiqué à quiconque le demande. On a donc ainsi un moyen bien simple de savoir si quelqu'un a ou n'a pas été l'objet d'une mesure d'interdiction, dès qu'on sait son pays d'origine.

Effets de l'interdiction. — L'individu contre lequel l'interdiction a été prononcée, tombe immédiatement en tutelle comme un mineur.

En conséquence, il est pourvu, comme les mineurs, d'un tuteur, d'un subrogé-tuteur et d'un conseil de famille. En attendant que la tutelle soit organisée définitivement, le tribunal, s'il est nécessaire d'accomplir en son nom certains actes, tels que le renouvellement d'un bail, par exemple, lui désigne à cet effet un administrateur provisoire.

Le tuteur de l'interdit peut demander pour lui la séparation de corps, non le divorce. Mais il peut être à sa place défendeur dans une action en divorce.

L'aliéné interdit est plus complètement incapable que le mineur. Il l'est à partir du jour où son interdiction a été prononcée soit par le tribunal civil, soit en appel. Tous ses actes sont annulables, à sa demande, comme ceux des incapables en général.

Interdiction du mari. — Le fait de l'interdiction prononcée contre le mari supprime naturellement la puissance maritale. La femme mariée devra donc alors, si elle ne demande pas le divorce, se faire autoriser par le tribunal civil dans tous les cas où l'autorisation de son conjoint lui était nécessaire.

Le conseil de famille peut la nommer tutrice de son mari, mais il peut aussi désigner à sa place une autre personne.

La femme, tutrice de son mari, accomplit seule en son nom tous les actes nécessaires, mais elle a besoin de l'autorisation de la justice pour son propre compte lorsqu'elle agit en tant que femme mariée.

La raison de cette contradiction apparente est que le mandataire d'une personne ne s'oblige pas lui-même ; il n'agit pas personnellement. Aussi la femme mariée et le mineur peuvent-ils faire pour le compte d'autrui les mêmes actes dont ils seraient juridiquement incapables pour eux-mêmes.

En confiant à la femme la tutelle de son mari interdit, le conseil de famille fixe les conditions dans lesquelles elle devra administrer ses biens. Mais si elle se croit atteinte dans ses intérêts par cette décision, elle peut former un recours devant les tribunaux.

Lorsque le conseil ne juge pas opportun de lui confier la tutelle, il n'a pas à justifier autrement son avis. Enfin, la femme ne peut en aucun cas être nommée subrogée-tutrice de son mari.

Interdiction de la femme mariée. — Le mari est, de droit, tuteur de sa femme interdite. Le conseil de famille n'a donc pas à se prononcer à cet égard.

Mais qu'arrive-t-il si les époux sont séparés de corps au moment où le jugement d'interdiction est rendu ?

Un arrêt de la Cour de cassation a décidé que, dans ce cas, la tutelle de la femme mariée n'appartenait pas nécessairement au mari.

LA SÉPARATION DE BIENS JUDICIAIRE

<u>GÉNÉRALITÉ</u>   La séparation judiciaire, c'est-à-dire prononcée par autorité de justice, entièrement distincte de la séparation de biens contractuelle, c'est-à-dire énoncée par le contrat de mariage, est un acte qui met fin à l'association conjugale considérée comme association financière.

La femme seule peut demander la séparation de biens.

Celle-ci n'implique aucune hostilité de sa part à l'égard de son mari. Bien des motifs peuvent la déterminer à y recourir. Il arrive même fort souvent que le mari, s'il a des affaires professionnelles dont les vicissitudes pourraient affecter le patrimoine commun, s'il est par exemple commerçant ou industriel, prie sa femme de demander la séparation de biens, n'ayant pas lui-même l'initiative nécessaire pour cela au point de vue juridique.

La séparation de biens judiciaire dissout la communauté en laissant intacts les liens du mariage, et cela va de soi, puisqu'elle a pour objet de placer les époux mariés sous l'une des espèces du régime de la communauté, ou sans communauté, ou sous le régime dotal, dans les mêmes conditions que les époux mariés sous le régime de la séparation de biens contractuelle[1].

Le principe de la puissance maritale subsiste donc après comme avant la séparation judiciaire, quoique avec certaines atténuations.

Ainsi, comme elle recouvre l'administration de ses biens personnels — si elle ne l'avait déjà — elle devient capable d'accomplir

---

1. Sauf les différences que nous avons signalées plus haut, en parlant de ce régime. La femme séparée de biens par contrat doit contribuer *pour un tiers de ses revenus* aux dépenses du ménage ; la femme séparée de biens judiciairement y contribue proportionnellement à ses ressources. Séparée contractuellement, elle peut avoir avantage à réclamer la séparation judiciaire, quand le mari dissipe la pension qu'elle lui fait pour la dépense du ménage.

tous les actes qui s'y rattachent, tels que les baux de neuf ans et au-dessous, l'embauchage d'ouvriers et d'employés, les réparations, les ventes de certains biens meubles, tels que récoltes, mobiliers hors d'usage, etc.

Mais il lui faut encore l'autorisation de son mari pour ester en justice, même à propos de ces actes d'administration, et aussi pour vendre ses biens meubles en général, ainsi que ses immeubles, ou pour en faire des donations. Si le mari refuse sans motif, elle devra demander l'autorisation judiciaire.

Comment on demande la séparation. — La femme adresse au président du tribunal civil une demande en séparation. Comme cet acte intéresse les tiers qui sont en affaires avec les conjoints, la publicité doit en être assurée. Aussi des extraits de la demande sont communiqués dans les trois jours aux chambres des avoués et des notaires, aux greffes des tribunaux civils et de commerce et dans les journaux d'annonces légales. Le tout à peine de nullité de la demande et du jugement à intervenir.

Celui-ci, sous la même peine, doit être publié de la même manière, dans la quinzaine qui suit le jour où il a été prononcé. Le même délai est appliqué à la lecture au tribunal de commerce et à l'exécution.

Celle-ci doit au moins avoir commencé par un procès-verbal de la liquidation de la communauté, dressé par un notaire.

Les créanciers du mari ont un an pour former opposition contre un jugement de séparation de biens qui léserait leurs intérêts et constituerait une fraude contre leurs droits.

Comment cesse la séparation judiciaire. — La séparation de biens judiciaire cesse par un acte notarié dressé à la requête des époux. Elle est alors censée n'avoir jamais existé ; les époux reprennent leur ancien régime avec la condition expresse de n'y changer rien. Ceci est la conséquence de l'immutabilité du contrat de mariage qui peut être entièrement révoqué ou suspendu, mais ne saurait en aucun cas être modifié.

Acceptation de la communauté ou renonciation. — Un délai de trois mois est imparti à la femme, après la dissolution de la communauté par la séparation de biens, pour faire l'inventaire de la communauté et un autre délai consécutif de quarante jours pour accepter ou renoncer. Passé ce terme, elle peut encore prendre parti, mais les créanciers ont droit de la faire condamner comme si elle avait accepté définitivement.

La femme peut accepter par une déclaration expresse ou tacitement, en accomplissant une série d'actes qui impliquent la continuation de la communauté.

L'acte de renonciation se fait au greffe du tribunal civil.

Partage en cas d'acceptation. — Supposons que la femme a accepté. il y a lieu de procéder — ordinairement par le ministère du notaire des époux — au partage des biens de la communauté entre ceux-ci.

C'est ici qu'intervient la distinction que nous avons eu soin d'établir entre les trois patrimoines : patrimoine du mari, patrimoine de la femme, patrimoine de la communauté.

Dans l'exercice de l'association conjugale, il arrive que les deux premiers patrimoines se trouvent en dette vis-à-vis du troisième et réciproquement, c'est-à-dire qu'ils lui font ou qu'ils reçoivent de lui des avances, dans les diverses opérations dont se compose l'administration du ménage et de ses biens.

Ces avances, en termes juridiques, donnent lieu à *récompenses,* c'est-à-dire qu'après la séparation de biens, elles doivent être remboursées par celui des trois patrimoines qui s'est ainsi endetté envers un autre.

Les prélèvements ainsi faits s'appellent des reprises.

Les reprises de la femme sur la communauté sont privilégiées. Elles s'opèrent avant celles du mari et se poursuivent même sur les biens propres de celui-ci, si la communauté ne suffit point à s'acquitter par elle-même.

Contrairement à la règle générale, elle peut se faire payer en nature sur les biens communs, sans être obligée de faire procéder à une vente aux enchères, ainsi qu'il serait de rigueur pour tout autre créancier. Le mari n'a pas le même droit.

Il ne saurait non plus poursuivre sur les biens de sa femme le paiement de ses créances contre la communauté, au cas où l'actif de cette dernière serait insuffisant.

Les époux reprennent leurs biens propres, c'est-à-dire leurs immeubles, sous le régime de droit commun. Sous le régime de la communauté réduite aux acquêts, ils reprennent aussi leurs meubles, après avoir fait rigoureusement la preuve de leur propriété.

Le partage ne modifie pas la situation des époux séparés de biens par contrat. Nous avons vu qu'après la séparation judiciaire, la somme à payer par la femme à son mari, comme contribution aux frais du ménage, n'était plus fixe, mais « en proportion de ses ressources ».

Si les époux étaient mariés sous le régime dotal, le mari devra rendre à la femme :

1° *La valeur des biens meubles dont il n'aura pu jouir sans les consommer, et qu'on nomme* propres imparfaits ;

2° *Le prix de l'immeuble acheté avec l'argent de la dot ;*

3° *La valeur des biens meubles dotaux non estimés dans le contrat et qu'il aurait vendus.*

Remarquons que non seulement les immeubles dotaux restent inaliénables après la séparation, mais que les biens meubles dotaux eux-mêmes le deviennent aussi.

Récompenses. — Outre les reprises proprement dites, le partage donne lieu aux *récompenses* dont nous avons parlé plus haut, principalement quand le mariage a été contracté sous une forme de la communauté conventionnelle autre que la communauté réduite aux acquêts.

Sous le régime de la communauté avec *clause de séparation de dettes*, la communauté a droit à récompense de la part de l'époux dont elle aurait payé partiellement les dettes antérieures au mariage.

Elle a le même droit vis-à-vis de l'époux dont elle aurait payé la totalité des dettes, si le contrat portait la clause *franc et quitte.*

La femme mariée avec la clause d'*apport franc et quitte* a droit à récompense de la part du mari pour les dettes qu'elle aurait contractées pendant le mariage dans l'intérêt de la communauté.

Au contraire, elle doit récompense à la communauté si celle-ci a payé ses dettes mobilières antérieures au mariage.

Comment se fait le partage. — La masse de la communauté est divisée en deux moitiés, l'une pour le mari, l'autre pour la femme. Il en est de même pour les dettes. Mais la femme ne peut pas être obligée au delà de ce qu'elle recueille (ce qu'on appelle *son émolument*). L'excédent, s'il y en a, est à la charge du mari.

Vis-à-vis des créanciers, celui-ci ne peut être obligé que pour la moitié des dettes mobilières de sa femme, antérieures au mariage.

Celle-ci l'est d'une façon illimitée, ainsi que pour les dettes qu'elle aurait contractées pendant le mariage, avec l'assentiment de son mari. Mais elle aura recours contre celui-ci dès qu'elle aura payé plus de la moitié des dettes communes ou dépassé son émolument. Il aura de même recours contre elle, s'il a payé plus de la moitié des dettes.

Renonciation. — La femme qui renonce à la communauté n'exerce d'autres reprises que celles de ses biens propres, et des récompenses que la communauté lui doit.

Celles-ci peuvent être poursuivies sur les propres du mari, au cas d'insuffisance de l'actif de la communauté, mais non pas en nature, comme il arriverait si elle avait accepté.

Pour sa responsabilité en matière de dettes, il faut distinguer :

En principe, puisqu'elle est renonçante à la communauté, elle ne saurait être tenue des dettes communes, quant à ses rapports avec son mari qui doit seul les supporter, mais elle est toujours responsable vis-à-vis des créanciers des dettes qui se sont produites de son fait.

Elle devra donc les acquitter et ensuite elle aura recours contre son mari.

LE DIVORCE

DÉFINITION Le divorce est l'acte juridique qui dissout le mariage et met fin à l'association conjugale. Il brise tous les liens entre les deux époux ; la séparation de biens et la séparation de corps ne font que les relâcher. Elles laissent subsister le mariage en soi ; le divorce le supprime légalement.

Qui peut demander le divorce ? — Le divorce étant la rupture autorisée du mariage, engagement contractuel, seules les parties qui ont contracté ensemble sont recevables à le demander. L'initiative de l'instance en divorce appartient donc aux époux seuls.

L'un d'eux peut introduire cette instance, contre son conjoint, qui deviendra défendeur.

Mais l'époux attaqué peut répondre en demandant à son tour le divorce contre celui qui l'attaque : c'est la demande *reconventionnelle*, forme d'instance qui se produit de même dans beaucoup d'autres cas.

Exceptionnellement, la loi autorise le tuteur d'un aliéné interdit à réclamer pour lui la séparation de corps, mais non le divorce.

Causes du divorce. — *A)* Il y en a d'abord deux qui sont péremptoires et emportent sans discussion le divorce : c'est l'infidélité d'un des conjoints ou sa condamnation à une peine afflictive et infamante, encourue pendant le mariage.

Les peines afflictives et infamantes sont : la mort suivie de commutation de peine, les travaux forcés, la détention, la réclusion.

Même subies avant le mariage, elles pourront être considérées par les tribunaux comme des injures graves, susceptibles de motiver le divorce dans certains cas. Par exemple si elles ont été dissimulées à l'autre conjoint.

Il en est de même des peines simplement infamantes encourues pendant le mariage : le bannissement et la dégradation civique prononcée comme peine principale. Les juges en décideront.

Pareillement, les peines correctionnelles, la prison et l'amende, peuvent, selon l'appréciation des magistrats, entraîner le prononcé du divorce. Il faut considérer ici bien des éléments divers : les faits et leurs circonstances, le milieu social, etc.

B) Outre l'infidélité et la condamnation à une peine afflictive et infamante, la loi admet encore trois causes principales de divorce dont les *espèces* sont très nombreuses : les *excès*, les *sévices* et les *injures graves.*

Les *excès* et les *sévices* signifient les mauvais traitements exercés par l'un des conjoints contre l'autre. Les excès sont ceux qui peuvent mettre la santé ou la vie en péril. Les sévices ne vont pas jusqu'à cette extrémité et l'appréciation en appartient aux juges qui devront, ici encore, avoir égard à toutes les considérations de milieu et de circonstances. De même pour les injures graves dont on pourrait citer des exemples à l'infini. Il est évident que les mêmes mots dans la bouche d'un homme du monde et dans celle d'un ouvrier ont une signification et une portée toutes différentes, et que la correction de certains milieux, la grande liberté de certains autres, aggravent ou atténuent le caractère injurieux de la même apostrophe dans des proportions considérables.

Qui prononce le divorce. — Le tribunal civil du domicile de l'époux attaqué a seul qualité pour prononcer le divorce, sauf appel.

Comment on demande le divorce. — On fait rédiger par un avoué une requête au président du tribunal civil pour obtenir le divorce. L'intervention de l'avoué est nécessaire.

Voici un modèle de requête :

A Monsieur le Président du tribunal civil de l'arrondissement de...
La dame X..., sans profession, épouse du sieur Z... demeurant à...
A l'honneur de vous exposer :
Qu'elle a contracté mariage par devant l'officier de l'état civil de la commune de..., le dix-sept janvier mil huit cent quatre-vingt-quatorze, avec le sieur Z... sus-nommé, ainsi que cela résulte de l'acte inscrit sur les registres de l'état civil de ladite commune;
Que cette union a été précédée d'un contrat de mariage sous le régime de la communauté réduite aux acquêts; qu'il est né de leur mariage deux enfants, dont l'un est âgé de treize ans et l'autre de neuf ans;
Que cette union n'a jamais été heureuse;
Que, dès les premiers jours qui l'ont suivie, le sieur Z... s'adonnait au

jeu, dissipant des sommes considérables, qu'il rentrait fréquemment en état d'ébriété manifeste, à des heures indues;

Qu'en outre, il ne craignait pas de se livrer sur la personne de l'exposante aux actes de brutalité les plus excessifs;

Que, notamment, le quatre avril dernier, il a porté à la tête de la dame X... soussignée, un violent coup de canne dont elle porte encore la marque et qui a failli lui faire perdre l'œil droit;

Qu'il est un sujet de terreur pour ses enfants;

Que ces faits constituent des excès, sévices et injures graves, qui autorisent l'exposante à demander le divorce, car la vie commune est devenue impossible;

Par ces motifs, l'exposante requiert qu'il vous plaise, Monsieur le Président,

Lui donner acte de la remise qu'elle vous a faite en personne de la présente requête et des pièces à l'appui (s'il y en a);

Fixer tel jour et heure qu'il vous conviendra pour voir comparaître devant vous la requérante et son conjoint;

Commettre tel huissier que vous jugerez à propos pour notifier la citation;

Autoriser la requérante à résider séparément et fixer le lieu de sa résidence provisoire.

Sous toutes réserves.

(Signatures de la requérante et de l'avoué.)

Il est rigoureusement nécessaire que la demande en divorce soit présentée par l'intéressée elle-même. Si elle se trouvait dans un état de maladie qui ne lui permît point de se rendre au palais de justice, c'est le président qui se transporterait auprès d'elle, à condition qu'elle résidât dans les limites de l'arrondissement, car il est sans pouvoir au delà des limites de sa juridiction.

Le magistrat demande alors à la personne qui réclame le divorce si elle est bien décidée à poursuivre l'affaire. Après quoi la première formalité est accomplie.

Au pied de la requête, le président énonce les indications du jour et de l'heure où l'époux attaqué devra être cité devant lui en essai de conciliation.

Précautions à prendre dès que l'essai de conciliation est ordonné. — En vue de l'échec toujours probable de l'essai de conciliation, les deux époux, demandeur et défendeur, doivent, d'ores et déjà, réfléchir à la manière dont ils exposeront les faits de leur cause au président et soutiendront leurs propres intérêts à propos des mesures provisoires qu'il prendra à leur égard quand l'essai de conciliation aura échoué. On verra tout à l'heure l'utilité de ce conseil.

En conséquence, ils consulteront chacun leur avoué. La femme que nous avons supposée requérante a déjà le sien, celui qui a rédigé la demande en divorce.

L'essai de conciliation. — Le président du tribunal civil ayant fait citer devant lui les deux parties, dans son cabinet, au palais de justice, tentera de les réconcilier. Disons tout de suite que, dans la plupart des cas, ses efforts seront vains.

L'ordonnance de non-conciliation. — Ayant échoué dans sa tentative d'apaisement, le président du tribunal civil dresse un procès-verbal de non-conciliation si les deux époux ont comparu, ou un procès-verbal de défaut si le défendeur n'est pas venu. Il délivre à celui qui réclame le divorce le *permis de citer*. Ce dernier a vingt jours pour intenter sa demande. Après ce délai, les *mesures provisoires* prises par le président perdraient leur effet. L'ensemble du procès-verbal de non-conciliation et du permis de citer s'appelle ordinairement ordonnance de non-conciliation.

Les mesures provisoires. — Ce sont celles qui règlent les dispositions à prendre d'urgence en vue de la situation créée aux époux et aux enfants par la brusque cessation de la vie commune, qui demenrera dans tous les cas suspendue jusqu'au prononcé du jugement, que celui-ci accorde ou non le divorce.

Telles sont par exemple : la résidence à désigner à la femme ; la provision alimentaire que pourra lui devoir son mari, l'attribution de la garde des enfants à l'un des conjoints ou à un tiers, etc.

On voit donc que chacune des parties a des intérêts et des droits à sauvegarder et qu'il est bon de n'aborder le cabinet du magistrat conciliateur qu'après s'être préparé à la défense avec l'aide de son avoué.

L'époux défendeur, qu'il veuille ou non s'opposer à la demande en divorce, doit donc consulter un avoué, afin de pouvoir se défendre dans la question des mesures provisoires. S'il ne veut pas poursuivre l'affaire et s'il a l'intention de faire défaut, il en sera quitte pour prévenir cet avoué qui, alors, ne lui demandera pas de provision.

L'appel de l'ordonnance de non-conciliation. — L'époux qui se croit lésé par les mesures provisoires peut adresser à la cour d'appel, par le ministère d'un avoué de cette cour et non plus d'un avoué d'instance, un appel de l'ordonnance de non-conciliation dans le délai de quinze jours.

Mais d'abord, cette procédure augmente les frais et ensuite il y a de fortes probabilités pour que la cour confirme purement et simplement les dispositions prises par le premier juge. Il est donc préférable de n'avoir pas à faire appel, ce que l'on aura évité si l'on a su soutenir ses intérêts devant le magistrat tenu à l'impartialité.

D'ailleurs, l'appel de l'ordonnance de non-conciliation ne suspend pas les mesures provisoires.

Les référés. — Le président du tribunal, et juge conciliateur, est en même temps juge des référés ; il prend en cette qualité, à lui seul, les mesures d'urgence auxquelles donne lieu la marche du divorce ; il complète ainsi les mesures provisoires qu'il a prises comme juge conciliateur ; il réglementera par exemple, au moyen d'un référé, le droit de visite de la mère si les enfants sont confiés au père par les mesures provisoires. Mais il ne peut modifier celles-ci excepté en ce qui touche la résidence de la femme, sur laquelle il peut toujours statuer.

Le conjoint qui demande le divorce a besoin d'un avoué d'instance pour introduire un référé ; il n'en est pas de même pour le défendeur, c'est-à-dire celui contre lequel on demande le divorce.

A noter, enfin, que les époux comparaissent seuls devant le juge conciliateur, mais que celui qui a un avoué comparaît avec cet avoué devant le juge des référés.

Résidence de la femme pendant le divorce. — Qu'elle soit demanderesse ou défenderesse, la femme doit obligatoirement résider au lieu fixé par le président du tribunal civil et, à toute réquisition, elle doit en justifier, faute de quoi, le mari qui lui sert une pension alimentaire n'est plus tenu vis-à-vis d'elle.

Il peut, si elle est défenderesse, obtenir qu'elle soit déclarée non recevable à continuer la procédure de divorce, jusqu'à ce qu'elle ait réintégré la résidence indiquée.

Cas où le mari peut être obligé de quitter le domicile conjugal. — La femme qui gère, pour son compte personnel, une entreprise industrielle ou commerciale au domicile commun a droit d'y rester et, en conséquence le mari sera tenu de quitter ce domicile, sans qu'il lui soit d'ailleurs assigné de résidence déterminée.

La provision alimentaire. — Sous les régimes autres que la séparation de biens, c'est presque toujours au profit de la femme que la provision dite *alimentaire* est ordonnée par le président du tribunal civil.

Mais quand les époux sont mariés sous le régime de la séparation de biens contractuelle et quand la femme est seule à posséder une fortune réelle, il sera décidé que la provision alimentaire sera versée par elle au mari.

Dans la provision alimentaire, on ne comprend pas seulement les frais de subsistance et d'entretien de l'époux au profit duquel elle est instituée, mais encore les sommes destinées à couvrir les frais de la procédure de divorce engagée par ou contre lui. Les avoués qui la touchent au nom de leur client en retiennent donc une forte partie, s'il ne leur a été fait, dès le début, les avances nécessaires.

Le montant de la provision alimentaire est remboursable, par l'époux qui la touche, après le règlement des droits respectifs de chacun, quand l'affaire sera terminée. Observons que pour les fixer les juges auront égard à la situation du ménage, telle qu'elle était lorsque la procédure du divorce a été engagée.

A qui appartient la garde des enfants pendant le divorce. — La garde des enfants, ainsi que toutes les prérogatives inhérentes à la puissance paternelle, appartient au père pendant la durée du mariage. Il n'en est plus nécessairement ainsi pendant la procédure du divorce ; le juge conciliateur peut, ou bien la laisser au père, ou la transférer à la mère ou à des ascendants, ou à des tiers. Par exemple, il peut confier les enfants à une maison d'éducation.

Les père et mère sont tenus de se conformer à la décision du président, sous peine d'une amende de 16 à 5.000 francs.

Administrateur provisoire. — Si le président a lieu de craindre que l'administration du mari, pendant l'instance en divorce, ne soit nuisible aux intérêts pécuniaires de la femme, il peut nommer à titre provisoire un administrateur des biens communs, si les époux sont mariés sous le régime de la communauté, ou des biens dotaux, s'ils le sont sous le régime dotal.

PROCÉDURE DE DIVORCE

Il n'y a, comme nous l'avons vu, que deux causes péremptoires de divorce, l'infidélité et la condamnation à une peine afflictive et infamante. Lorsqu'elles sont alléguées, les tribunaux les constatent sans avoir à les apprécier et prononcent le divorce.

Si elles étaient reprochables aux deux parties à la fois, celles-ci obtiendraient le divorce au cas d'infidélité réciproque, mais le fait d'avoir encouru toutes deux une condamnation afflictive et infamante les empêcherait au contraire d'être admises à divorcer de ce chef.

Les autres causes, excès, sévices, injures graves, font l'objet de débats plus ou moins longs, pour lesquelles certaines règles de la procédure se trouvent abrogées. Ainsi, tandis qu'on ne produira comme preuves dans les débats ordinaires aucune lettre sans l'autorisation de l'expéditeur et du destinataire, la femme qui plaide en divorce peut faire état de la correspondance tombée entre ses mains, sans qu'il y ait eu fraude ou violence de sa part.

Par contre, l'aveu et le serment ne sont pas reçus comme preuves, le divorce par consentement mutuel n'étant pas admis.

MARCHE DE LA PROCÉDURE L'affaire vient devant le tribunal ; l'assistance des avoués est pour chacune des deux parties obligatoire, à moins que le défendeur ne fasse défaut ; les avocats des deux parties la plaident. Alors deux solutions sont possibles.

Le tribunal accepte ou rejette immédiatement la demande.

Ou bien il rend un premier jugement ordonnant une enquête. On en profite pour faire discuter et, s'il y a lieu, rapporter les mesures provisoires.

L'enquête est confiée à un juge-commissaire.

Les conseils de l'avoué sont très précieux en ce qui concerne le choix des témoins à citer, avant le jour fixé pour l'enquête. Lorsqu'elle aura lieu, comme il doit y assister, il demandera au juge de poser à ceux-ci les questions qui intéressent le plus la cause.

Les parents, les alliés et les domestiques sont reçus comme témoins. On sait que les enfants ne peuvent jamais déposer contre leurs père et mère.

Après l'enquête et une seconde plaidoirie des avocats, le tribunal, dans un jugement définitif, accorde ou refuse le divorce.

Qu'arrive-t-il dans le cas d'une demande reconventionnelle ? — Si l'époux contre lequel le divorce est demandé a formé à son tour une demande reconventionnelle, cas que nous avons prévu et indiqué plus haut, trois solutions peuvent intervenir.

Ou bien le tribunal retiendra les deux demandes à la fois, les estimant toutes deux fondées, et prononcera le divorce *aux torts respectifs des époux* qui, déclarés tous deux coupables, subiront de même les conséquences de la condamnation.

Ou bien il n'en retiendra qu'une seule, soit la demande initiale, soit la demande reconventionnelle, et prononcera le divorce en faveur de celui dont l'action lui a paru justifiée.

Ou bien il n'en retiendra aucune et déboutera les deux parties.

Cela peut se présenter par exemple lorsqu'il s'établit une sorte de compensation entre la conduite des deux conjoints. Les griefs allégués par le demandeur perdent toute valeur en raison de ses propres torts envers son conjoint.

Qu'arrive-t-il si les époux se sont réconciliés expressément ou tacitement au cours de la procédure ? — Il n'y a point ici de règle absolue. En principe, la réconciliation équivaut bien à la renonciation au divorce, mais il est souvent difficile de dire si elle a existé réellement.

Ainsi, la reprise de la vie commune établit une forte présomption. Cependant la cour d'appel de Besançon a décidé qu'un ménage d'ouvriers qui avaient continué d'habiter ensemble pendant la procédure du divorce, à cause de leur pauvreté, ne devaient pas être considérés, par là même, comme s'étant réconciliés.

Mais si les juges estiment qu'il y a eu réellement réconciliation, ils déboutent le demandeur, même si celui-ci a continué la procédure.

Si, après la réconciliation, le défendeur s'est donné de nouveaux torts, fussent-ils insuffisants pour motiver le divorce, le juge pourra l'accorder, en tenant compte des torts antérieurs qui avaient été pardonnés.

Opposition à un jugement de divorce. — Le délai accordé légalement pour faire opposition à un jugement de divorce est d'un mois, à courir du jour où la signification a été faite par l'huissier à l'époux défendeur, dans le cas où cette signification aurait été faite à la personne même de celui-ci.

Dans le cas contraire, il est de huit mois, à partir du jour où a paru le jugement de divorce dans deux journaux d'annonces légales de l'arrondissement. C'est le président du tribunal civil qui ordonne cette publicité sur requête de l'avoué.

Appel d'un jugement de divorce. — Pour faire appel d'un jugement de divorce, on a deux mois, à partir du jour où l'on a reçu, par son conjoint, signification du jugement. Si l'on a fait défaut, le délai court à partir de l'expiration du délai d'opposition.

On doit s'adresser, pour cette nouvelle procédure, à un avoué près la cour d'appel.

Il n'y a plus lieu à une tentative de conciliation.

Les délais d'opposition d'appel suspendent l'exécution du jugement de divorce, contrairement à ce qui a lieu pour les autres jugements, à l'égard desquels l'opposition et l'appel seuls sont suspensifs.

Pourvoi en cassation. — Le délai du pourvoi en cassation est le délai habituel. Mais il est lui aussi, par dérogation au droit commun, suspensif du jugement de divorce.

Un moyen suprême de renoncer au divorce. — Même confirmé par la cour d'appel et par la cour de cassation, le jugement de divorce n'établit pas encore par lui-même le divorce.

Celui-ci résulte de la transcription du jugement de divorce sur les registres de l'état civil, après l'expiration des délais d'opposition, d'appel et de pourvoi.

Le mari perd la puissance maritale, mais cette disposition n'a pas d'effet rétroactif, c'est-à-dire que les actes accomplis autrefois par la femme pendant la durée du mariage, sans son autorisation, restent nuls si la loi a voulu qu'ils le fussent.

Il conserve la puissance paternelle, mais avec des restrictions. Car, même s'il a la garde des enfants, il ne l'a que sous la surveillance de la justice qui a mission de contrôler l'éducation qu'il leur donne.

La garde des enfants en bas âge appartient le plus souvent à la mère, quel que soit celui des deux anciens époux à qui les juges l'attribuent définitivement.

Ils ne l'accordent pas toujours à celui en faveur duquel le divorce a été prononcé ; ils n'ont égard pour cela qu'à l'intérêt seul des enfants, et ils se réservent toujours le droit d'intervenir dans leur éducation. Ils constituent, pour eux, à cet égard, une sorte de conseil de famille supérieur.

5

Pour faire contre-poids à l'autorité de l'époux qui en a la garde, ils autorisent l'autre à les visiter de temps en temps, à exercer sur eux une sorte de surveillance, afin d'informer la justice du cas où celui qui a la garde s'acquitterait mal de sa charge.

Le père conserve le droit de consentement au mariage des enfants, d'émancipation, d'administration légale de leurs biens, de tutelle, etc. Ce n'est qu'à son défaut qu'ils passent à la mère.

Toutefois, au cas où le divorce aurait été prononcé contre lui, ce serait celle-ci qui aurait la jouissance des biens des enfants mineurs, de dix-huit ans. De même dans cette hypothèse, le seul consentement de la mère au mariage de ses enfants suffira pour le cas où il y aurait désaccord sur ce point entre les parents divorcés.

Enfin, pour cause d'indignité, la puissance paternelle peut être retirée aux parents divorcés de même qu'aux autres.

La transcription peut être opérée dans le premier mois qui suit le prononcé du jugement par les soins de l'époux qui a obtenu le divorce ; pendant le second mois ce droit est donné aux deux conjoints concurremment.

Le délai part du jour où la sentence rendue est devenue définitive.

Les époux qui, au dernier moment, se seraient ravisés et voudraient reprendre la vie commune, ont là un moyen suprême de renoncer au divorce ; car, à défaut de la transcription dans le délai fixé, le jugement ou l'arrêt de divorce sera considéré comme non avenu.

L'officier de l'état civil a cinq jours pour procéder à la transcription, à partir du moment où il en est requis. Ce délai n'est pas compris dans les deux mois et peut s'y ajouter.

Effets du divorce. — Le divorce, qui dissout le mariage, dégage entièrement l'avenir des deux époux, mais il laisse subsister le passé.

Au contraire, le mariage annulé est considéré comme anéanti dans le passé même, ou plutôt comme n'ayant jamais existé.

L'époux au profit duquel le divorce a été prononcé ne peut, s'il est dans le besoin, demander d'*aliments* à la succession de son conjoint qui prédécède, mais il peut en demander à lui-même tant qu'il est vivant.

La pension ne devra pas excéder un tiers des revenus de l'époux condamné.

Les avantages stipulés soit par une clause du contrat de mariage, soit postérieurement au mariage sont maintenus à l'époux qui a obtenu le divorce en sa faveur ; ils sont enlevés à celui qui a été condamné, même si, d'après les conventions passées, ils devaient être réciproques.

Mais la femme divorcée perd, dans tous les cas, les droits qu'elle aurait eus, lors du décès de son mari, à une part de sa retraite, à ses droits d'auteur, etc. D'une façon générale, deux époux divorcés ne peuvent hériter l'un de l'autre sous aucune forme.

Nouveau mariage des époux divorcés. — La femme divorcée ne peut se remarier que trois cents jours après le premier jugement rendu dans la cause. (Loi du 13 juillet 1907).

Si le divorce a eu lieu par suite de la conversion d'un jugement de séparation en jugement de divorce, elle peut se remarier aussitôt après la transcription de ce dernier sur les registres de l'état civil.

Les époux divorcés peuvent se remarier entre eux, à condition toutefois qu'auparavant ils n'aient pas contracté un nouveau mariage et divorcé de nouveau.

Mais ils ne pourront plus jamais divorcer, sauf dans le cas où, depuis cette nouvelle union, une condamnation ou une peine afflictive et infamante serait prononcée contre l'un d'entre eux, et ils devront reprendre exactement le régime matrimonial qu'ils avaient adopté pour leur premier mariage.

Conséquences pécuniaires du divorce. — Le divorce amène nécessairement la dissolution de la communauté ou des autres régimes matrimoniaux, puisqu'il dissout le mariage lui-même. Au chapitre de la séparation de biens, nous avons vu comment la liquidation s'opère ; il n'y a donc plus à y revenir. Observons seulement que la femme n'a plus aucune autorisation à demander à son ancien mari pour l'accomplissement de certains actes relatifs à ses biens.

Il sied aussi de rappeler que dans le cas où les époux auraient été mariés avec la clause du préciput, celui des deux contre lequel le divorce aura été prononcé perdra son droit au préciput. Il en est de même pour la séparation de corps.

Ce que coûte un divorce. — Les frais de la procédure d'un divorce sont toujours assez élevés. 1.000 francs est un minimum. Beaucoup de divorces coûtent de 2 à 3.000 francs.

LA SÉPARATION DE CORPS

GÉNÉRALITÉS   La séparation de corps est un acte juridique qui, sans dissoudre le mariage, comme le divorce, supprime pour les époux l'obligation de cohabiter, rend à la femme sa capacité civile et apporte au principe de la puissance paternelle de fortes restrictions.

Outre ces effets qu'elle produit par elle-même, la séparation de corps entraîne la séparation de biens, avec toutes ses conséquences que nous avons étudiées plus haut.

Tandis que l'initiative de la séparation de biens appartient à la femme seule, la séparation de corps peut être indifféremment demandée par celui des deux conjoints, le mari ou la femme, qui croit avoir à se plaindre de l'autre, et à se garantir contre ses agissements, qui lui rendent impossible la continuation de la vie commune.

Le tuteur d'un aliéné interdit, qui ne saurait demander pour lui le divorce, peut réclamer en son nom la séparation de corps.

Celle-ci est souvent sollicitée par les époux catholiques qu'un scrupule de conscience éloigne du divorce, quoique beaucoup estiment aujourd'hui que la religion leur permet de bénéficier des avantages spéciaux conférés par celui-ci, à la réserve de ne point user de la faculté de contracter un second mariage.

Enfin, jusqu'à ces derniers temps, les juges ont montré naturellement plus de facilité pour accorder la séparation de corps, que le divorce, bien qu'à cet égard la jurisprudence semble évoluer depuis quelques années vers plus de libéralisme dans l'application de la loi.

Notons dès maintenant que la séparation de corps est souvent un acheminement au divorce, puisque la conversion de la séparation

en divorce est de droit au bout de trois ans, après l'accomplissement de certaines formalités qui seront indiquées plus loin.

PROCÉDURE La procédure de la séparation de corps suivant
identiquement la même marche que celle du
divorce, il n'y a pas lieu de répéter ici ce que nous avons dit au
chapitre précédent sur la demande et sur la façon d'introduire
l'action auprès du président du tribunal civil.

Signalons cependant une différence. L'époux demandeur n'est
pas tenu de présenter lui-même sa requête à ce magistrat, lorsqu'il
s'agit d'une instance en séparation de corps.

D'autre part, l'époux qui réclamerait d'abord le divorce, s'il
vient à changer d'avis, peut convertir cette demande en une
demande de séparation de corps, par le moyen de simples conclusions que son avoué remet au tribunal civil. Si, au contraire, le
demandeur en séparation de corps opte tout à coup pour le divorce
il devra recommencer toute la procédure.

Le défendeur, dans une affaire de divorce, peut riposter par
une demande reconventionnelle de séparation de corps ou une
demande de divorce, à son choix, par le moyen de conclusions.
Il peut aussi ne former l'une ou l'autre qu'en appel. Mais s'il était
défendeur dans une affaire de séparation de corps, il ne pourrait
former qu'une demande de séparation devant la cour d'appel ;
pour une demande de divorce, il devrait s'adresser au tribunal
civil.

Enfin, les juges ne peuvent pas imposer aux parties le temps
d'épreuve de six mois, comme en matière de divorce.

Opposition, appel, pourvoi. — Il n'est point prescrit de délais
spéciaux pour les oppositions aux jugements de séparation de
corps. Ils en demeurent susceptibles tant qu'ils n'ont pas été exé-
cutés, s'ils ont été rendus par défaut faute de comparaître. Le
délai est de huit jours à partir de la signification pour ceux qui
ont été rendus par défaut faute de conclure.

Le délai d'appel n'est pas suspensif ; l'appel interjeté a seul pour
effet de suspendre l'exécution, comme de droit commun. On
admet, au contraire, nous l'avons vu, que le délai d'appel est
suspensif en matière de divorce.

Primitivement, il y avait une différence analogue pour le pourvoi en cassation ; le pourvoi était suspensif en cas de divorce ; il ne l'était pas en cas de séparation. Cette différence a disparu depuis la loi de 1893 qui attribue expressément le même effet au pourvoi dans les deux cas.

Acquiescement. — On ne peut pas *acquiescer* à un jugement prononçant le divorce (c'est-à-dire déclarer qu'on n'usera pas des voies de recours autorisées contre lui) mais seulement à un jugement qui rejette le divorce. S'il s'agit d'un jugement qui accorde ou refuse la séparation de corps, l'acquiescement est toujours possible.

Transcription. — Les jugements ou arrêts de séparation de corps, pour être valables, n'ont aucunement besoin d'être transcrits sur les registres de l'état civil, comme il est de règle pour les jugements de divorce.

Le divorce en conflit avec la séparation. — Supposons le cas où le mari aurait obtenu la séparation de corps à son profit, et où la femme obtiendrait ensuite le divorce à son profit.

Les deux époux seront divorcés et non séparés, car le divorce englobe la séparation. Mais ils le seront à leurs torts respectifs, car les effets des deux condamnations se compensent. Par conséquent, étant considérés tous deux comme coupables, ils seront déchus des avantages matrimoniaux qu'ils s'étaient réciproquement consentis, et aucun d'eux n'aura droit, de la part de l'autre, à une pension alimentaire.

Effets de la séparation de corps. — Ce sont les suivants :

1º La femme se choisit librement son domicile.

2º La femme, dès le jour de la demande, émanant d'elle ou de son mari, est, au point de vue de ses intérêts matériels, séparée de biens.

3º Elle recouvre toute sa capacité civile.

4º Elle ne participe aux charges du mariage qu'en ce qui concerne l'entretien et l'éducation des enfants, proportionnellement à ses moyens.

5º Elle demeure tenue du devoir de fidélité.

6º Une pension alimentaire est due à l'époux nécessiteux, quel qu'il soit, coupable ou innocent, par l'autre époux, et, à son défaut, par sa succession.

7º Le père n'est plus dépositaire exclusif et nécessaire de la puissance paternelle. Cependant, l'affaiblissement de la puissance paternelle est moindre qu'en cas de divorce. Il n'est pas dit, en effet, que la séparation fasse perdre le droit de puissance légale. Ce droit est enlevé seulement à celui des père et mère contre lequel le *divorce* a été prononcé.

Réconciliation. — Les époux séparés de corps peuvent toujours se réconcilier.

Avant le prononcé du jugement, l'époux qui a introduit l'instance en séparation n'a qu'à la retirer.

Après, il faut le consentement des deux parties.

Si la réconciliation n'est pas publiée, rien n'est changé à l'égard des tiers dans la situation de la femme qui s'engage valablement avec eux, comme si elle avait gardé sa capacité entière.

Si un acte notarié constate la réconciliation, si elle est publiée en marge de l'acte de mariage et du jugement qui a prononcé la séparation de corps, si elle l'est de plus dans un journal d'annonces, la femme est censée séparée de biens d'avec son mari, *avec capacité limitée.*

Mais si, par ces différents modes de publicité, les époux ont déclaré qu'ils reprenaient leur ancien régime matrimonial — et ils n'en pouvaient choisir d'autre, — la femme est exactement, pour les tiers comme pour son mari, dans la situation où elle se trouvait avant que la séparation de corps fût intervenue.

Par le fait seul de leur réconciliation, les époux ont établi entre eux leur ancien régime matrimonial.

Conversion de la séparation de corps en divorce. — Trois ans après le jugement de séparation, celui-ci est de droit transformé en jugement de divorce par le tribunal civil, sur la demande d'un des époux, quel qu'il soit, même coupable.

Ce délai compte à partir du jour où les délais d'appel et d'opposition sont expirés.

Les frais de la procédure sont imputables pour la totalité à l'époux contre lequel a été prononcée la séparation de corps, qu'il soit demandeur ou défendeur dans la nouvelle action.

Si la séparation a été prononcée aux torts réciproques des époux, chacun d'eux paiera la moitié des frais.

La pension alimentaire est conservée à l'époux qui l'avait obtenue.

A huit jours francs, la *demande en conversion de la séparation de corps en divorce*, présentée par ministère d'avoué, vient devant le tribunal civil [1], ou chambre du conseil. Le président, dans l'ordonnance qu'il annexe à la requête, nomme un juge rapporteur, ordonne la communication au ministère public et autorise le demandeur à faire assigner le défendeur à comparaître devant la chambre du conseil. Le défendeur n'a pas besoin d'être assisté d'un avoué pour la comparution.

Le jugement de conversion est rendu en séance publique.

FORMULE DE REQUÊTE POUR LA CONVERSION DE LA SÉPARATION DE CORPS EN DIVORCE

A Monsieur le Président du tribunal civil de...

La dame A..., sans profession, demeurant et domiciliée à..., département de..., ayant pour avoué Me X...

A l'honneur de vous exposer : que par jugement rendu par le tribunal civil de... le..., (quantième, mois et année), elle a été séparée de corps d'avec le sieurB..., son époux; que ce jugement est devenu définitif le... (quantième, mois et année); que depuis... années (indiquer le nombre d'années) se sont écoulées; que, conformément à l'article 310 du Code civil, elle est en droit de demander la conversion dudit jugement en jugement de divorce.

C'est pourquoi elle requiert qu'il vous plaise, Monsieur le Président, l'autoriser à assigner le sieur..., son époux à comparaître devant le tribunal, en chambre du conseil, aux jour et heure que vous voudrez bien indiquer, pour entendre prononcer le divorce entre lui et l'exposante, et s'entendre condamner aux dépens.

(Signatures de la requérante et de l'avoué.)

ORDONNANCE CONFORME

Nous... Président, vu la requête ci-dessus et l'article 310 du Code civil, autorisons la dame A... à faire assigner le sieur B... son époux, à comparaître le... (quantième, mois, année), à... heures du {matin, soir,} devant la chambre du conseil du tribunal, aux fins de la requête qui précède; ordonnons la communication au ministère public et commettons M... juge, pour le rapport et X... huissier audiencier pour signifier l'assignation.

Fait au palais de justice, à... le... (quantième, mois et année).

(Signature du président.)

[1]. Celui du lieu de domicile du défendeur.

LE MARIAGE AU POINT DE VUE RELIGIEUX — EMPÊCHEMENT ET ANNULATION — MARIAGES MIXTES

Nous croyons utile de donner ici quelques éclaircissements sur le mariage au point de vue religieux. Pour des raisons de foi ou de haute convenance, il arrive que l'on soit amené à rechercher la doctrine de l'Église, et à vouloir connaître la discipline qu'elle suit en ce qui concerne les empêchements et les cas d'annulation du mariage. Il est d'abord nécessaire de savoir exactement comment elle le définit.

DÉFINITION Le mariage, d'après elle, est à la fois un contrat et un sacrement, ou, ce qui revient au même, la forme sacramentelle d'un contrat. Ce dernier est indissoluble, s'il a été passé dans les conditions prescrites par la loi religieuse.

Au point de vue de la forme, les conditions étaient réduites, dans l'Église primitive, à la plus extrême simplicité : il suffisait du consentement réciproque des deux époux.

Ensuite fut exigée la présence d'un prêtre et de deux témoins.

Le concile de Trente précise encore l'indication : le ministre du sacrement doit être le *propre prêtre*, c'est-à-dire le curé des deux contractants, ou son délégué.

Cette édiction ne s'appliquait jusqu'à ces dernières années qu'aux pays où la doctrine du Concile de Trente était censée connue ; le pape Pie X l'a rendue applicable au monde catholique tout entier, en la proclamant *urbi et orbi*.

Quant aux contractants eux-mêmes, pour que leur contrat soit valable, il faut qu'il n'y ait à leur union aucun empêchement *dirimant*, c'est-à-dire de nature à rendre le mariage impossible s'il est à faire, et nul s'il est déjà fait. Nous donnons ci-dessous la liste de ces empêchements.

1° Erreur sur la personne.

2° Erreur sur l'état.

3° Vœu solennel.

4° La parenté.

5° Le crime (c'est-à-dire des relations coupables nouées antérieurement par les deux futurs époux avec promesse de s'épouser plus tard).

6° La différence de religion (l'union d'un époux catholique avec une épouse non catholique peut néanmoins avoir lieu sous le nom de mariage mixte, après dispense du pape).

7° La violence.

8° L'engagement dans les ordres.

9° Un premier mariage subsistant (c'est l'empêchement *du lien*).

10° L'honnêteté publique (lorsqu'un homme désire se marier avec une fille dont il a fiancé ou épousé le parent, le mariage n'ayant pas été consommé).

11° L'affinité ou l'alliance à certains degrés.

12° L'impuissance.

13° La clandestinité. ⎫
14° Le rapt. ⎬ Ces deux derniers depuis le Concile de Trente.
15° La folie. ⎭

Ces quinze empêchements sont énoncés dans les vers latins suivants, que cite, en partie, le curé Don Abbondio, dans *Les Fiancés* de Manzoni.

> *Error condivio, votum, cognatio, crimen*
> *Cultus disparitas, vis, ordo, ligamen, honestas,*
> *Amens, affinis, si clandestinus et impos,*
> *Si mulier sit rapta, loco nec reddita tuto :*
> *Hæc socianda vetant connubia facta retractant.*

Un certain nombre de canonistes n'admettent pas l'empêchement de *folie* [1].

A la suite des empêchements dirimants viennent les empêchements *prohibitifs*.

1° La défense prononcée par l'Eglise, à titre général ou particulier.

2° L'époque ou le temps (par exemple, le carême).

3° Les fiançailles.

4° Le vœu simple de chasteté, ou d'entrée en religion.

1. Voir le *Cours de Droit Canon*, de l'abbé André, dans l'*Encyclopédie* de Mique.

Ils sont énoncés dans les vers latins suivants, ainsi que la nature de leur action.

> *Ecclesiæ vetitum, tempus, sponsalio, votum*
> *Impediunt fieri, permittunt facta teneri.*

Les empêchements prohibitifs défendent le mariage, en conscience ; mais s'il est passé outre à ces interdictions, celui-ci n'en est pas moins valable. La nature du sacrement-contrat n'en est pas viciée.

Au contraire, les époux qui contractent mariage dans une des conditions que vise la liste des empêchements dirimants ne sont pas réellement mariés devant l'Église, qui prononcera de droit l'annulation de l'union irrégulière, ou plutôt constatera qu'elle n'existe pas véritablement.

Si les parties ont, avant le mariage, connaissance de l'empêchement dirimant qui existe entre elles, ce qui est le cas le plus fréquent, comme pour les empêchements de parenté ou de différence de religion, elles devront donc en demander *dispense*.

Il peut arriver que l'empêchement soit *public*, c'est-à-dire porté à la connaissance de tous, ou *secret*, c'est-à-dire connu des *parties* seulement.

Nous verrons que l'Église indique, dans l'un ou l'autre des deux cas, une procédure différente.

Dans le premier cas, en effet, elle exige que la levée de l'empêchement soit *publique*, pour éviter le scandale qui résulterait de la célébration d'un mariage grevé d'un empêchement *public*.

Dans le second cas, la conscience seule des contractants est intéressée. Il n'y a donc pas lieu à publicité.

Les dispenses. Comment on les demande, et à qui. — La dispense est demandée ou à l'évêque ou au pape.

Quand c'est à l'évêque, ou l'empêchement est *public*, ou il est *secret*.

Les dispenses qu'accordent les évêques d'un empêchement public se donnent toujours sur une requête, par une patente qui en fait foi dans le public ; ce qui est nécessaire pour la sûreté des deux époux, dont le mariage pourrait être attaqué d'invalidité.

A l'égard des dispenses des empêchements secrets, elles s'accordent secrètement, dans le for intérieur de la conscience, ce qui se fait de vive voix.

Si c'est par lettre, le prêtre qui s'en entremet fait cacher soigneusement le nom des parties, et la réponse tient lieu de dispense.

Quand on s'adresse au pape, on fait la même distinction des empêchements publics d'avec les empêchements secrets.

Les dispenses pour les premiers s'expédient à la *daterie*, et les autres à la *pénitencerie*. Il y a plusieurs différences dans la forme de l'obtention et de l'exécution des dispenses expédiées par ces deux tribunaux.

Voici d'abord ce qui est commun à l'un et à l'autre dans l'obtention.

Les suppliques qu'on dresse pour la cour de Rome pour obtenir dispense de mariage, doivent être nettes et distinctes, c'est-à-dire contenir d'une manière spécifique l'*empêchement* dont on veut être dispensé.

Si l'un se disait parent tandis qu'il n'est qu'allié, la dispense serait nulle quoique plus difficile à obtenir ; il y faut exposer *tous* les empêchements qui peuvent faire obstacle à la faveur qu'on demande.

Si le mariage est célébré quand on demande la dispense, il faut exposer :

1° Si les parties avaient connaissance de l'empêchement quand elles se sont mariées, ou si, eu égard à leur condition, ce n'est que par leur faute qu'elles l'ont ignoré ;

2° Si elles se sont épousées pour obtenir plus facilement dispense ;

3° Si elles ont ou non consommé le mariage ;

4° Si elles ont fait publier leurs bans ;

5° Si, ayant contracté de bonne foi, elles ont cessé tout commerce, dès qu'elles ont eu connaissance de l'empêchement.

Quand on demande une dispense de parenté, il faut marquer exactement :

1° La ligne et le degré ;

2° La multiplicité des liens ;

3° Quel sexe est au plus prochain degré ;

4° Dire s'il y a eu commerce irrégulier. Dans le cas où ce fait étant secret se trouverait joint à un empêchement public, il faut d'abord l'exposer à la *pénitencerie* pour en obtenir l'absolution et la dispense, puis recourir à la *daterie* pour l'empêchement public.

Les dispenses de mariage que le pape accorde à Rome pour les empêchements publics s'expédient à la daterie par brefs ou par bulles.

Par brefs
> 1º Pour ceux qui sont parents au premier degré d'affinité, par exemple si un homme veut épouser sa belle-sœur ou la sœur de feu sa femme ;
>
> 2º Pour ceux qui sont parents ou alliés par consanguinité ou affinité du premier au second degré, comme oncle et nièce, ou du premier au troisième comme grand-oncle et petite nièce, ou au second comme le cousin et la cousine germaine ;
>
> 3º Pour un parrain et sa filleule ; pour une marraine et son filleul.

Par bulles
> 1º Pour la parenté ou alliance, autrement la consanguinité ou affinité jusqu'au quatrième degré inclusivement ;
>
> 2º L'honnêteté publique, qui provient ou des fiançailles ou d'un mariage antérieur non consommé ;
>
> 3º La parenté spirituelle de compaternité (expliqué plus loin) ;
>
> 4º Les vœux solennels de religion ;
>
> 5o Les ordres sacrés.

Les différentes dispenses sont taxées d'une manière fixe et les employés de la chancellerie ne peuvent rien exiger au delà des droits prévus pour chacune.

La plupart des dispenses sont celles qui sont accordées pour empêchement de parenté. Expliquons donc en quelques mots quels sont les degrés de parenté, d'après le droit canonique, et en quoi cette classification diffère de celle qui est établie par le droit civil.

En droit civil, les degrés de parenté se calculent dans la ligne directe, c'est-à-dire entre ascendants et descendants, par le nombre de générations qui séparent un parent de l'autre. Le père et le fils sont parents au premier degré, le grand-père et le petit-fils au deuxième degré.

En droit canonique, on n'additionne les générations que d'un seul côté. Deux frères seront donc parents au premier degré, l'oncle et le neveu le seront au deuxième degré. Le degré est *égal* lorsqu'il y a le même nombre de générations de chaque côté de l'angle ; il est *inégal* quand ce nombre diffère. Alors la parenté est calculée d'après le nombre de générations le plus élevé, ce qu'indique l'axiome *Remosior trahit ad se proximiorem*. Ainsi le cousin germain de l'auteur commun et son cousin issu de germain (oncle et neveu à la mode de Bretagne), sont parents au troisième degré inégal.

Affinité. — C'est la parenté spirituelle établie par le parrainage. Nous en donnons le tableau ci-contre :

TABLEAU DE LA PARENTÉ NATURELLE EN DROIT CANONIQUE			
Ligne directe.		Ligne collatérale ou transversale.	
Ascendante.	Descendante.	Egale.	Inégale.
1er degré. Père et mère.	Fils ou fille.	Frères et sœurs.	Oncles, tantes, et neveux, nièces.
2° degré. Aïeuls.	Petits-enfants.	Cousins germains.	Cousin germain et
3° degré. Bisaïeuls.	Arrière-petits-enfants.	Cousins issus de germains.	cousin issu de germain (oncles
4° degré. Trisaïeuls, etc.	Issus d'arrière-petits-enfants, etc.	Issus de cousins issus de germains, etc.	et neveux à la mode de Bretagne.) Troisième degré inégal, l'un au 2e et l'autre au 3e.

Affinité ou parenté spirituelle

Entre :

1° Celui qui est baptisé et la personne qui baptise.

2° Entre celui qui baptise et les parents de l'enfant baptisé.

3° Entre les parrain et marraine et l'enfant baptisé et les père et mère de cet enfant.

Il ne nous reste plus qu'à donner la liste des motifs allégués pour justifier la demande des dispenses. Il sied d'ajouter que cette liste n'enferme pas toutes les raisons qui peuvent amener le Saint-Siège à accorder cette grâce. On verra d'ailleurs que dans la 21e catégorie, spécifiée en termes très généraux, peuvent rentrer tous les cas qu'il ne serait pas possible de rattacher à l'une des espèces déterminées.

Ajoutons que la jurisprudence canonique se montre de plus en plus libérale dans l'octroi des dispenses, toutes les fois que cette indulgence est conciliable avec la tradition ecclésiastique et la règle des conciles.

LISTE DES MOTIFS DE DISPENSE

1° La petitesse du lieu (*propter angustiam loci*). Quand une fille est née et demeure dans un lieu si restreint qu'eu égard, soit à l'étendue de sa famille, soit à son bien, sa condition, son âge, etc., elle ne peut trouver qu'un de ses parents qui lui convienne.

2° La petitesse des lieux (*propter angustiam locorum*). La différence consiste en ce que la fille peut être née dans un lieu et habiter dans un autre.

3° *Propter angustiam cum clausula*. Quand une fille ne trouve pas de parti sortable dans un endroit et qu'elle n'est pas assez riche pour le trouver dehors.

4° Quand la dot n'est pas compétente (*propter incompetentiam dotes oratrici*). C'est-à-dire quand la fille ne trouve à se marier qu'avec un parent, à cause de la modicité de sa dot.

5° *Propter dotem cum augmento*. Quand la fille n'ayant pas de dot suffisante pour épouser un homme de sa condition, un de ses parents s'offre à l'épouser et à augmenter sa dot, jusqu'à la concurrence de ce que son état exige. Cette cause est implicitement comprise dans la précédente.

6° *Pro in dotata*. Quand un parent offre d'épouser sa parente sans dot.

7° *Quando alius auget dotem*. Quand un parent offre de doter ou d'augmenter la dot de sa parente, afin qu'elle n'épouse qu'un tel qui, de son côté ne consent au mariage qu'à cause de cette augmentation de dot.

8° *Propter liteo super successione bonorum*. Quand une fille ou une veuve a, au sujet d'une succession, des procès importants à soutenir, et que, faute d'un mari qui la défendra, elle court risque de les perdre.

9° *Propter dotem litibus involutam*. Cette cause ne diffère de la précédente que par la matière des procès; dans l'autre c'est une succession; ici c'est la dot.

10° *Propter lites super rebus magni momenti*. Quand par le moyen du mariage, des procès importants doivent être terminés.

11° *Propter inimicitias*. Pour faire cesser de grandes inimitiés entre les parties.

12° *Pro confirmatione pacis*. Pour cimenter l'union et la paix des parties et de leurs parents par un mariage.

13° *Pro oratrice filiis gravata*. Quand une veuve chargée d'enfants trouve un parent qui offre de l'épouser et d'avoir soin de sa famille.

14° *Pro oratrice excedente viginti quatuor annos*. L'âge de vingt-quatre ans accomplis pour une fille qu'aucun étranger n'a encore recherchée en mariage est une cause légitime de dispense. Cette clause ne suffit pas seule dans les degrés prochains.

15° *Quando est locus ad litus maris*. Quand une fille a son bien sur le bord de la mer, dans un lieu exposé aux courses des pirates, on lui permet d'épouser un parent, quand elle ne trouve aucun étranger qui veuille partager avec elle le péril de son domicile.

16° *Pro Belgis.* ⎱ Lorsque dans une ville, il y a tant d'hérétiques qu'il faut qu'une fille ne se marie jamais ou qu'elle se
17° *Pro Germania.* ⎰ marie à l'un d'eux, si elle n'épouse un de ses parents, on lui accorde cette dispense.

18º *Ut bona conserventur in familia.* Pour que les biens restent dans la famille.

19º *Pro illustris familiæ conservatione.* Pour conserver les familles illustres.

20º *Ob excellentiam meritorum.* Quand une maison a rendu des services éminents à l'Eglise.

21º *Ex certis rationalibus causis.* Pour des motifs valables, sans indication plus précise. Cette clause permet les dispenses non justifiables par l'un des motifs allégués plus haut. Ces dispenses étant plus chères que les autres, il importe que la requête précise bien la situation de fortune des parties.

22-26º. Clauses relatives aux parties qui auraient péché ensemble avant l'introduction de la requête.

Nous ne pouvons donner ici la formule des brefs et celle des dispenses expédiées en la *daterie.* Remarquons seulement qu'au dos de ces brefs ou bulles est le nom de l'*official* (généralement le grand vicaire du diocèse) auquel les parties ont eu recours.

S'ils sont de deux diocèses, on n'expédie de Rome qu'un bref, qu'on adresse toujours à l'official du diocèse de l'impétrant. Quand la dispense est accordée par des évêques, il en faut deux, une de chaque évêque.

On doit appliquer ici le décret du Concile de Trente, touchant la *fulmination* ou publication des brefs ou bulles de dispense.

Cette dernière est si essentielle pour la validité des dispenses de mariage, qu'elles ne sont regardées que comme de simples commissions par lesquelles ceux à qui elles sont adressées sont chargés de s'informer de la vérité du fait exposé au juge, et ont droit, s'il se trouve vrai, de dispenser, au nom du pape, de l'empêchement qui y est marqué.

Quand l'empêchement a été découvert après le mariage, on obtient dispense pour le faire *réhabiliter.*

Ici il faut distinguer. Si l'empêchement est de ceux que les époux peuvent faire cesser par eux-mêmes, il n'est pas besoin de dispense. Par exemple, s'il y a eu erreur sur la personne ou violence ; il suffira à cet effet de leur libre consentement donné en connaissance de cause à l'union imposée par la fraude ou la force.

Quand il y a, au contraire, un empêchement de parenté qui ne peut être levé que par l'Église, la *réhabilitation* accordée par celle-ci comporte une publicité obligatoire. Le mariage, célébré de nouveau, l'acte de célébration est transcrit sur les registres du curé, avec mention expresse de la dispense obtenue en cour de Rome.

Ajoutons que la légitimité des enfants nés d'un mariage nul, mais contracté de bonne foi, n'est pas contestable.

NULLITÉ DES MARIAGES Lorsqu'un mariage, grevé d'un des empêchements dirimants, a été conclu sans qu'il en ait été obtenu dispense, il est toujours annulable, et les mariages viciés de cette façon le sont seuls. Quant au mariage non consommé, il est considéré par l'Église comme inexistant encore. En effet, le mariage est un contrat, et un contrat n'est parfait que s'il a reçu un commencement d'exécution.

Donc, pratiquement, les époux catholiques qui, obligés par la loi civile de recourir au divorce pour recouvrer leur liberté, voudraient voir proclamer la nullité de leur mariage en cour de Rome, doivent rechercher ou faire rechercher s'il n'existe pas dans ses conditions quelque irrégularité qui constitue un *empêchement dirimant,* à défaut de la non-consommation qui, elle, constituerait un motif péremptoire d'annulation. Ils saisiront ensuite de la requête l'autorité religieuse, c'est-à-dire leur évêque, représenté par l'*official* du diocèse, lequel est habituellement le vicaire général.

En appel, l'affaire devrait venir devant l'officialité métropolitaine ou archiépiscopale, mais, dans la pratique, elle se dénoue à Rome.

Il n'est pas absolument nécessaire de recourir au ministère des avoués ni même des avocats pour la marche de la procédure religieuse ; il y a des consulteurs d'office [1].

Le tribunal comprend.

Un ou plusieurs juges ;

Un greffier ;

Le défenseur du mariage, qui prête serment avant d'entrer en fonction et doit défendre par tous les moyens la validité du mariage attaqué. Il représente le lien conjugal ;

L'avocat du mariage a la parole le dernier ; son devoir est toujours de faire appel devant une juridiction supérieure, si l'époux

---

1. Voir l'excellent opuscule de l'abbé Boudinhon : *Le mariage religieux et les procès en nullité.*

qui demandait l'annulation a eu gain de cause [1]. Le mariage ne doit être définitivement annulé, sauf les cas évidents, qu'après deux sentences conformes.

Voici la marche à suivre pour la procédure des cas de nullité.

On adresse d'abord une *lettre à l'évêque*, dans laquelle est exposé sommairement l'état de la cause. L'official fait quelquefois un essai de conciliation. Le tribunal se réunit une première fois, et les deux époux sont convoqués. Ils peuvent discuter la compétence des juges.

Ensuite, l'*enquête* commence par l'interrogatoire du demandeur et la déposition de son conjoint. Les déclarations de tous deux sont reçues non comme preuves, mais à titre documentaire, pour établir la base du procès.

Pour prouver l'empêchement dirimant invoqué, interviennent les dépositions des témoins cités d'office ou à la requête du demandeur, les écritures et documents, les expertises médicales, s'il y a lieu, etc.

Aucun genre de témoignage, aucun témoin n'est exclu dans ce genre de procès ; la parenté n'est point une cause de récusation, au contraire. Tous les témoins prêtent serment.

Puis, vient la *contre-enquête*, exigée par le défendeur, s'il y en a, ou, en tout cas, par l'avocat du lieu. Elle peut être menée en même temps que l'enquête.

Ensuite, le dossier est communiqué aux avocats des conjoints, ou à leurs consulteurs d'office. Ceux-ci rédigent leurs plaidoyers ou rapports par écrit, et les font tenir à l'avocat du lieu qui s'en sert pour établir son mémoire et ses conclusions. S'il en est besoin, les deux parties peuvent répliquer, chacune pour son compte.

Après quoi, le juge ayant examiné à fond le dossier, fixe le jour où il rendra son arrêt.

Ce jugement peut toujours être frappé d'appel par la partie déboutée.

L'appel a lieu presque toujours à Rome.

On exige le plus souvent que, pour le jugement d'appel à Rome, les mémoires et plaidoyers soient imprimés, comme cela a lieu en

---

1. L'annulation du mariage peut être demandée soit par l'un des deux époux, l'autre s'y opposant (demandeur et défendeur) ou par les deux époux à la fois, également demandeurs.

France, à la cour de cassation. Outre les rapports ordinaires, le secrétariat de la congrégation du Concile en rédige un, plus bref, qui est remis aux cardinaux de cette congrégation. C'est celle-ci qui rend, en séance solennelle, la sentence définitive.

Au cas où la cause aurait été portée devant la congrégation, en première instance, la loi ecclésiastique exigerait qu'elle revînt devant les mêmes juges, la nullité du mariage n'étant établie qu'après deux sentences conformes.

Les frais d'un procès de nullité, en première instance, s'élèvent à 1.500 ou 2.000 francs. Ils dépassent légèrement ces chiffres en appel, à Rome, à cause des frais d'impression des rapports et plaidoyers. Sur ces sommes, la part affectée à la caisse de la congrégation est infime, une trentaine de francs environ.

Les procès de nullité, quand il s'agit de pauvres, se traitent gratuitement. Ces affaires représentent environ la moitié de celles qui reçoivent leur solution à Rome.

Il est vrai que souvent les personnes qui ont engagé des procès de cette nature à Rome se sont vu taxer immodérément, mais elles avaient eu l'imprudence de se confier à des intermédiaires peu scrupuleux, qui leur avaient promis de s'occuper de leur affaire et d'en hâter la conclusion, en se vantant d'une influence plus ou moins réelle.

A titre de renseignement, voici le nombre et la nature des affaires traitées à Rome au cours d'une année dernière.

Chiffre total 23				
	pour mariage non consommé. . . .	17	accordées .	13
			refusées. .	4
	pour impuissance	2	accordées . .	2
	pour clandestinité.	2	accordée. .	1
			refusée . .	1
	pour violence	1	accordée . .	1
	pour parenté	1	accordée . .	1

Accordées. 18
Refusées . 5

LA VEUVE

Nous avons exposé la condition de la femme avant et pendant le mariage, ainsi que la série d'actes juridiques auxquels elle participe, comme mineure, comme fiancée et comme épouse ; nous avons vu de quelle manière le mariage peut être relâché par la séparation de corps, dissous civilement par le divorce, annulé religieusement à Rome.

Il nous faut maintenant envisager l'extinction du mariage par le décès du mari, précédant celui de l'épouse, et le bouleversement qu'il produit dans l'existence de sa compagne. Nous indiquerons d'abord les formalités légales que ce décès lui impose, et que l'affolement et la douleur pourraient lui faire négliger. Ensuite nous expliquerons l'ordre et la procédure des successions, les précautions à prendre pour sauvegarder ses intérêts et ceux de ses enfants ; nous tâcherons de répondre aux mille questions pratiques qui se posent en de telles circonstances ; celle des frais de succession, par exemple.

Ceci nous amènera à parler des testaments et des donations, qui ne peuvent guère être séparés.

L'interprétation d'un testament ou d'une donation offre souvent matière à des difficultés qui doivent être éclaircies, à des discussions où il faut soutenir ses droits en connaissance de cause. De plus, la femme peut être appelée à conseiller son mari dans les dispositions qu'il prendra pour l'un ou l'autre de ces actes, et il est bon qu'elle soit capable de lui donner à ce sujet un avis judicieux.

LE DÉCÈS — LES FUNÉRAILLES

L'acte de décès est dressé par l'officier de l'état civil, sur la déclaration de deux témoins.

Ceux-ci sont pris, autant que possible, parmi les plus proches parents du défunt ou ses voisins ; ils doivent être majeurs, le sexe importe peu.

Si le décès a eu lieu hors du domicile, la personne chez laquelle il s'est produit doit le déclarer, avec l'assistance d'un témoin, parent ou autre.

L'officier de l'état civil fait vérifier le décès par un médecin commis spécialement, ou, à défaut, par le médecin de la famille. Après quoi, il délivre le *permis d'inhumer*.

Cette dernière formalité n'est pas toujours suivie à la campagne.

Toute déclaration tardive doit, pour être reçue, être autorisée par un jugement du tribunal.

Est réputée tardive toute déclaration postérieure à la date de l'enterrement.

Au sujet de l'acte de décès, le Code civil édicte les prescriptions suivantes :

« L'acte de décès contiendra les prénoms, nom, âge, profession et domicile de la personne décédée, les prénoms et nom de l'autre époux, si la personne décédée était mariée ou veuve ; les prénoms, nom, âge, profession et domicile des déclarants, et, s'ils sont parents, leur degré de parenté.

« Le même acte contiendra de plus, autant qu'on pourra les savoir, les prénoms, nom, profession et domicile des père et mère du décédé et le lieu de sa naissance.

Le code, en déterminant les formalités des actes de décès, n'enjoint pas de faire mention du *jour* et de l'*heure*. Y a-t-il là un oubli volontaire ou une simple omission ? L'opinion qui prévaut est en faveur de la simple omission, puisque le Code, en prescrivant à l'officier de l'état civil un délai d'au moins vingt-quatre heures pour délivrer le permis d'inhumer, suppose par là même que la date du décès lui est connue. En fait l'heure et le jour sont toujours mentionnés ; les formulaires employés par l'administration en font l'objet d'une question spéciale à poser aux déclarants. Une telle mention ne peut donc faire foi jusqu'à inscription de faux, car, si elle n'a pas été prescrite, c'est qu'on a remarqué qu'il n'était pas au pouvoir de l'officier de l'état civil de certifier le fait de sa propre autorité. Il lui est dû foi entière quand il atteste le décès, puisqu'il l'a constaté lui-même ou l'a fait constater par le médecin commis à cet effet. Mais l'heure ne lui est connue que sur le témoignage des personnes qui ont assisté le malade. D'ailleurs le moment exact de la mort, dans bien des maladies, n'est pas facile à préciser.

C'est pour cette raison que l'officier de l'état civil, quand il dresse l'acte de décès d'un enfant dont la naissance n'a pas été enregistrée, n'a pas à déclarer que l'enfant est décédé ni qu'il a eu vie, mais seulement qu'il lui a été présenté sans vie. En ne se conformant pas à cette prescription et en outrepassant son pouvoir, il pourrait bouleverser l'ordre des successions. Car si l'enfant est né viable, il a *existé*, ce qui est la condition essentielle pour succéder, et pendant ces quelques instants de son existence, il a acquis des droits de succession, par conséquent encore, il a pu les transmettre dans sa ligne.

FORMULE D'UN ACTE DE DÉCÈS ORDINAIRE

L'an 1907, le 12 juin, à dix heures du matin, pardevant nous, Pierre Chailly, maire et officier de l'état civil de la commune d'Arbonne, arrondissement de Melun, département de Seine-et-Marne, ont comparu Paul Beauregard, propriétaire, âgé de trente-sept ans, domicilié à Arbonne, et Jacques-Emile Lizeux, aubergiste, âgé de trente-deux ans, domicilié au dit Arbonne, le premier cousin et le second beau-frère du décédé; lesquels nous ont déclaré que Charles-Victor Prévost, propriétaire, âgé de quarante-trois ans, domicilié à Arbonne, né à la Chapelle-la-Reine, fils de Joseph Prévost cultivateur, et de Jeanne-Françoise Mauloy, tous deux défunts et autrefois domiciliés à la Chapelle, époux de Marie-Alexandrine Lizeux, sans profession, aujourd'hui sa veuve, avec laquelle il demeurait, est décédé hier, en son domicile, à cinq heures de l'après-midi. Et après nous être assuré du décès, nous avons dressé le présent acte, que les déclarants ont signé avec nous, après lecture faite.

(Suivent les signatures du maire et des témoins).

L'acte de décès ne doit jamais indiquer les causes de la mort ni ses circonstances : suicide, par exemple. Si elles y figuraient, les intéressés pourraient demander au tribunal de supprimer, de l'acte, tout énoncé de ces faits.

INHUMATION L'inhumation ne peut jamais avoir lieu moins de vingt-quatre heures après le décès.

Dans le cas de maladie contagieuse, le maire peut exiger une mise en bière ou une inhumation immédiates.

L'inhumation est le mode ordinaire des sépultures. Néanmoins, le maire peut autoriser l'*incinération*, sur la demande écrite d'un membre de la famille, appuyée d'un certificat du médecin traitant, qui établisse que la mort est naturelle, et d'un rapport du médecin de l'état civil, concluant de même. La cérémonie a lieu sous la surveillance municipale et les cendres doivent être déposées dans les lieux désignés.

Les inhumations se font en principe dans les cimetières. Elles peuvent se faire aussi dans une propriété du défunt, pourvu que celle-ci soit à plus de trente-cinq mètres de l'enceinte des agglomérations d'habitants. On autorise quelquefois des inhumations dans les églises, les chapelles et les hospices.

Concessions. — Les *concessions* de places réservées dans les cimetières se divisent en trois catégories :

1º Les *concessions perpétuelles*. Elles durent autant que le cimetière lui-même.

2º Les *concessions trentenaires*, qui durent trente ans comme leur nom l'indique.

3º Les *concessions temporaires*, qui ne peuvent dépasser quinze ans et qui ne sont pas renouvelables.

Le prix des concessions est attribué pour les deux tiers à la commune et pour un tiers aux établissements de bienfaisance.

Les personnes qui ne sont pas domiciliées dans une commune et qui n'y sont pas décédées, mais qui ont une sépulture de famille dans le cimetière de cette commune, ont droit d'y être inhumées.

Transports funèbres. — Un corps ne peut être transporté d'un point à un autre de la commune sans l'autorisation du maire, ni de la commune dans une autre du même arrondissement, sans l'autorisation du sous-préfet.

Pour les autres cas, il faut celle du préfet du département où le décès a eu lieu.

Par exemple : M. X..., Parisien, meurt à Nice; après un service funèbre, son corps doit être ramené à Paris pour être inhumé au Père-Lachaise. Il faut l'autorisation du préfet des Alpes-Maritimes.

Chambres funéraires. — Il existe, dans certaines communes, des chambres funéraires, sortes de caveaux provisoires, où les corps peuvent être déposés avant d'être inhumés définitivement.

A cet effet, le chef de famille adresse au maire une demande écrite, et un certificat du médecin attestant que le malade n'est pas mort d'une maladie contagieuse.

Les funérailles. — Rappelons d'abord que la loi du 15 novembre 1897 sur les funérailles, établit en principe la liberté absolue des funérailles, sans que les prescriptions administratives puissent jamais modifier les dispositions légales qui s'y appliquent.

En conséquence, tout majeur ou tout mineur émancipé, capable de tester, peut fixer lui-même, irrévocablement, le caractère civil ou religieux de ses funérailles et le mode de sépulture. Ses volontés à cet égard peuvent être exprimées soit par testament, soit par une déclaration en forme testamentaire, soit par un acte sous seing privé.

Si cependant l'expression elle-même pouvait donner lieu à quelque contestation, pour manque de clarté, par exemple, l'une quelconque des parties intéressées citerait par huissier les autres parties devant le juge de paix, qui statuerait le jour même. Il pourrait être appelé de sa sentence devant le président du tribunal civil, qui rendrait son jugement dans les vingt-quatre heures, et le ferait notifier au maire chargé de l'exécution.

Quiconque aurait contrevenu à la volonté du mort, ou au jugement qui la confirme, en altérant le caractère des funérailles, serait puni, la première fois d'une amende de 16 à 200 francs, d'un emprisonnement de deux à cinq ans à la première récidive, et de détention à la seconde.

Si, avant les obsèques, le corps devait être embaumé, on demanderait au maire (au préfet de police pour Paris), l'autorisation nécessaire pour cette opération. On présentera, à cet effet, une déclaration du mode adopté et des substances employées, du lieu et de l'heure de l'embaumement ; puis, un certificat médical émanant du médecin qui a soigné le malade, établissant que celui-ci est mort d'une maladie naturelle.

(En ce qui concerne les *exhumations* qui pourraient avoir lieu plus tard, observons que l'autorisation du maire de la commune est indispensable.)

Il s'agit maintenant des funérailles proprement dites.

Depuis la loi du 28 décembre 1904, les fabriques ont perdu le monopole des pompes funèbres. Il y a lieu de distinguer, à ce propos, le service extérieur du service intérieur.

Le premier comprend tout ce qui est relatif au transport des corps, corbillards, cercueils, tentures pour maisons mortuaires, voitures de deuil, personnel, etc. Il est exclusivement dévolu aux communes. Il est taxé d'après les évaluations fixées par les conseils municipaux et approuvées par le préfet. (S'il s'agit d'une ville dont le budget dépasse trois millions, l'autorisation du préfet est remplacée par un décret.) Les indigents ont droit au service gratuit [1].

Le second service, celui qui se rapporte aux funérailles dans les édifices religieux, est attribué par la loi de séparation aux associations cultuelles, les communes ayant d'ailleurs le séquestre des biens ecclésiastiques.

Les cultuelles n'existant pas pour les catholiques, le service intérieur des églises, c'est-à-dire leur décoration, est donc libre. Mais il ne peut fonctionner qu'avec l'autorisation des communes. Ces dernières, qui ont déjà la charge du service extérieur, assument volontiers dans la pratique celle du service intérieur.

On ne traite donc avec l'église, directement, que pour tout ce qui a rapport à un troisième genre de services : le service religieux lui-même.

---

1. *Le service payant est assuré à Paris, soit à l'Hôtel de Ville, soit dans les mairies : Il est préférable, au point de vue économique, de s'adresser à celles-ci.*

OUVERTURE DE LA SUCCES-
SION — DATE DU DÉCÈS

Le prémourant. — S'il y a difficulté déjà, en bien des cas, quand il s'agit d'établir la date exacte d'un décès individuel, cette difficulté se complique encore lorsqu'il s'agit de déterminer, dans le cas du décès à peu près simultané de deux individus ayant droit à une succession, quel est celui des deux qui est mort le premier, le *prémourant*, comme on dit en langage juridique. Si peu que l'autre ait survécu, il a recueilli le bénéfice de cette survie et il le transmet nécessairement à ses héritiers naturels.

A. Les circonstances de *fait* fournissent le premier élément de décision. Si une inondation ou un incendie a commencé par le rez-de-chaussée, la personne qui y habitait sera présumée morte avant celle qui se trouvait au premier étage, etc., ceci va de soi. Parfois, l'interprétation demandera un peu d'ingéniosité et n'exclura pas tout à fait l'arbitraire. Ainsi, dans le cas d'une mère assassinée avec ses enfants, âgés l'un de huit ans, l'autre de vingt-deux mois, il a été estimé que la mère, plus gênante pour les assassins, avait dû être tuée la première.

B. On tient compte ensuite de l'âge. A cet égard, on est convenu de diviser la vie humaine en trois périodes :

1º Avant quinze ans;
2º De quinze ans à soixante ans;
3º Au-dessus de soixante ans.

Si ceux qui ont péri ensemble avaient moins de quinze ans, c'est le plus âgé des deux *comourants* qui est censé avoir survécu ; de quinze à soixante ans, c'est le plus jeune qui bénéficie de cette présomption. Toutefois, quand l'âge est le même ou que la différence n'excède pas une année, l'homme est présumé avoir survécu à la femme. A partir de soixante ans, la loi favorise le plus jeune, sans distinction de sexe.

La même présomption est presque toujours reconnue en faveur de la personne âgée de quinze à soixante ans, par rapport à l'enfant et au vieillard.

A l'égard des jumeaux, la priorité se détermine grâce à l'époque exacte de la naissance, à moins que les jumeaux ne soient de sexe différent, auquel cas l'homme est censé avoir survécu à la femme.

Lorsque le décès des comourants a eu lieu le même jour, mais non dans le même événement, les présomptions tirées de leur âge ne sauraient plus être invoquées.

Malgré sa complication et son aridité, cet exposé juridique n'était pas inutile ; il éclairera certains problèmes qui se posent souvent dans la pratique. On n'a pas oublié, qu'il y a quelques années, deux milliardaires, le mari et la femme, décédèrent brusquement et à peu près simultanément dans un accident d'automobile en Normandie. Il y eut alors une grande discussion sur le fait de savoir quel était le prémourant, et à quels héritiers, par suite, irait l'énorme fortune.

On voit, d'après tout cela, de quelle importance est la fixation exacte de la date à laquelle s'est ouverte la succession, surtout quand les comourants sont décédés *ab intestat*, c'est-à-dire sans avoir fait de testament.

Tableau des différentes sortes d'héritiers.

A. Héritiers.

Descendants { 1° Enfants, par tête.
Petits-enfants } par souches.
Arrière-petits-enfants }

2° Père et mère } par lignes.
Frères et sœurs }
Leurs descendants }

3° Ascendants { Père et mère } par lignes.
Grands-parents }

4° Ascendants { Oncles, tantes, neveux et } par lignes.
nièces, cousins et cousines }

B. Successeurs irréguliers.

1° Le conjoint survivant.
2° L'Etat.

Nota. — Pour *indignité*, un héritier peut être exclu de la succession. L'indignité est prononcée pour une des causes nettement déterminées, qui suit :
Le fait d'avoir donné ou tenté de donner la mort au défunt ;
La fausse dénonciation d'un acte susceptible de motiver la peine de mort.

Les héritiers sont appelés à la succession, dans chaque ordre, d'après leur degré de parenté, énoncé dans le tableau ci-dessus.

La réserve et les héritiers réservataires. — La loi réserve à une certaine catégorie d'héritiers présomptifs une part de la succession à laquelle ils étaient appelés et dont on ne saurait les dépouiller.

Cette part s'appelle la réserve.

Les héritiers qui en bénéficient sont dits *réservataires*.

Il faut distinguer entre les héritiers *descendants* (enfants et petits-enfants) et les héritiers *ascendants* (parents et grands-parents).

Héritiers réservataires descendants. — La réserve des enfants est de la *moitié* de la succession, s'il n'y en a qu'un ; des *deux tiers*, s'il y en a deux ; des *trois quarts*, s'il y en a trois ou davantage.

Les petits-enfants sont comptés par *souches* et non par *têtes*, c'est-à-dire qu'on affecte une part pour chaque groupe né d'un même enfant.

Héritiers réservataires ascendants. — Il se peut que le mariage ait été stérile et que les parents ou grands-parents, survivant à leur fils, contrairement à l'ordre de la nature, soient appelés à recueillir une part de sa succession.

Voici comment cette part réservataire est déterminée par la loi.

Elle est de *moitié* s'il y a un ou plusieurs héritiers dans les deux lignes (paternelle et maternelle).

Elle est d'un *quart* s'il n'y a d'héritiers que dans une seule ligne.

On voit par là :

1º Que la part affectée à chaque ligne est toujours d'un quart;
2º Que chaque ascendant touche toujours un quart de la succession s'il est seul, ou un huitième s'il y en a deux.

Ces dispositions sont résumées dans le tableau suivant :

Tableau de la part réservataire et de la parenté.

Iᵉʳ ordre descendant.

1º Part réservée pour un enfant unique 1/2
2º Part réservée pour deux enfants 2/3
(Diviser par deux pour avoir la part de chacun)
3º Part réservée pour trois enfants et au-dessus 3/4
(Diviser par le nombre d'enfants)

IIᵉ ordre. Père, mère, frères et sœurs.

1° Part réservée pour le père 1/4
2° Part réservée pour la mère. 1/4
3° Part réservée pour les frères et sœurs germains et
leurs descendants, si l'un des parents survit seul. . . . 3/4
(Diviser par leur nombre)
4° Part réservée pour les mêmes, si les deux parents sur-
vivent. 1/2
5° Pour chaque frère consanguin. Sa part dans la ligne
paternelle plus ce qui lui revient dans la ligne maternelle, défalcation faite de ce qui est attribué aux frères
utérins.
6° Pour chaque frère utérin. Sa part dans la ligne maternelle, plus ce qui lui revient dans la ligne paternelle,
défalcation faite de ce qui est attribué aux frères consanguins.

IIIᵉ ordre. Collatéraux.

Appelés à la succession, d'après leur ordre de parenté
jusqu'au 12° degré inclusivement.
L'ascendant n'est préféré au collatéral que dans sa ligne.

Nota. — La part *réservataire* proprement dite n'existe que pour les ascendants et
descendants en ligne *directe*. Les autres parts sont prévues en cas d'une succession *ab
intestat*.

Si, inversement, on veut connaître la *quotité disponible*, c'est-à-
dire la somme dont le testateur peut disposer à sa guise, on n'aura
qu'à consulter cet autre tableau :

Quotité disponible.

Descendants		
S'il y a un enfant.	1/2	de la succession.
S'il y a deux enfants	1/3	—
S'il y a trois enfants et plus.	1/4	—
1 souche de petits-enfants ou arrière-petits-enfants	1/2	—
2 souches	1/3	—
3 souches et plus.	1/4	—
S'il y a des ascendants (pères, mères et aïeuls) dans les deux lignes . .	1/2	—
S'il n'y en a que dans une seule. . .	3/4	—

De la représentation. — La *représentation* est le droit par lequel
le descendant d'un héritier décédé le *représente* dans la succession,
c'est-à-dire bénéficie de la part qui serait dévolue à cet héritier.

La représentation s'exerce indéfiniment en ligne directe. Les petits-enfants et les arrière-petits-enfants touchent, en vertu de ce principe, la part de l'enfant décédé dont ils sont issus.

En ligne collatérale, les enfants, petits-enfants ou arrière-petits-enfants des frères et sœurs du défunt touchent de même la portion du frère ou de la sœur dont ils sont issus et qu'ils se partagent.

Il suit de là que si le défunt laisse comme héritiers naturels un frère et le petit-fils de sa sœur, ces deux parents, quoique inégalement rapprochés de lui, se verront attribuer une part égale, puisque le dernier représente à lui seul sa grand-mère, qui aurait droit, si elle vivait, à la même fraction d'héritage que le frère du défunt. C'est ce que nous avons exprimé en disant que le partage avait lieu *par souches*.

Le même principe s'applique aux frères qui ne sont pas *germains*, c'est-à-dire nés du même père et de la même mère. Ils sont alors *consanguins* (nés du même père) ou *utérins* (nés de la même mère). A la différence des frères germains qui puisent dans les deux lignes, puisqu'elles leur sont communes, le frère consanguin et le frère utérin ne reçoivent que ce qui revient à la ligne paternelle ou à la ligne maternelle dont ils sont respectivement issus, et le droit de représentation de leurs enfants et petits-enfants ne s'exerce que sur cette part, égale à la moitié de la part dévolue aux frères germains.

La représentation n'a pas lieu au profit des descendants d'un héritier renonçant à la succession ou exclu comme indigne. Mais ils peuvent néanmoins hériter à *titre personnel*, s'ils sont les plus proches parents du défunt.

Succession anormale. — Si le défunt n'a pas laissé d'enfants, son ascendant, père, mère, aïeul ou aïeule, succède de plein droit à toutes les choses par lui données à ce descendant. C'est ce qu'on appelle la succession *anormale*.

Retour successoral. — Autre façon de désigner la succession anormale.

Conditions de la succession anormale. — La succession anormale s'ouvre de la même manière que les autres successions.

L'ascendant ne peut pas se désister de son droit du vivant du donataire.

Il en est dépouillé par l'indignité ou l'incapacité.

Lorsqu'il rentre en possession, par l'effet de la succession anormale ou retour successoral, il est tenu de respecter les aliénations totales ou partielles, les hypothèques et les servitudes consenties par le donataire.

Enfin, il est tenu de contribuer aux charges de la succession du donataire, proportionnellement à la valeur des biens qui lui font retour.

NOTA. — 1º Le donataire doit prédécéder sans *postérité*, pour que la succession anormale puisse avoir lieu au bénéfice de l'ascendant donateur. Mais faut-il comprendre dans la postérité les enfants adoptifs, au cas qui nous occupe?

La question est litigieuse.

2º Il est nécessaire que la chose donnée se retrouve en *nature* dans la succession.

3º Elle a été donnée gratuitement à un tiers par le donataire, le donateur, successeur anormal, n'a plus aucun recours.

Dans le cas où elle aurait été vendue, la question se subdivise.

Ou bien la chose a été ou n'a pas été payée, et le donateur succède à la créance ;

Ou bien elle a été payée partiellement, et le donateur succède à la partie qui reste due.

Ou bien elle a été échangée contre une rente et le donateur succède à la rente.

LA FEMME HÉRITIÈRE DU MARI

QUAND LA FEMME SUCCÈDE-T-ELLE A SON MARI ? Si le défunt n'a pas d'enfant légitime, ou si cet enfant, étant mort, n'a pas de parents jusqu'au *douzième* degré, si le défunt lui-même n'avait pas de parents jusqu'à ce degré, le dernier successible, la femme recueillera la succession.

Bien entendu, l'épouse divorcée est privée de cet avantage ; car le mariage est supprimé, avec toutes ses conséquences, par la proclamation du divorce.

S'il s'agit d'une femme séparée de corps, il faut distinguer deux cas.

Ou la séparation de corps a été prononcée à son profit, et alors, le lien du mariage n'étant pas rompu entre elle et son conjoint, elle bénéficiera de l'avantage attaché au mariage et sera appelée à succéder.

Ou la séparation de corps a été prononcée contre elle, ce qui implique une certaine culpabilité. Alors, bien que le lien du mariage ait subsisté pour elle, elle sera, à titre de punition, privée de l'avantage du mariage, et privée de la succession conjugale.

Les choses se passeraient de même s'il s'agissait du mari.

Toutefois, le conjoint survivant, mari ou femme, n'ayant pas un héritier naturel, comme ceux qui ont la part réservataire, n'a pas la *saisine* et doit, par conséquent, pour recueillir l'héritage qui lui est échu, se faire *envoyer en possession* par l'autorité judiciaire.

Comment la femme succède. — La femme qui se trouve dans les conditions requises pour réclamer, à titre de conjoint survivant, la succession de son mari, en l'absence de tout héritier au degré successible, devra donc adresser au président du tribunal civil une requête à fin d'envoi en possession.

7

En voici la formule :

FORMULE DE REQUÊTE A FIN D'ENVOI EN POSSESSION
LORSQU'IL N'Y A PAS D'HÉRITIER AU DEGRÉ SUCCESSIBLE

A MM, les président et juges composant la chambre du conseil du tribunal de Corbeil.

Mme Louise-Alexandrine Laborde, veuve de M. Julien Pichon, demeurant à Corbeil, ayant Me Liard pour avoué,

A l'honneur de vous exposer : que M. Julien Pichon, minotier, son mari, est décédé le premier mai mil neuf cent neuf, à Corbeil, sans laisser ni testament ni aucun héritier au degré successible, ainsi que le constate l'intitulé de l'inventaire fait après son décès par Me Loisel et son collègue, notaires à Corbeil, en date du neuf mai mil neuf cent neuf, enregistré dont l'expédition est jointe à la présente requête ; que dès lors l'exposante, qui est appelée par la loi à recueillir sa succession, a le droit de se faire envoyer en possession des biens qui en dépendent, conformément à l'article 770 du Code civil.

Pour quoi l'exposante conclut à ce qu'il vous plaise, MM. les président et juges, lui donner acte de sa démarche, prescrire les formalités préalables, édictées par l'article 770 du Code civil et, après l'expiration des délais de publications prescrits par ledit article, l'envoyer en possession des biens composant la succession de M. Julien Pichon, son défunt mari.

Présenté au palais de justice, à Corbeil, le...

Signature de l'avoué.

ORDONNANCE DU PRÉSIDENT

Soit communiqué à M. le procureur de la République pour ses conclusions, et le rapport qui sera fait par M. Beauchesne, juge, que nous commettons à cet effet, être, par le tribunal, statué ce qu'il appartiendra.

Au palais de justice, à Corbeil, le...

Signature du président.

Conclusions du ministère public.
Le procureur de la République ne s'oppose.
Au Parquet le...

Signature du ministère public.

Voici le texte de la loi du 9 mars 1891, établissant le degré de successibilité des époux survivants :

« Lorsque le défunt ne laisse ni parents au degré successible, ni enfants naturels, les biens de sa succession appartiennent en pleine propriété au conjoint non divorcé qui lui survit et contre lequel n'existait pas de jugement de séparation de corps passé en force de chose jugée.

Le conjoint survivant non divorcé qui ne succède pas à la pleine propriété et contre lequel n'existe pas de jugement de séparation de corps passé en force de chose jugée, a, sur la succession du prédécédé, un droit d'usufruit qui est :

D'un quart si le défunt laisse un ou plusieurs enfants issus du mariage ;

D'une part d'enfant légitime le *moins prenant* [1], sans qu'elle puisse jamais excéder le quart, si le défunt a des enfants nés d'un précédent mariage ;

De moitié dans tous les autres cas, quels que soient le nombre et la qualité des héritiers.

Le calcul sera opéré sur une masse faite de tous les biens existants au décès du *de cujus*, auxquels seront réunis fictivement ceux dont il aurait disposé, soit par acte entre vifs, soit par acte testamentaire au profit de successibles, sans dispense de rapport.

Mais l'époux survivant ne pourra exercer son droit que sur les biens dont le prédécédé n'aura disposé ni par acte entre vifs ni par acte testamentaire, et sans préjudicier aux droits de réserve et aux droits de retour.

Il cessera de l'exercer dans le cas où il aurait reçu du défunt des libéralités même faites par préciput et hors part, dont le montant atteindrait des droits que la présente lui attribue, et si ce montant lui était inférieur, il ne pourrait réclamer que le complément de son usufruit.

Jusqu'au partage définitif, les héritiers peuvent exiger, moyennant sûretés suffisantes, que l'usufruit de l'époux survivant soit converti en une rente viagère équivalente. S'ils sont en désaccord, la conversion sera facultative par les tribunaux.

En cas de nouveau mariage, l'usufruit du conjoint cesse, s'il existe des descendants du défunt. »

On voit que le cas où une veuve est appelée à recueillir la succession conjugale ne se produit qu'exceptionnellement. Il est très rare, en effet, qu'un époux ne laisse après lui ni enfant ni héritier successible.

Pour indemniser, dans une certaine mesure, le conjoint survivant, la loi lui accorde l'usufruit d'une partie de la succession, aux deux conditions précitées, à savoir :

1° Qu'il n'ait pas divorcé ;

2° Qu'un jugement en séparation de corps n'ait pas été rendu contre lui.

Le droit de l'usufruit commence dès l'ouverture de la succession. Il est reconnu non par le tribunal, mais par les héritiers réservataires, à leur défaut par les légataires universels, à défaut de ceux-ci par les héritiers légaux.

1. *C'est-à-dire en ne tenant pas compte des avantages faits à tel autre enfant.*

Il se calcule sur la *masse héréditaire.*

Celle-ci se décompose ainsi :

1º Biens existant à l'époque du décès ;

2º Biens donnés ou légués aux héritiers sans dispense de rapport.

Mais, bien que *calculé* sur la masse héréditaire ainsi composée, le droit d'usufruit ne s'*exerce effectivement* que sur un patrimoine plus réduit :

Sont en effet soustraits à l'exercice de ce droit les biens suivants :

1º Réserve des descendants ou ascendants ;

2º Biens sujets au rapport ;

3º Biens légués à des étrangers ;

4º Biens soumis à un droit de retour (succession anormale, *voir plus haut).*

Par l'effet de toutes ces dispenses et réserves, il arrive fréquemment qu'il ne reste plus dans la succession assez de biens pour suffire à l'usufruit du conjoint, calculé, il est vrai, sur une masse beaucoup plus considérable. Il peut même se faire qu'il ne reste absolument aucun bien soumis à son usufruit. Le conjoint n'a plus alors qu'une créance d'aliments contre la succession.

SAISINE — ENVOI EN POSSESSION
ACCEPTATION — RENONCIATION

Tous les héritiers et successeurs n'entrent pas de la même manière en possession de l'héritage. La loi distingue expressément entre la *saisine* et l'*envoi en possession*.

La saisine et l'envoi en possession. — La saisine est définie par ce vieil adage un peu barbare :

« Le mort saisit le vif au plus proche hoir. »

Ce qui veut dire que dès l'instant du décès le plus proche héritier — ou les plus proches — se trouve investi, *saisi*, en quelque sorte, par le droit que lui transmet le défunt.

C'est ce qu'on appelle la *saisine*.

Les *héritiers légitimes*, c'est-à-dire les parents jusqu'au douzième degré, ont la saisine, en ce qui concerne du moins leur part réservataire.

Les *successeurs irréguliers*, c'est-à-dire le conjoint survivant et l'Etat, ne l'ont pas.

En conséquence, ils doivent se faire *envoyer en possession* par la justice. C'est ce que nous venons de voir pour l'exemple de la femme succédant à son mari, et qui est obligée d'adresser au président du tribunal civil une requête à l'effet d'être envoyée en possession des biens conjugaux.

La pétition d'hérédité. — Lorsque le défunt laisse une parenté nombreuse, imparfaitement connue, il arrive qu'un héritier plus éloigné, l'*héritier apparent* recueille une part qui appartient légitimement à un autre héritier plus proche, l'*héritier réel*, dont on ne soupçonnait pas l'existence.

Lorsque celui-ci vient à se faire connaître, l'action qu'il lui est loisible d'engager en revendication de ses droits s'appelle la *pétition d'hérédité*. Il est inutile de dire qu'en principe elle aboutit toujours, les preuves étant faites.

Toutefois, dans la pratique, des difficultés peuvent surgir.

Par exemple, au cas où l'héritier apparent, se croyant de bonne foi installé dans la possession des biens, en aura déjà aliéné une partie, au moment où l'héritier réel se présentera, et où l'acquéreur de ces biens pourra exciper de sa bonne foi à lui avec non moins de vraisemblance.

Quelle sera la situation de ce dernier, quel sera son droit de propriété sur la chose acquise.

La jurisprudence valide tous les actes faits par l'héritier apparent à l'égard du tiers de bonne foi ; mais il faut que l'héritier apparent possède un titre sérieux et que l'erreur des tiers qui ont traité avec lui soit complètement justifiée.

Ce qu'on appelle prendre qualité. — *Prendre qualité* dans une succession, c'est déclarer que l'on a choisi un des trois partis suivants :

1º Accepter purement et simplement la succession ;
2º La refuser ;
3º L'accepter sous bénéfice d'inventaire.

La loi accorde à l'héritier pour se renseigner et réfléchir :

1º Un premier délai de trois mois, à partir du jour où la succession est ouverte ;
2º Un nouveau délai de quarante jours, à partir de l'expiration du premier délai.

La première période est consacrée à l'élaboration d'un inventaire des *forces et charges* (actif et passif) de la succession. Les juges peuvent en ordonner la prolongation, s'ils l'estiment nécessaire.

La seconde période est accordée à l'héritier, pour lui permettre de surseoir à sa décision jusqu'à ce qu'il ait mûrement réfléchi.

A l'expiration du second délai, l'héritier est obligé de prendre parti immédiatement ; mais il n'est nullement déchu de l'option que la loi lui laisse, à moins qu'il n'y ait une raison spéciale de lui enlever le choix.

Ainsi certains actes que l'héritier accomplit à propos des biens de la succession peuvent impliquer l'acceptation de sa part et lui feront *prendre qualité* tacitement ; par exemple s'il vendait une maison ou louait un champ à un fermier. Ce sont actes de propriétaire.

Mais les actes qui ont un caractère purement *conservatoire*, tels que l'entretien, la réparation, la prise d'hypothèque, ne l'engagent pas.

Si l'héritier décède avant d'avoir pris qualité, ses propres héritiers pourront le faire pour lui, et accepter ou refuser la succession qu'il leur transmet, ou, s'ils ne sont pas d'accord, l'accepter sous bénéfice d'inventaire.

Mais ils s'interdiront ainsi de renoncer à sa propre succession, envers laquelle ils auront fait acte d'héritiers, puisqu'ils ont accepté un droit qui est compris dans cette succession.

L'acceptation. — L'acceptation expresse ou tacite engage par elle-même l'acceptant. Quatre causes la rendent annulable :

1º Le dol ;
2º La violence ;
3º L'erreur ;
4º La lésion.

Le *dol*, ou la manœuvre frauduleuse qui détermine quelqu'un à accepter une proposition, un arrangement, une convention quelconque, n'entraîne la nullité de cette convention que quand il s'agit de la partie adverse dans un contrat, d'après la règle ordinaire.

L'acceptation d'une succession étant un acte *unilatéral*, c'est-à-dire effectuée par une seule personne, n'a rien d'un contrat. On admet donc que le dol, quel qu'en soit l'auteur, annule exceptionnellement cette acceptation.

Mais il faut que ce soit lui qui l'ait déterminée.

L'acceptation est encore annulable pour fait de *lésion*, mais seulement quand cette lésion se produit à la suite de la découverte d'un testament dont les dispositions imprévues diminuent de plus de moitié la succession de l'héritier.

Un exemple fera mieux comprendre cette disposition de la loi :

Le nommé A... a reçu de B... une donation de 50.000 francs qu'il devra rapporter à la succession, s'il l'accepte, c'est-à-dire qu'ils se trouveront fondus dans la masse héréditaire, dont il prendra sa part; nous supposons qu'il est l'un des deux héritiers. Si l'actif de la succession était déjà de

150.000 francs, il passera à 200.000 du fait de ce rapport. A... naturellement accepte, pensant toucher, après la liquidation, 100.000 francs au lieu de 50.000 francs rapportés.

Mais on déterre un autre testament, qui gratifie le sieur C... d'un legs de 120.000 francs. L'actif de la succession en est diminué d'autant; il n'est plus que de 80.000 francs. On voit que A... en acceptant la succession (ce qui l'a obligé de rapporter le montant de la donation qu'il a reçue jadis), a encouru une perte de 10.000 francs. Il aurait mieux valu qu'il la gardât et renonçât à hériter.

Aussi, dans ce cas — et dans ce cas seul, — la loi lui permet-elle de revenir sur sa décision, et de déclarer qu'il renonce. Il n'est plus héritier, il reste donataire, et y trouve son avantage.

Quant au cohéritier, il garde tout l'actif, c'est-à-dire 75.000 francs.

En termes juridiques, cette annulation de l'acception se nomme *rescision*.

Renonciation. — La *renonciation* est entourée de formes rigoureuses. Elle se fait sur un registre *ad hoc* qui se trouve au greffe du tribunal civil, à la disposition des tiers, lesquels peuvent toujours être renseignés ainsi.

La renonciation d'un héritier appelle à la succession, en son lieu et place, ses cohéritiers, ou, s'il n'en existe pas, les héritiers de l'ordre suivant.

Action paulienne. — On nomme ainsi l'action exercée par les créanciers de l'héritier renonçant, à l'effet de faire proclamer la nullité de sa rémunération lorsquelle est préjudiciable à leurs intérêts. Mais il leur faut démontrer qu'elle est entachée d'un caractère frauduleux.

S'ils obtiennent gain de cause, leur reprise s'exercera sur la part qui échoit à leur débiteur ; ce qui pourrait rester, une fois le paiement fait, appartiendra aux héritiers qui ont accepté à la place du renonçant.

Rétractation de la renonciation. — On peut toujours rétracter sa renonciation, si les droits abandonnés n'ont pas été réclamés par quelqu'un.

Renonciation impossible. — La renonciation est impossible dans les cas suivants :

1° Si l'on a disposé des objets compris dans la succession ;
2° Si on les a recélés ;

3° Si l'on a laissé passer trente ans avant de renoncer ou d'accepter sous
bénéfice d'inventaire;

4° Ou par quelqu'un des actes de *propriétaire*, dont nous avons parlé à
propos de l'acceptation tacite.

ACCEPTATION SOUS BÉNÉFICE D'INVENTAIRE Pour l'*acceptation sous bénéfice d'inventaire*, les formes sont identiques à celles que l'on suit pour la renonciation.

Elle a pour premier effet de dégager l'héri-
tier des charges successorales qui dépasseraient l'actif recueilli.

L'acceptation pure et simple ne peut pas être convertie en une
acceptation sous bénéfice d'inventaire. La loi ne fixe aucun délai
pour faire l'inventaire, sous peine de déchéance ; mais nous avons
déjà dit plus haut qu'à l'expiration du double délai de trois mois
et de quarante jours, l'héritier poursuivi par les créanciers de la
succession est obligé de choisir entre les trois modes d'option que la
loi lui laisse.

Si à ce moment, il choisit l'acceptation sous bénéfice d'inventaire, il doit procéder sans retard à la confection de l'inventaire, car
s'il est mis en demeure de présenter son compte et s'il ne satisfait
pas à cette obligation, il peut être tenu sur ses biens personnels
(art. 803, al. 2 du Code civil).

Effets particuliers de l'acceptation ainsi réduite

1° Le bénéficiaire n'est tenu envers les créanciers que sur les biens dont il
hérite ;

2° Il conserve toutes ses créances envers la succession ;

3° Il conserve également toutes ses dettes envers elle. Ces deux faits
s'expliquent parce qu'il garde sa personnalité juridique entièrement distincte, ce qui n'arrive point aux héritiers ordinaires, substitués au lieu et
place du testateur ;

4° Il doit compte aux créanciers et aux cohéritiers de son administration
de la part héritée. Sa responsabilité cependant est restreinte aux fautes
graves ;

5° Il est assimilé aux mineurs pour ce qui regarde la vente des meubles et
immeubles, qu'il doit mettre aux enchères ;

6° Si des immeubles vendus sont frappés d'hypothèques, le prix est affecté
naturellement aux créanciers d'après l'ancienneté de leur hypothèque.

Comment d'héritier bénéficiaire on devient héritier pur et simple. —
Un seul acte d'héritier pur et simple suffit à imposer cette qualité à

l'héritier bénéficiaire. On voit donc l'importance qu'il y a à tenir compte des indications données ci-dessus.

Le curateur au bénéfice d'inventaire. — L'héritier bénéficiaire qui veut se débarrasser du souci d'administrer les biens de la succession, peut les abandonner aux légataires et aux créanciers. Les formes de cet abandon n'ont pas été réglées par la loi. La jurisprudence exige des notifications individuelles faites aux créanciers pour les mettre en demeure d'aviser. En fait, les créanciers s'entendent pour nommer un *curateur au bénéfice d'inventaire*, rétribué pour remplacer l'héritier bénéficiaire dans l'administration des biens.

L'abandon ne signifie pas que l'héritier renonce à sa part de succession. Il a droit à l'excédent d'actif qui pourrait rester après que satisfaction a été donnée aux légataires et créanciers.

Succession vacante. — Quand les délais d'inventaire et de délibération définis plus haut sont expirés, qu'il n'y a pas d'héritier connu et qu'aucun successeur irrégulier ne revendique la succession, celle-ci est déclarée vacante.

Les intéressés demandent alors au tribunal civil de nommer un *curateur à succession vacante* qui administre les biens.

Il a, en principe, les mêmes pouvoirs qu'un héritier bénéficiaire, mais il est tenu de vendre tous les biens mobiliers et de déposer le prix de cette vente à la caisse des dépôts et consignations.

Nous donnons ci-dessous les formules :

1º De renonciation à une succession;
2º D'acceptation d'une succession sous bénéfice d'inventaire;
3º D'une demande par créancier de la nomination d'un curateur à succession vacante.

1º FORMULE DE RENONCIATION A UNE SUCCESSION

L'an mil neuf cent huit, le... au greffe du tribunal d'Etampes.

A comparu M. Pierre-Ernest Hamel, architecte, habile à se dire et à se porter héritier par moitié du sieur Eugène Hamel son père, décédé à Buno-Gironville, le... Lequel assisté de Mᵉ Couchot, avoué près le tribunal, a déclaré renoncer comme de fait il renonce purement et simplement par ces présentes à la succession du sieur Hamel, décédé comme il est dit ci-dessus.

Jurant et affirmant n'avoir rien pris ni détourné, ni savoir qu'il ait été pris ou détourné des biens et valeurs dépendant de ladite succession.

Desquelles comparution, déclaration, renonciation et affirmation, le comparant a demandé acte, que nous lui avons octroyé.

(Signatures du comparant, de l'avoué et du greffier.)

2° FORMULE D'ACCEPTATION SOUS BÉNÉFICE D'INVENTAIRE

L'an mil neuf cent sept, le... au greffe du tribunal de Corbeil a comparu le sieur Devienne, pharmacien, demeurant à Corbeil.

Lequel assisté de M° Dramard, avoué près ce tribunal a déclaré que, après avoir pris connaissance des forces et charges de la succession du sieur Benoit, en son vivant cultivateur à Orangis, où il était domicilié, où il est décédé le..., et dont le comparant est habile à se porter et dire héritier pour un tiers, il entend accepter, et comme de fait, par les présentes, il accepte ladite succession, mais sous le bénéfice d'inventaire seulement, jurant et affirmant qu'il n'a rien pris ni détourné, et qu'il n'est pas à sa connaissance qu'il ait été rien pris ni détourné des biens et effets de ladite succession.

Desquelles comparution, déclaration, acceptation bénéficiaire et affirmation, le comparant a demandé acte, que nous lui avons octroyé, et a signé avec ledit M° Dramard, son avoué et nous greffier, après lecture.

(Signatures.)

3° FORMULE DE REQUÊTE AU TRIBUNAL POUR FAIRE NOMMER UN CURATEUR A UNE SUCCESSION VACANTE

A Messieurs les président et juges composant la Chambre du Conseil du tribunal civil de Laon.

M. Ernest-Charles Reboux, tanneur, demeurant à Laon, rue... n°...

Ayant M° Ledur pour avoué,

A l'honneur de vous exposer : qu'il est créancier, en vertu d'une obligation reçue par M° Chevassu, notaire à Laon, de la succession de M. Théodore Villette, décédé à son domicile..., que M. Gustave Villette, demeurant à... seul héritier connu, a renoncé à cette succession par acte fait au greffe à Dijon, le... enregistré, et qu'il ne s'est pas présenté d'autres héritiers ; que c'est donc, aux termes de l'article 998 du Code de procédure civile, le cas de nommer un curateur à cette succession, qui doit être réputée vacante, et que l'exposant, comme créancier est fondé à demander cette nomination. C'est pourquoi l'exposant conclut à ce qu'il vous plaise, Messieurs les Présidents et Juges, nommer un curateur à la succession vacante du sieur Théodore Villette, à l'effet de faire tout ce qu'il appartiendra pour sa conservation; autorise l'exposant à employer les frais du jugement à intervenir en frais privilégiés de curatelle, dont distraction est demandée par M° Ledur, avoué.

Présenté au Palais de justice, à Laon, le...

(Signature de l'avoué.)

Successions en déshérence. — Enfin, il nous reste à dire quelques

mots des successions en déshérence, qu'il faut se garder de confondre avec les successions vacantes.

Une succession est en déshérence lorsque nul héritier ne l'ayant
réclamée, il est en outre présumable que le défunt n'avait aucun
héritier au degré successible.

Voici, à l'égard de ces successions, la procédure en usage.

Le directeur des domaines adresse un mémoire au tribunal pour
être autorisé à commencer la série d'actes nécessaires à l'envoi de
l'État en possession. Le jugement rendu, l'administration des
domaines est admise à traiter la succession comme sa propriété,
mais elle ne saurait l'aliéner sans l'assentiment du tribunal, réuni
en chambre du conseil.

Le receveur du canton assure la publicité du jugement par l'insertion à l'*Officiel* et au moyen d'affiches apposées dans la localité.

Au bout d'un an, nouveau mémoire de la direction des domaines,
nouveau jugement du tribunal qui, cette fois, envoie l'État en possession.

Il ne s'ensuit pas cependant que la succession ne puisse encore
être réclamée par les ayants droit, s'il s'en présente.

Ceux-ci ont un délai de trente ans (le délai de la prescription
ordinaire) pour adresser leur revendication au préfet du département, en joignant à leur demande les pièces qui peuvent l'appuyer.

Le préfet transmet la réclamation au directeur de l'administration
des domaines.

Si celui-ci refusait de faire droit, les héritiers n'auraient plus qu'à
s'adresser aux tribunaux.

Dans aucun cas ils n'ont droit à une indemnité, quelle qu'ait été
la durée de la détention illégale des biens par l'État.

LE PARTAGE

DÉFINITION Le partage a pour but de mettre fin à l'état d'indivision entre les cohéritiers, les colégataires et tous ceux qui, d'une manière quelconque, sont copropriétaires d'une chose.

Les cohéritiers le sont entre eux de tout l'ensemble d'une succession, au moment de son ouverture.

Pour que le partage ait lieu, il suffit qu'un seul d'entre eux le demande. Mais tous les cohéritiers peuvent convenir, quand l'intérêt général l'exige, de surseoir au partage. Cette convention n'est obligatoire que pendant cinq ans ; ensuite, elle pourra être renouvelée.

DIFFÉRENTES SORTES DE PARTAGES

Le partage peut être *amiable* ou *judiciaire*.

A. Le partage *amiable* n'est possible que si tous les intéressés sont majeurs et jouissent de la plénitude de leurs droits civils. Son emploi n'est soumis à aucune autre règle, et ne donne lieu à aucune autre formalité. Il n'est même pas nécessaire qu'il en reste une trace écrite, à condition toutefois que la succession ne se compose que de biens mobiliers. Il n'a pas besoin d'être approuvé ou *homologué* par un jugement du tribunal.

B. Le *partage judiciaire* occasionne de grands frais et se complique de formalités nombreuses. Mais il est inévitable, s'il se trouve des mineurs appelés à la succession.

Différentes sortes de partages. — Le partage peut être *amiable* ou *judiciaire*.

Avant le partage judiciaire. — Les scellés, sous forme de bandes de papier, sont apposés par l'officier du juge de paix, sur les meubles et sur les papiers du défunt, à la requête d'un *seul* des héritiers.

Ils le sont de même dans les deux cas suivants :

1º Si tous les héritiers ne sont pas présents ;
2º Si parmi les héritiers, il y a des mineurs ou des interdits qui n'aient pas de tuteurs.

Ils peuvent même l'être à la requête d'un *créancier*. Si celui-ci n'est pas muni de titre exécutoire, il devra adresser au président du tribunal civil de l'arrondissement une requête dont voici le modèle.

Requête, par un créancier n'ayant pas de titre exécutoire, afin d'être autorisé a faire apposer les scellés

*M. le président du tribunal civil de Bar-sur-Aube, M. Vincent M...,
horticulteur, demeurant à Arsonval, arrondissement de Bar-sur-Aube;*

A l'honneur de vous exposer que le sieur Ernest C..., ancien boucher, son débiteur d'une somme de deux mille sept cent soixante-dix-sept francs quatre-vingt-cinq centimes est décédé à Bar-sur-Aube le... dans son domicile rue de la Reine, nº 69, le... (détailler ici la créance).

Que, pour sûreté de sa créance, l'exposant a le grand intérêt à faire apposer les scellés audit domicile sur les meubles et effets de son débiteur.

C'est pourquoi il vous prie, M. le Président, de vouloir bien l'autoriser, conformément à l'article 909 du Code de procédure civile, à faire apposer par M. le juge de paix de Bar-sur-Aube, les scellés sur tous les meubles et papiers dépendant de la succession du sieur Ernest C... à son domicile à Bar-sur-Aube.

(Signature de l'avoué.)

Ordonnance du Président

Nous, Mathieu des Ifs, président; vu la requête ci-dessus, les pièces et l'article 909 du Code de procédure civile ;

Autorisons l'exposant à faire apposer les scellés sur les meubles et effets de la succession du sieur Ernest C..., à son domicile à Bar-sur-Aube.

Disons qu'il nous en sera référé, en cas de difficultés, après l'apposition préalable des scellés.

Fait au Palais de justice à Bar-sur-Aube, le...

(Signature du Président.)

Après quoi, un créancier quelconque a le droit de s'opposer à ce qu'on lève les scellés hors de sa présence.

Partage judiciaire. Opérations. — Rappelons d'abord l'effet essentiel du partage. Il supprime, même dans le passé, l'état d'indivision qui est censé n'avoir jamais existé. En conséquence, les cohéritiers sont considérés comme n'ayant pas été copropriétaires, et les actes qu'ils auraient pu faire sur une part qui n'était pas la leur deviennent nuls.

Il est nommé par le tribunal un notaire chargé de procéder aux opérations du partage judiciaire. Au besoin, on lui adjoint un juge pour le contrôle. A la suite de quoi, le partage se fait ainsi :

A. Des experts choisis à l'amiable, ou à défaut d'entente entre les héritiers, nommés par le tribunal, estiment les biens meubles et immeubles.

B. Les immeubles qui ne peuvent être partagés en nature, sont vendus aux enchères, à l'audience des criées. C'est ce qu'on nomme la *licitation*. Alors, de deux choses, l'une :

Ou l'immeuble indivis est licité entre deux copropriétaires, et adjugé à l'un d'eux, pour une certaine somme. Il n'a qu'à payer à l'autre la moitié de cette somme, et il est réputé avoir reçu l'immeuble du défunt lui-même. Cette opération n'entraîne aucun frais d'enregistrement : il n'y a pas eu d'aliénation à proprement parler.

Ou c'est un acquéreur non cohéritier qui devient adjudicataire de l'immeuble. Dans ce cas les frais sont dus.

C. Le notaire fait l'évaluation de l'actif héréditaire. Celui-ci se compose avec le total des biens existants, le prix des ventes, les comptes des cohéritiers entre eux, et la valeur des biens qui devront être rapportés à la succession.

D. Un expert ou un héritier commis à cette charge, fait les lots, par *têtes* ou par *souches* suivant les cas (que nous avons définis en parlant de la *représentation* au chapitre de la parenté).

E. Un jugement approuve la composition des lots.

F. Les lots sont tirés devant le notaire ou devant le juge-commissaire, s'il y en a un.

G. Les héritiers reçoivent respectivement leurs titres de propriété au greffe du tribunal civil.

La garantie. — Les cohéritiers, devenus copartageants, se doivent réciproquement garantie, pour le cas où ils viendraient à être troublés dans la possession des biens qui leur sont échus, ou évincés de leur propriété.

Ils ne peuvent pas convenir entre eux qu'ils seront exempts de cette obligation, d'une façon absolue ; ils peuvent seulement prévoir des causes déterminées de trouble ou d'éviction, et se dégager de la garantie quand elles se produiront. La loi ne veut pas d'une clause générale de non garantie, qui serait vite devenue de style.

La garantie n'est pas due au propriétaire qui s'est laissé évincer par sa propre faute, en n'usant pas d'un de ses droits, celui de prescription, par exemple.

Elle est proportionnelle à la part recueillie par chacun des héritiers, en y comprenant celui qui a subi l'éviction.

Elle est accordée au copartageant qui avait dans son lot une rente perpétuelle dont le débiteur était insolvable lors du partage, sous la condition que la réclamation en garantie soit introduite dans les cinq ans.

Quand le partage peut-il être annulé ? — Le partage peut être annulé pour trois motifs :

1º Le dol ;
2º La violence ;
3º La lésion. Il y a lésion lorsque le copartageant a reçu moins des trois quarts de sa part. C'est ce qu'on appelle, en droit, la lésion de plus du quart.

Partage d'ascendant. — Le partage d'ascendant aboutit à répartir entre les descendants tout ou partie de la succession, du vivant même de l'ascendant. Il peut se faire de deux manières.

Par donation. — En ce cas, l'acceptation des enfants est nécessaire, mais l'abandon des biens est irrévocable, comme pour toute donation entre vifs, c'est-à-dire sauf en cas d'inexécution des conditions ou pour ingratitude.

Par testament. — Sous cette forme, le partage est toujours révocable et ne produit son effet qu'à la mort du testateur. Pour n'être pas annulable, il doit comprendre tous les descendants qui ont droit à la réserve, et ne porter aucune atteinte à la réserve.

Des deux façons, il offre de graves inconvénients. Sous forme de donation irrévocable, il dépouille l'ascendant et lui fait une situation précaire au milieu des siens, qui le voient à leur merci ; sous forme de testament, il les mécontente souvent, car ils sont enclins à se juger mal partagés dans les lots que l'ascendant leur désigne lui-même.

Bref, le partage d'ascendant est à déconseiller.

RAPPORT — OBLIGATIONS DES HÉRITIERS — SÉPARATION DES PATRIMOINES

LE RAPPORT. **SA DÉFINITION** — La loi, voulant maintenir en principe l'égalité entre les héritiers, exige que chacun d'eux rapporte à la masse héréditaire ce qu'il aurait reçu en pur don du testateur, lorsque celui-ci était vivant.

Une disposition expresse, introduite à cet effet dans l'acte de donation, à la volonté du donateur, peut seule dispenser le donataire de cette obligation. C'est ce qu'on nomme la donation *avec dispense de rapport*.

Si la même personne réunit les qualités d'héritier et de légataire, elle n'est pas tenue au rapport, à moins que le testateur n'en ait décidé autrement.

L'héritier renonçant n'y est pas obligé.

Pour tous ceux qui y sont astreints, le rapport est dû le jour même où la succession s'est ouverte.

Le fils qui hérite de son chef n'est pas tenu de rapporter la donation faite à son père décédé.

Mais s'il hérite comme *représentant* de celui-ci, il est obligé au rapport.

Sur quels biens s'exerce le rapport. — On est tenu de rapporter tout ce qui a été donné, soit directement, soit indirectement.

Ainsi, le fait, par le testateur, d'avoir en son vivant donné quittance à son héritier du prix d'une chose vendue sans avoir touché ce prix, constitue une donation déguisée. Le montant de celle-ci doit donc être rapporté à la succession.

Sont exempts du rapport :

8

Les frais de nourriture, d'entretien, d'éducation ;
Les frais de noce ;
Les présents d'usage ;
Les bénéfices qui résultent pour l'héritier d'un contrat ayant un caractère onéreux, tel que le contrat de société.

A qui est dû le rapport. — Le rapport n'est dû qu'aux autres héritiers.

Les créanciers de la succession et les légataires n'ont d'autre recours que celui de l'*action paulienne* que nous avons définie plus haut, dans le cas d'une aliénation frauduleuse des biens de l'héritier.

Mais en fait, du jour de l'acceptation de la succession, les créanciers du défunt deviennent les créanciers personnels des héritiers ; et à ce dernier titre, non seulement ils peuvent profiter du rapport, quand il est effectué, mais ils peuvent même agir pour le réclamer.

Comment se fait le rapport. — Il faut distinguer entre le rapport des biens immeubles et celui des biens meubles.

Le rapport des biens immeubles doit se faire *en nature*, si les cohéritiers l'exigent, sauf les cas où il existerait dans l'ensemble de la succession d'autres immeubles de même nature, valeur et bonté, ou bien si le donataire avait déjà vendu son bien quand la succession s'est ouverte, ou bien enfin, si le donateur a expressément accordé la dispense de rapport. Il est fait alors en argent ou, comme on dit dans le langage juridique, en *moins prenant*, c'est-à-dire en déduisant sa valeur de la part à toucher.

Pour les biens meubles, le rapport se fait en moins prenant.

Il y a lieu de remarquer que, dans l'estimation des biens immeubles à rapporter *en moins prenant*, on a égard à leur valeur, telle qu'elle est au *moment de l'ouverture de la succession*. Pour les biens meubles, au contraire, on se base sur celle qu'ils avaient *au moment de la donation*.

Les immeubles qui n'existeraient plus lors de l'ouverture de la succession ne donnent point lieu au rapport. C'est une conséquence du principe que nous venons d'énoncer.

Les immeubles hypothéqués ou grevés de servitudes, quelle que soit l'importance de celles-ci sont dégrevés, par le fait de l'obligation de rapport, qui se trouve ainsi avoir une répercussion sur des tiers. Toutefois, afin d'atténuer dans la mesure du possible cette répercussion, les tiers intéressés ont la faculté d'intervenir au partage pour s'opposer à ce que le rapport se fasse en fraude de leurs droits.

Enfin, celui qui rapporte un immeuble amélioré a droit à la récompense des frais d'amélioration.

Rapport des dettes. — Il peut arriver que l'un des héritiers ait contracté une dette envers le défunt.

Dans ce cas, le montant de cette dette est prélevé sur sa part de succession. C'est ce que l'on appelle le rapport des dettes.

Il va de soi que l'héritier débiteur ne peut se libérer en renonçant à la succession. Les créanciers de celle-ci et les légataires sont fondés à réclamer le rapport de la dette.

Contribution aux dettes. — Les *successeurs universels* ou à *titre universel*, dont nous verrons plus tard la définition, sont obligés en personne envers chaque créancier, selon l'importance de la part qu'ils ont reçue, au paiement des dettes de la succession.

Il n'en est pas de même des *légataires particuliers*.

En conséquence, tous les héritiers dont nous avons indiqué la part réservataire, au tableau spécial, sont tenus envers chaque créancier en proportion de cette part.

Deux exceptions sont faites à cette règle :

1° Si la dette est indivisible, les héritiers sont tenus pour la totalité.
2° Si elle est hypothécaire, celui qui a l'immeuble hypothéqué dans sa part, peut voir cet immeuble vendu, le prix de vente étant affecté au paiement total de la dette et non du *quantum* de dette pour lequel l'héritier était personnellement tenu.

Au règlement définitif, la contribution aux dettes est réglée proportionnellement à l'actif reçu par chaque cohéritier, ceux qui ont donné au delà de leur part ont recours contre les autres.

Insolvabilité d'un héritier. — Dans le cas où l'un des héritiers se trouverait insolvable, la perte résultant de son insolvabilité se répartit entre les autres au marc le franc, c'est-à-dire proportionnellement à leurs propres parts.

LA SÉPARATION DES PATRIMOINES Les créanciers et les légataires d'une succession sont autorisés à se faire payer par elle avant les créanciers de l'héritier qui accepte purement et simplement, en demandant la *séparation des* *patrimoines* de cet héritier, c'est-à-dire du sien propre et de celui du défunt auquel il se trouve substitué.

Supposons une succession dont l'actif dépasse le passif et un héritier dont le passif dépasse l'actif de beaucoup.

Si les deux patrimoines restaient confondus, il n'y aurait à partager entre les deux catégories de créanciers qu'un actif très affaibli.

Tandis que si les patrimoines sont séparés, les créanciers de la succession dont l'actif dépasse le passif seront payés sur l'actif de cette succession qui garde son autonomie.

Comment se fait la demande en séparation de patrimoines. — Les créanciers devront introduire une action en justice.

Pour cela il leur est accordé, en ce qui concerne les biens meubles, un délai de *trois ans* à partir du jour où la succession a été ouverte.

Quant aux immeubles, le délai imparti est le même que celui qui règle la prescription, c'est-à-dire *trente ans*.

Si les biens meubles des deux patrimoines se trouvaient confondus, il ne serait plus possible de séparer ces patrimoines. Les créanciers n'auraient d'ailleurs qu'à s'en prendre à eux-mêmes ; leur intérêt était de faire procéder d'abord à un inventaire.

Enfin, la séparation des deux patrimoines ne pourrait plus avoir lieu si l'héritier avait déjà vendu les meubles ou les immeubles.

Publicité de la séparation de patrimoines. — Sous peine de déchoir de leur droit, les créanciers et les légataires de la succession doivent, pour conserver leur privilège, prendre une inscription dans les six mois qui suivent le décès.

Cette formalité n'est requise que pour les immeubles. L'inscription est prise au bureau des hypothèques.

Nous donnons ci-dessous la formule d'une demande en séparation de patrimoines.

FORMULE D'UNE ASSIGNATION EN SÉPARATION DE PATRIMOINES

L'an mil neuf cent six, le..., à la requête de Jean B..., ébéniste, demeurant à Saint-Julien, pour lequel domicile est élu à Troyes, rue..., n°..., en l'étude de Mᵉ Lahire, avoué, près le Tribunal civil, qu'il constitue et qui occupera pour lui aux fins des présentes. J'ai, Hilaire Rigollot, huissier-audiencier près ledit tribunal, soussigné, signifié et en tête de celle des présentes donné copie : 1° au sieur Laurent B..., rentier ; 2° au sieur

Pierre B..., marchand de vins, tous les deux demeurant à Lusigny, et pris en leur qualité d'héritiers purs et simples de feu Athanase-Emile B..., négociant en bonneterie, demeurant de son vivant à Romilly, d'un compte pour livraison de tables, armoires, fauteuils et autres objets destinés à meubler la maison dudit Athanase-Emile B...; et à même requête, j'ai donné assignation aux dits sieurs, à comparaître, d'aujourd'hui en huitaine franche, outre un jour par trois myriamètres de distance, à l'audience, et par-devant MM. les président et juges composant le tribunal civil de première instance de Troyes, au palais de justice, à Troyes, à onze heures du matin; attendu que le défunt, sieur Athanase-Emile B..., était débiteur du requérant de la somme de deux mille cinq cent quarante-trois francs pour les causes ci-dessus énoncées, attendu que, s'il importe au requérant d'avoir un titre exécutoire, il est également essentiel pour lui de faire prononcer la séparation des patrimoines entre lesdits sieurs Laurent B..., Pierre B..., afin d'empêcher leurs créanciers personnels d'exercer leurs droits sur les valeurs de la succession au détriment du requérant; se voir condamner, en leur qualité d'héritiers du feu sieur Athanase-Emile B..., à payer au requérant la somme de deux mille cinq cent quarante-six francs, avec les intérêts de droit, à compter du jour de la demande; entendre prononcer, conformément aux articles 878 et suivants du Code civil la séparation de leurs patrimoines d'avec celui de l'hérédité, afin que le requérant soit payé de sa créance sur le défunt, par privilège et par préférence à leurs créanciers personnels, et s'entendre en outre condamner aux dépens.

Et j'ai auxdits, parlant comme ci-dessus, laissé à chacun copie du présent exploit, dont le coût est de...

(Signature de l'huissier).

DROITS DE SUCCESSION

L ES droits de succession ou de mutation par décès sont perçus, toutes charges déduites, sur la *part nette* dévolue à l'héritier ou au légataire. Ils s'exercent indifféremment sur les biens meubles ou immeubles.

COMMENT ILS SONT ÉVALUÉS Jusqu'à 500 francs, ils portent sur le total exact de la somme. Au delà de 500 francs, ils portent sur le total de la somme arrondi de 20 francs en 20 francs. Une part de 12.689 francs, par exemple, sera taxée comme une part de 12.700 francs.

Pour une même somme, les droits varient en augmentant à mesure qu'on descend l'échelle des degrés de parenté, dans une proportion fixe, ou pourcentage déterminé.

Mais ce qui complique singulièrement le calcul des droits de succession, c'est que chaque part de succession se trouve divisée pour la perception en fractions ou tranches auxquelles s'applique un tarif spécial. La dernière loi qui a établi ces tarifs est du 8 avril 1910.

Un exemple est nécessaire.

Supposons qu'un fils hérite de son père une somme de 245.000 francs. Jusqu'à 2.000 francs, sa part sera passible, au tarif des héritages en ligne directe, du droit de 1 p. 100. Cette première fraction paiera donc 20 francs.

La seconde fraction ou tranche, de 2.000 à 10.000 francs paiera au même tarif de la ligne directe, 1,50 p. 100, portant sur 8.000 francs un droit de 120 francs.

La troisième fraction, de 10.000 à 50.000 francs, comprenant 40.000 francs, paiera, du même tarif, qui s'élève à 2 p. 100, un droit de 800 francs.

Et ainsi de suite.

Le tableau suivant indiquera les différents tarifs d'après les degrés de parenté et leur progression suivant les sommes.

TAUX APPLICABLES A LA FRACTION DE PART NETTE comprise entre

INDICATION des degrés de parenté.	1 à 2.000 fr.	2.000 à 10.000 fr.	10.000 à 50.000 fr.	50.000 à 100.000 fr.	100.000 à 250.000 fr.	250.000 à 500.000 fr.	500.000 à 1 million fr.	1.000.000 à 2.000.000 fr.	2.000.000 à 5.000.000 fr.	5.000.000 à 10.000.000 fr.	10.000.000 à 50.000.000 fr.	Au delà de 50.000.000 fr.
Ligne directe (1er degré)	1	1,50	2	2,50	3	3,50	4	4,50	5	5,50	6	6,50
Ligne directe (2e degré)	1,50	2	2,50	3	3,50	4	4,50	5	5,50	6	6,50	7
Ligne directe (au delà du 2e degré)	2	2,50	3	3,50	4	4,50	5	5,50	6	6,50	7	7.50
Entre époux	4	4,75	5,50	6,25	7	7,75	8,50	9,25	10	10,75	11,50	12,25
Entre frère et sœur	10	10,75	11,50	12,25	13	13,75	14,50	15,25	16	16,75	17,50	18,25
Entre oncle, tante et neveux ou nièces	12	13	14	15	16	17	18	19	20	21	22	25
Entre grand-oncle, grand' tante, petits-neveux ou petites-nièces	15	16	17	18	19	20	21	22	23	24	25	26
Entre parents au delà du 4e degré et non parents	18	19	20	21	22	23	24	25	26	27	28	29

Les héritiers solidaires quant aux frais. — Les héritiers et légataires universels sont solidaires entre eux, quant au paiement des droits de succession. Celui ou ceux qui en ont fait l'avance pour un héritier ou légataire ont recours contre lui.

Le légataire particulier d'une part, les héritiers et légataires universels de l'autre, ne sont pas solidaires entre eux pour le paiement des droits à percevoir sur l'ensemble ·de la succession. Le premier n'a qu'à s'acquitter de ceux qui sont afférents à sa part personnelle ; les seconds n'ont pas à s'inquiéter du paiement ou du non-paiement de ces droits.

Déclaration de mutations par décès ou successions. — Les héritiers, légataires universels ou à titre universel, doivent déclarer au Trésor l'ensemble des biens composant la succession dans un délai de six mois, si le décès a eu lieu en France; de huit mois si c'est en Europe; d'une année si c'est en Amérique; de deux années si c'est en Afrique ou en Asie.

Les biens qui, postérieurement à l'ouverture de la succession, viendraient à faire retour à cette succession, sont l'objet d'une déclaration complémentaire, à effectuer dans les six mois qui suivront l'acte de réintégration de ces biens.

Les legs aux communes, établissements de bienfaisance, etc., pour lesquels l'approbation de l'autorité est requise, doivent être déclarés dans les six mois qui suivent l'approbation, à moins qu'il n'en ait été pris possession antérieurement.

Si un héritier, légataire universel ou légataire à titre universel manque à faire sa déclaration, tous les autres doivent déclarer dans les délais ci-dessus énoncés, non seulement leur propre part, mais l'ensemble de toutes les parts. Mais ils n'ont pas à prendre souci des legs dévolus à titre particulier, ainsi qu'il a été dit plus haut.

Où se fait la déclaration ?

A. *Le défunt était domicilié en France.*

La déclaration se fait au bureau de l'enregistrement de son dernier domicile.

B. *Le défunt n'avait pas de domicile en France.*

Ce second cas se subdivise en deux espèces :

a) Si le décès a eu lieu *en France*, la déclaration doit être souscrite au bureau du lieu du décès.

b) S'il a lieu *hors de France*, elle devra être passée dans un des bureaux suivants :

Paris,	Annecy,	Marseille,
Lille,	Lyon,	Pau,
Nancy,	Nice,	Bordeaux.

Formalités et détail de la déclaration. — On remet aux déclarants, dans les bureaux de l'enregistrement, des imprimés, feuilles doubles taxées à 5 centimes, ou feuilles simples taxées à 2 centimes et demi. Au besoin le receveur les remplit.

A. *Pour les biens meubles.*

Les parties appuient leur déclaration à leur choix, de deux façons différentes :

1° Par un acte d'inventaire authentique, dont ils n'ont qu'à donner la date, avec le nom et la résidence du notaire qui l'a rédigé ;

2° Par un état estimatif, sur papier timbré qu'ils certifient véritable et qui énonce le détail des meubles individuellement.

B. *Pour les immeubles.*

Les immeubles se trouvent dans la circonscription qui ressortit au bureau où est faite la déclaration, ou dans d'autres circonscriptions.

Le premier cas est simple. Pour le second, on devra faire autant de déclarations qu'il y aura de circonscriptions et par conséquent de bureaux. Ces formules seront annexées à la déclaration principale. Le déclarant signe lui-même toutes les formules. Il pourra autoriser un mandataire, qui devra être muni d'un pouvoir signé de lui, écrit sur papier timbré.

Chaque déclaration doit être suivie de la formule que voici :

« *Le déclarant affirme sincère et véritable, sous les peines de droit, la présente déclaration contenue en... pages et approuve... mots rayés nuls.* »

Déduction des dettes. — Pour établir le montant exact de la succession, et par suite les parts nettes héréditaires sur lesquelles porteront les droits de succession ou de mutation par décès, il faut *déduire les dettes*.

Mais toutes les dettes ne sont pas déductibles, indifféremment. Nous allons donner le tableau de celles qui le sont et de celles qui ne le sont pas.

DETTES A DÉDUIRE

1° D'après la loi, toutes les dettes à la charge du défunt, dont l'existence du jour de l'ouverture de la succession sera dûment justifiée par des titres écrits, susceptibles de faire preuve.

2° Parmi les dettes *verbales*, celles dites *commerciales*, dont justification pourra être faite par la production des livres de commerce du défunt.

DETTES QUI NE PEUVENT ÊTRE DÉDUITES

1° Les dettes *verbales* autres que celles dites *commerciales*.

2° Celles échues depuis plus de trois mois avant l'ouverture de la succession, à moins qu'un créancier n'en atteste l'existence à cette date.

3° Celles contractées par le défunt au bénéfice de ses héritiers et de ses légataires universels ou particuliers, à moins qu'il n'y ait eu contrat par acte authentique ou sous seing privé à date certaine.

4° Celles qui sont reconnues par testament.

5° Celles hypothécaires dont l'inscription est périmée depuis plus de trois mois. Sont exceptées celles non échues, attestées par créancier. Si l'inscription n'est que *réduite*, on déduira la différence.

6° Celles provenant de titres passés ou de jugements rendus à l'étranger et non exécutoires en France.

7° Celles hypothéquées sur des immeubles hors de France.

8° Celles afférentes aux successions d'étrangers, à l'exception des suivantes :

A. *Dettes contractées en France envers des Français ;*

B. *Envers des sociétés étrangères ayant succursales en France.*

9° Les dettes prescrites, si l'on ne prouve que la prescription a été interrompue.

Détail des dettes à déduire. — Les dettes doivent être détaillées individuellement sur papier libre, et l'inventaire, certifié par l'intéressé, déposé au bureau de l'enregistrement lors de la déclaration de la succession.

S'il invoque un acte notarié, il devra indiquer le nom et la résidence du notaire ;

Si c'est un jugement ordinaire, la date et le tribunal qui l'a prononcé ;

Si c'est un jugement déclaratif de faillite, les mêmes mentions, et en outre, la date du procès-verbal de la vérification et de l'affirmation des créances.

Les autres titres allégués seront produits soit dans les originaux, soit par copies dûment certifiées par un notaire ou par le greffier de la justice de paix.

Les créanciers sont tenus, à peine de dommages-intérêts, de certifier, par attestation sur papier timbré, les créances qu'ils peuvent avoir contre le défunt.

En cas de fausse déclaration, le déclarant est passible d'une amende égale au triple du supplément de droit à percevoir ; cette amende, dans tous les cas, ne peut être inférieure à 500 francs.

Quant au faux créancier, il sera tenu de l'amende solidairement avec le déclarant, et condamné définitivement au tiers.

Dettes non justifiées. — Le receveur de l'enregistrement qui ne trouve pas justifiées les dettes imputées par les déclarants à la succession, ne les retranche pas de l'actif, sur lequel il perçoit les droits de mutation par décès.

Mais les intéressés ont un délai de deux ans, à courir du jour de la déclaration, pour se pourvoir en restitution devant le tribunal civil de l'endroit.

Comment on estime les meubles d'une succession. — Cette estimation se fait :

1° A l'aide des inventaires ou actes semblables qui ne remontent pas à plus de deux ans avant le décès ;

2° A l'aide des actes de vente, dans les mêmes conditions ;

3° A l'aide des polices d'assurances souscrites par le défunt ou ses père et mère dans les cinq années qui ont précédé le décès, en se basant sur le tiers de l'évaluation. Les récoltes, les denrées, les bestiaux, ne peuvent être estimés ainsi, étant données les variations de leur valeur ;

4° Par l'évaluation des parties. Si cette évaluation est inférieure à celle établie par un acte antérieur, elle est réputée frauduleuse et punie d'une taxe supplémentaire. Si l'acte est postérieur, elle n'a plus que le caractère d'une erreur simple et le droit perçu ne porte que sur l'excédent de la valeur vérifiée, par rapport à la valeur déclarée.

Comment on estime les immeubles. — Il faut distinguer les immeubles qui ne sont pas destinés à donner un revenu, — les moins nombreux — et ceux qui ont cette destination.

Pour la première catégorie, la valeur déclarée par l'héritier sert de base pour les droits.

Pour la seconde catégorie, c'est le prix des baux en cours et, à leur défaut, quand il s'agit d'immeubles bâtis autres que les usines, la valeur locative fixée pour la perception des contributions foncières. Dans les autres cas, c'est la déclaration des parties.

Comment on estime la nue propriété et l'usufruit — On suit la progression suivante pour l'évaluation respective de la nue propriété et de l'usufruit, en se basant sur l'âge de l'usufruitier.

Nue propriété.		Usufruit.
Si l'usufruitier a moins de 20 ans $\frac{3}{10}$		. . . . $\frac{3}{10}$
de la propriété totale.		de la propriété totale.
S'il a 30 ans . . . . $\frac{4}{10}$		. . . . $\frac{6}{10}$
S'il a 40 ans . . . . $\frac{5}{10}$		. . . . $\frac{5}{10}$
S'il a 50 ans . . . . $\frac{6}{10}$		. . . . $\frac{4}{10}$
Sil a 60 ans . . . . $\frac{7}{10}$		. . . . $\frac{3}{10}$
S'il a 70 ans et au-dessus . . . . . $\frac{1}{10}$		. . . . $\frac{9}{10}$

Si l'usufruit est constitué par une durée limitée, on le fixe, sans tenir compte de l'âge de l'usufruitier, aux deux dixièmes de la valeur de la propriété totale pour chaque période de dix années.

Droits spéciaux aux successions testamentaires. — Outre les droits spécifiés pour les successions *ab intestat*, les successions testamentaires, c'est-à-dire celles qui sont réglées par un testament, sont frappées de quelques droits accessoires de moindre importance.

L'enregistrement de tout testament est tarifié 9 fr. 38.

Dans le cas où ce testament aurait été rédigé sur papier libre, circonstance qui n'infirmerait en rien sa validité et sa portée, les héritiers auront à payer une amende de 60 fr. 50, au bénéfice de l'enregistrement. Le cas se produit fréquemment lorsqu'il s'agit d'un testament olographe.

DONATIONS ET TESTAMENTS

GÉNÉRALITÉS Les donations ont avec le testament des rapports étroits ; à moins de stipulation expresse contenue dans celui-ci, elles doivent être rapportées à la succession, elles sont limitées par les parts réservataires et ne sauraient dépasser la *quotité disponible* dont il est loisible au testateur de faire tel usage qu'il lui plaira. Il est donc naturel de traiter brièvement de la donation *entre vifs*, avant de passer à l'étude du testament.

Nous laisserons de côté les donations que se font entre eux les époux à propos de leur mariage ; nous en avons parlé plus haut dans le chapitre consacré au contrat de mariage. Rappelons seulement qu'elles sont irrévocables, sous quelque prétexte que ce soit, et qu'elles présentent ce caractère particulier de pouvoir être souscrites par des mineurs qui, en toute autre occasion, seraient incapables de *donner* leurs biens.

Tout le monde sait en quoi consiste la différence entre la donation et le testament.

Le testateur dispose de ses biens en faveur de son héritier, pour le temps qui suivra son propre décès ; le donateur se dépouille des siens en faveur du donataire, dès le moment actuel.

Incapacité de donner ou de tester. — Tout le monde ne peut pas faire ni recevoir une donation, de même que tout le monde ne peut pas tester ni hériter.

Pour l'un et l'autre de ces actes, la loi établit plusieurs catégories d'*incapables*. L'incapacité de ceux qui ne peuvent ni donner ni tester est absolue ; l'incapacité de ceux qui ne peuvent que tester est relative. Voici la liste de ces incapables.

INCAPACITÉ DE DONNER ET DE TESTER

Ne pourront ni donner ni tester.

1° Ceux qui ne sont pas sains d'esprit.
2° Les interdits légalement.
3° Les interdits judiciairement.
4° Les mineurs au-dessous de seize ans (sauf les donations par contrat de mariage).

Peuvent tester seulement.

1° Les mineurs au-dessus de seize ans (pour la moitié de ce dont ils pourraient disposer s'ils étaient majeurs).
2° Les femmes mariées.
3° Les personnes pourvues d'un conseil judiciaire.

Enfin, de même qu'elle prononce l'incapacité de *donner* par testament ou donation pour les catégories désignées dans ce tableau, la loi établit d'autres catégories pour l'incapacité de *recevoir* de l'une ou l'autre de ces manières.

L'incapacité sera réputée *absolue* lorsqu'elle existera pour le fond même du droit, en ce sens qu'il n'y aura aucun moyen de gratifier certaines personnes.

L'incapacité sera *relative*, lorsqu'au moyen de certaines formalités, cette incapacité pourra être levée. Il ne s'agit pas alors, à vrai dire, d'une incapacité de recevoir, mais d'une incapacité d'accepter par soi-même.

On voit que nous prenons les mots *absolu, relatif*, dans un sens différent de celui où nous les avons pris tout à l'heure.

Incapacité absolue

1° Ceux qui ne sont pas encore conçus.
2° Ceux qui ont été condamnés à des peines afflictives et infamantes perpétuelles.

Incapacité relative.

1° Les établissements publics ou d'utilité publique, les associations ayant la personnalité civile, non autorisés par le gouvernement ;
2° Les femmes mariées, non autorisées par leur mari ;
3° Les mineurs non autorisés par leur tuteur ;
4° Les interdits non autorisés par leur tuteur avec l'autorisation du conseil de famille ;
5° Les mineurs émancipés, sans l'assistance de leur curateur ;
6° Les tuteurs, vis-à-vis de leurs pupilles, tant que le compte de tutelle n'est pas rendu et épuré ;
7° Les médecins, chirurgiens, pharmaciens,
8° Les ministres du culte,

vis-à-vis des malades traités ou assistés par eux dans leur dernière maladie.

On essaie quelquefois de tourner la loi en déguisant, par exemple, une donation ou un legs sous un contrat de vente supposée, et l'on donne quittance du prix sans l'avoir touché.

Ou bien encore on fait la donation ou le legs par *personne interposée*, c'est-à-dire par transmission, à l'aide d'un tiers, qui est censé recevoir pour son compte. Enfin, on peut recourir au *don manuel*, c'est-à-dire de la main à la main.

De tels actes sont valables en soi lorsqu'ils ne sont pas faits en fraude des droits des tiers.

Quand s'apprécie la capacité de disposer. — Ici, il faut distinguer entre la donation et le testament.

Pour la *donation*, la chose est fort simple. La capacité, pour être réelle, doit exister au moment où la donation est faite.

Pour le *testament*, la pleine capacité du testateur est nécessaire à la fois au moment où il a testé et au moment de son décès.

Pourtant, dans le cas d'un testateur qui meurt interdit, et dont les dispositions testamentaires avaient été prises antérieurement à cette interdiction, le testament est valable.

Limite imposée aux donations et aux legs. — En parlant de la succession, nous avons vu qu'une *réserve* est assurée aux ascendants et aux descendants, c'est-à-dire à la ligne directe. En conséquence, un donateur ou un testateur qui a des ascendants ou des descendants ne peut disposer de ses biens que dans la limite où la réserve de ceux-ci n'est pas atteinte ; cette partie de sa fortune forme la *quotité disponible* dont nous avons parlé.

Au cas où le défunt aurait, par ses libéralités, entamé la réserve, les donations et les legs seront réduits jusqu'à ce que celle-ci se trouve reconstituée. On commencera par les legs, en leur faisant subir à tous une réduction proportionnelle à leur valeur.

Quand les legs ne suffisent pas pour parfaire la réserve, il faut atteindre les donations ; mais, à l'inverse des legs, au lieu de les atteindre toutes à la fois, on les réduit les unes après les autres, en commençant par les plus récentes.

Si un legs ou une donation ont été constitués *hors part et par préciput*, ils ne seront réduits que si l'ensemble des réductions pratiquées sur les autres libéralités ne suffisent pas encore à dégager la réserve.

DONATIONS

DÉTAILS La donation est *irrévocable*, sauf les exceptions qui seront énumérées plus bas.

Elle a le caractère non d'un acte juridique *unilatéral* comme le testament, mais d'un véritable *contrat bilatéral*, pour lequel le consentement et la présence des deux parties sont nécessaires.

Ce contrat est *solennel* ; il ne peut être dressé que devant au moins un notaire et des témoins, ou devant deux notaires, dont l'un rédige et signe, tandis que l'autre signe seulement, mais est *tenu d'assister*, ce qui n'a pas lieu pour d'autres contrats où le concours du deuxième notaire est requis.

A la différence du testament, la donation transfère immédiatement la propriété du donateur au donataire.

Il existait un genre de donation intermédiaire entre la donation proprement dite et le testament, très usité dans l'ancien droit, disparu aujourd'hui : la *donation à cause de mort*. Cette libéralité se caractérisait par les deux traits suivants :

1º Son effet était subordonné au prédécès du donateur ;

2º Elle était révocable au gré du donateur.

C'est ce second caractère qui l'a rendue incompatible avec les principes établis par le code.

Cependant la donation à terme fixe est valable : telle, par exemple, la promesse de 2.000 francs à six mois de date. Le droit du donataire sur ces 2.000 francs naît *actuellement*, du moment que la promesse est faite de façon précise et formelle.

La donation conditionnelle est valable, pourvu que la condition ne dépende pas de la volonté du donateur. Celui qui dit : « Je vous donnerai ma maison si je veux », ne promet rien.

Il faut, pour que la donation existe, en droit comme en fait, que la condition soit subordonnée à la *volonté du donataire ou à un événement fortuit*. Celui qui promet sa maison si, dans le courant de l'année il vient à s'expatrier, fait une donation. De même on peut subordonner la donation à la condition de survie du donataire.

La donation avec *clause de retour* est valable. On appelle clause de retour celle qui stipule que si le donataire meurt le premier, la donation fera purement et simplement retour au donateur. Au cas où le donataire aurait aliéné les biens, ou les aurait grevés de droits, tels que des hypothèques, ils reviendraient néanmoins en toute franchise au donateur, car la reprise de la donation supprime d'une façon rétroactive la propriété du donataire décédé.

Les tiers acquéreurs du bien sujet à résolution subissent l'effet du retour ; mais il ne faut pas oublier que, s'il s'agit de meubles corporels, la possession, quand elle sera de bonne foi, protégera les tiers contre la revendication du donateur.

Quand une donation est-elle révocable ? — Une donation peut être révoquée, exceptionnellement, dans les trois cas qui suivent.

1° *Inexécution des charges.* — Si le donataire manque aux engagements souscrits. La convention subsiste en soi, mais le donateur a la ressource d'en poursuivre l'annulation devant les tribunaux. Ceux-ci, d'habitude, octroient au donataire un délai pour exécuter les conventions en déclarant que s'il y manque, il sera déchu de tous droits sur la chose donnée. Passé ce terme, s'il n'a pas rempli ses engagements, un jugement définitif rend au donataire les biens dégagés de toutes les charges qu'aurait pu accepter le donataire vis-à-vis des tiers.

2° *Ingratitude.* — On appelle ainsi le fait, par un donataire, d'attenter à la vie du donateur, d'exercer contre lui des sévices ou injures graves, ou de lui refuser des *aliments*.

La demande en révocation doit être introduite devant les tribunaux dans un délai d'un an, à partir de l'époque où l'acte d'ingratitude incriminé a été commis par le donataire.

Quand elle est prononcée pour cette cause, la révocation n'anéantit ni les aliénations ni les hypothèques, ni les servitudes consenties par le bénéficiaire sur les biens donnés. En effet, elle a alors le caractère d'une peine toute personnelle, et elle ne doit pas atteindre des tiers par ses conséquences.

Cependant, elle anéantirait tous les actes accomplis par le donataire depuis l'introduction de la demande.

3° *Survenance de l'enfant.* — La survenance d'un enfant légitime postérieurement à l'acte de donation, entraîne, de plein droit et sans jugement, la révocation de la donation, et le retour au donateur des biens donnés, dégagés de toutes charges ou aliénations consenties par le donataire.

9

Il va sans dire que cette disposition ne s'applique pas aux donations entre époux.

L'acte de donation ne peut pas stipuler que la survivance d'un enfant légitime ne révoquera pas la donation.

La mort de l'enfant légitime ne saurait valider celle-ci ; elle doit être validée.

Trente ans après la naissance du dernier enfant légitime du donateur, la prescription est acquise au donataire, à ses commettants ou à ses héritiers.

Transcription de la donation. — Toute donation qui comprend des immeubles ou l'usufruit de ces immeubles doit être transcrite sur le registre du bureau d'hypothèques dont ils dépendent, afin que les tiers intéressés puissent en avoir connaissance. Parmi ces tiers se trouvent les créanciers du donateur et les légataires particuliers.

Dans le cas où le donataire aurait négligé de faire transcrire la donation avant la mort du donateur, son droit sur les biens donnés se trouverait primé par celui des légataires particuliers.

Le droit de propriété sur les immeubles donnés n'est acquis par le donataire que le jour où la donation est transcrite, tandis que le légataire d'immeubles en devient propriétaire le jour même du décès.

DONATIONS ENTRE ÉPOUX PENDANT LE MARIAGE Le tableau suivant permettra de se rendre compte du chiffre maximum des libéralités que l'un des époux peut faire à l'autre, et pour la fixation duquel la loi déroge quelque peu aux règles sur la quotité disponible.

MAXIMA DES DONATIONS ENTRE ÉPOUX PENDANT LE MARIAGE

1° S'il y a des enfants, quel qu'en soit le nombre :
    1/4 en propriété ;
    1/4 en usufruit ;
Ou 1/2 en usufruit.
2° S'il y a un ascendant :
    3/4 en propriété.
3° S'il y a deux ascendants :
    1/2 en propriété.
4° Si l'époux donateur a un enfant d'un premier mariage : ·
Une fraction de la succession ayant pour diviseur le nombre des enfants plus un, sans que cette fraction puisse dépasser le quart du total de la succession.

Remarquons, à propos des donations entre époux pendant le mariage, que :

1° Elles sont toujours révocables.

2° Toutes les donations déguisées sont réputées frauduleuses, dès qu'elles ont lieu entre époux.

FORMULE DE DONATION ENTRE VIFS

Par-devant M° Bertin et M° Loudun, tous deux notaires à Fresne-les-Rungis, soussignés,

Ou bien :

Par-devant M° Bertin, etc., en présence des témoins ci-après nommés,

A comparu : M. Pierre-Eugène-Emile Letel, entrepreneur, chevalier de la Légion d'honneur, demeurant à Saint-Maurice, département de la Seine,

Lequel a, par ces présentes, fait donation entre vifs, par préciput et hors part, conséquemment avec dispense de rapport à sa succession.

A M. Fernand Acons, son cousin germain, demeurant à Charenton, département de la Seine, mais domicilié à Nantes.

Ici présent et acceptant expressément,

Des biens dont la teneur suit.

(*Désignation de ces biens.*)

TRANSCRIPTION ET PURGE

Le donataire fera transcrire son expédition des présentes au bureau des hypothèques de..., il remplira en outre, s'il le juge à propos, les formalités prescrites par la loi pour la purge des hypothèques légales, le tout à ses frais.

A cet effet, le donateur déclare :

1° Qu'il est célibataire;

2° Qu'il n'est et n'a jamais été tuteur de mineurs ou d'interdits, ni comptable des deniers publics.

En cas de non transcription, le notaire devra ajouter à son acte la mention suivante :

M° Bertin, notaire soussigné, a averti le donataire de la nécessité de faire transcrire une expédition de cette donation au bureau des hypothèques de Nantes, pour qu'elle produise son effet à l'égard des tiers, mais le donataire a observé qu'il n'avait pas, quant à présent, l'intention de remplir cette formalité, et qu'il se réservait de faire transcrire lui-même plus tard, s'il le jugeait à propos.

Pour la perception du droit d'enregistrement, les parties évaluent les immeubles donnés à la somme de soixante-quatorze mille francs, et les meubles à celle de quatre cents francs.

La lecture du présent acte par M° Bertin, et la signature par les parties ont eu lieu en présence de M° Loudun, notaire en second, en présence de M. Albert-Emile Sor, pharmacien, et de M. Marcel Cana, architecte, demeurant tous deux à Fresnes-les-Rungis, témoins instrumentaires.

DROITS DE DONATION

Art. 18, loi du 25 février 1900.
Art. 18, loi du 8 août 1910.

En ligne directe. — 1º Pour les donations portant partage (articles 1075 et 1076 du Code civil) : 2 p. 100.

2º Pour les donations faites *par contrat de mariage* aux futurs : 2,50 p. 100.

3º Pour les donations autres que celles désignées aux deux numéros précédents : 4,50 p. 100.

Donations autres qu'en ligne directe.

Dans le contrat de mariage.		*Hors le contrat de mariage.*	
	p. 100		p. 100
Entre époux.	4,50	Entre époux	6,50
Par frère ou sœur.	8,58	Par frère ou sœur.	11
Par oncle, tante, neveu, nièce.	10	Par oncle, tante, neveu, nièce.	13
Par grand-oncle, grand'tante, petit-neveu, petite-nièce, cousins germains.	12	Par grand-oncle, grand'tante, petit-neveu, petite-nièce, cousins germains	15
Par parents au delà du 4ᵉ degré et autres personnes non parentes	15	Par parents au delà du 4ᵉ degré et autres personnes non parentes	18

Tableau des droits de donation

1º *Droits de donation entre époux, subordonnés au décès de l'un ou l'autre.*	Droit fixe
Par contrat de mariage	9 fr. 38
Pendant le mariage.	
2º *Donations entre époux entre vifs*	Droit prop.
Par contrat de mariage.	5,50 p. 100
Pendant le mariage.	5 —
3º *Donations en faveur de mariage, quand elles sont faites dans le contrat de mariage et qu'elles emportent dessaisissement actuel.*	Droit prop.
En ligne directe.	3 p. 100
Entre frères et sœurs	7 —
Entre oncles et tantes, neveux et nièces	8 —
Entre grands-oncles ou grand'tantes, petits-neveux ou petites-nièces, et entre cousins germains . . .	9 —
Entre parents au 5ᵉ et au 6ᵉ degré.	10 —
Entre parents au delà du 6ᵉ degré et entre personnes non parentes.	11 —
4º *Donations entre vifs hors contrat de mariage* . .	Droit prop.
En ligne directe	3,50 p. 100

Entre frères et sœurs	9 p. 100.
Entre oncles ou tantes et neveux ou nièces.	10 —
Entre grands-oncles et grand'tantes et petits-neveux ou petites-nièces, et entre cousins germains	11 —
Entre parents au 5ᵉ et au 6ᵉ degré.	12 —
Entre parents au delà du 6ᵉ degré et entre personnes non parentes.	13 —

LE DON MANUEL Le don de la main à la main, dit *don manuel,* n'est pas réglementé par le code civil. En droit, il n'existe guère, mais la jurisprudence a été souvent dans l'occasion de s'en occuper.

Ici, il n'y a pas de règle générale, il n'y a que des espèces. La cour d'appel de Lyon, dans un arrêt du 2 mars 1876, a déclaré que les dons manuels de titres au porteur, faits sans fraude par un donateur ayant la capacité de disposer au profit d'un donataire ayant la capacité de recevoir, sont valables, pourvu que la tradition réelle (la remise des objets) ait été faite par le donateur avec l'intention de se dépouiller actuellement et irrévocablement.

La cour d'appel de Dijon, le 12 mai de la même année, estime que le don manuel peut avoir pour objet des titres au porteur, alors même que « le donateur s'est réservé l'usufruit, surtout quand le donateur a laissé au donataire la libre disposition des titres, à la seule charge de lui payer une somme annuelle représentant les intérêts de ces valeurs ».

Mais la cour de Paris déclare que « le don de valeurs mobilières, avec réserve par le donateur d'en percevoir les intérêts jusqu'à sa mort, est un don de nue propriété ne pouvant faire l'objet d'une donation manuelle ».

Au sujet de la preuve du don manuel, la même cour (arrêt du 25 mars 1876) décide qu'elle ne peut être faite par témoins si la valeur du don dépasse 150 francs.

Son arrêt du 9 août 1875 tranche un cas assez curieux.

Une domestique prétend que son maître, la veille de sa mort, lui a donné, de la main à la main, des titres au porteur qu'elle a déposés dans un meuble, et qu'elle les en a retirés le lendemain. La cour juge que la preuve n'est pas suffisante pour appliquer l'adage : *possession vaut titre.* Mais la domestique est admise, exceptionnellement, à prouver, par témoins, le bien-fondé de ses allégations.

LES TESTAMENTS

PRÉLIMINAIRE Le testament est l'acte par lequel le testateur dispose de ses biens pour l'époque qui suivra son décès, en totalité, s'il ne doit pas laisser d'héritiers réservataires, ou selon la quotité disponible, une fois la réserve assurée, dans le cas où il y aurait des héritiers réservataires.

Nous avons suffisamment expliqué ces termes et l'importance variable de la réserve et de la quotité disponible, pour qu'il soit inutile d'y revenir. Constatons seulement que la loi laisse au père de famille une liberté relative pour avantager dans son testament soit un ou plusieurs de ses enfants, soit sa femme, soit même des étrangers.

Rappelons encore que le testament est toujours révocable, soit par un nouveau testament, soit par une disposition quelconque qui s'y trouve annexée, soit par un acte de date postérieure qui change une de ses clauses.

La règle exige qu'il soit écrit sur une feuille de papier à soixante centimes, mais écrit sur papier libre ou sur n'importe quel objet il n'en est pas moins valable ; les héritiers en sont quittes pour l'amende de 60 fr. 50. Un testament tracé sur une porte a eu son plein et entier effet. Il ne s'agit ici que du testament *olographe*.

LE TESTAMENT OLOGRAPHE C'est celui qui est écrit par le testateur lui-même.

La loi exige qu'il soit tout entier de sa main, signé par lui, daté de l'année, du mois et du jour.

Nous donnons ci-dessous un modèle de testament olographe.

FORMULE D'UN TESTAMENT OLOGRAPHE

Je, soussigné, Louis-Paul-Emile Deschan, propriétaire, demeurant à Avallon, département de l'Yonne,

Ai fait mon testament ainsi qu'il suit :

Voulant reconnaître l'affection et le dévouement que m'a toujours témoigné ma femme, Eugénie-Claire-Noémie Lacro, je lui lègue la moitié de la quotité qui sera disponible, en biens meubles et immeubles de ma succession, après la délivrance à mes deux fils, Pierre-Alexandre Deschan, et Jacques-André Deschan, de leurs parts réservataires.

Je lègue l'autre moitié de cette quotité disponible aux établissements de bienfaisance d'Auxerre,

Le tout écrit de ma main à Avallon, le six août mil neuf cent quatre.

(Signature.)

Le testament par *lettre missive* est une forme du testament olographe. En voici un exemple :

A Mademoiselle Emilie Leblond, 36, boulevard des Batignolles, Paris.

Ma chère amie,

Me trouvant veuve, sans enfants, libre de disposer de tous mes biens, je veux te prouver ma reconnaissance pour l'affection presque filiale que tu m'as montrée depuis si longtemps, en te léguant l'universalité de mes biens, sans aucune exception ni réserve. Tu en auras la propriété et la libre jouissance dès le jour de mon décès.

Ta vieille amie,

Mathilde Leprévost.

Fait à Aix en Savoie, le quatre juillet mil neuf cent sept.

Au cas où la destinataire serait célibataire et majeure, elle entrera en possession de l'héritage grâce à cette lettre ; sinon, son futur ou son père acceptera pour elle la succession sous bénéfice d'inventaire.

Si la testatrice s'est servie de papier libre, il y aura une amende à payer, comme nous l'avons dit.

TESTAMENT AUTHENTIQUE Conditions du testament authentique ou par acte public.

1° Le testament doit être *dicté* par le testateur lui-même aux notaires, en présence des témoins ;

2° *Ecrit* par l'un des notaires lui-même ;

3° *Relu* au testateur, en présence du second notaire et des témoins ;
4° Porter la *mention* expresse de l'accomplissement de ces formalités ;
5° *Signé* par le testateur, ou s'il est, pour une raison quelconque, incapable de signer, porter la mention expresse de la déclaration du testateur et de la cause de l'empêchement ;
6° Etre *signé* par le ou les notaires et par les témoins ;
7° Les témoins doivent être français, sans distinction de sexe. Toutefois le mari et la femme ne pourront être témoins ensemble dans le même testament.
8° Ils doivent être majeurs ;
9° Ils doivent jouir de leurs droits civils ;
10° Ils ne peuvent être choisis parmi les légataires ni parmi leurs parents et alliés, jusqu'au 4° degré inclusivement ;
11° Les clercs des deux notaires ne peuvent être témoins ;
12° Le testament doit indiquer la date et le lieu où il a été rédigé ;
13° Il doit contenir les noms, prénoms, professions et domiciles des témoins ;
14° Il doit faire mention de la signature du testateur et des témoins.

FORMULE DE TESTAMENT AUTHENTIQUE
OU PAR ACTE PUBLIC

Par-devant M° Alphonse Martinet, notaire à Jaucourt, département de l'Aube, soussigné, en présence des témoins instrumentaires dont les noms suivent :

1° Nicolas Chardonnet, médecin-vétérinaire ;

2° Lucien Pitolet, cultivateur ;

3° Firmin Javel, négociant ;

4° Charles Lancelot, vérificateur des poids et mesures ;

Tous les quatre demeurant à Jaucourt ;

Majeurs, Français, jouissant de leurs droits civils, et, en un mot, réunissant pour être témoins au présent acte, les qualités exigées par les articles 975 et 980 du Code civil, dont M° Martinet, notaire soussigné, a donné lecture à l'instant, ainsi affirmé par les témoins sus-nommés et par le testateur qui, d'ailleurs, les a choisis lui-même ;

A comparu ;

M. Pierre-André-François Girardin, propriétaire, demeurant audit Jaucourt, sain d'esprit, ainsi que cela a paru au notaire et aux témoins ;

Lequel a dicté à M° Martinet, notaire soussigné, en présence des quatre témoins ci-dessus nommés, son testament, ainsi qu'il suit :

Je lègue à M. Constant Lhéritier, entrepreneur, demeurant à Paris, rue des Bons-Enfants, n° 30,

L'universalité de mes biens meubles et immeubles, sans aucune exception ni réserve, desquels biens il aura la pleine propriété et la libre disposition dès l'instant de mon décès, etc.

Le présent testament a été écrit en entier par M° Martinet, notaire soussigné, de sa main, tel qu'il lui a été dicté par le testateur, puis M° Marti-

net l'a lu au testateur, qui a déclaré qu'il contient bien ses volontés et qu'il y persiste, le tout, en présence des quatre témoins.
Le testateur, les témoins et le notaire ont signé après lecture faite, etc.
(Signatures.)

TESTAMENT MYSTIQUE Cette forme de testament, qui est peu employée aujourd'hui, était autrefois fort en usage dans les campagnes. Elle a l'avantage d'être secrète, et de ne rien révéler des dispositions prises par le testateur, et cependant de présenter un caractère d'authenticité et de solennité comme si elle était publique.

Le testateur écrit lui-même ou fait écrire par un tiers son testament, qu'il doit toujours signer. Le papier est ensuite enfermé dans une enveloppe cachetée à la cire, avec un sceau, de façon à ce qu'on ne puisse ouvrir cette enveloppe sans briser le cachet.

Le testament ainsi clos et scellé est présenté par le testateur lui-même au notaire et aux témoins, en leur confirmant que l'enveloppe contient bien réellement son testament.

La présentation du testament est constatée par le notaire. Cette formalité fait l'objet d'un *acte de suscription* écrit de sa main sur l'enveloppe. Il est signé par le testateur, les témoins et le notaire.

La présence de six témoins est indispensable.

Comme pour un testament authentique, il faut que ces témoins soient français, majeurs, et jouissant de la plénitude de leurs droits civils.

Si le testateur ne savait pas signer, il y aurait lieu d'appeler un témoin de plus.

L'acte spécifierait la raison qui a fait appeler le septième témoin, lequel devra signer comme les autres.

Les personnes qui n'auraient pas l'usage de la parole pourraient tester mystiquement, mais pour elles, la déclaration verbale que l'enveloppe présentée au notaire et aux témoins contient leur testament serait remplacée par une déclaration écrite, en tête de l'acte de suscription.

FORMULE DE TESTAMENT MYSTIQUE
(LE TESTATEUR SACHANT LIRE ET ÉCRIRE)

Par-devant Mc Lebois, notaire à Bar-sur-Seine, département de l'Aube, soussigné ;

En présence de :
1° Louis Dumus, tanneur ;
2° René Gachou, négociant en coutellerie ;
3° Edme Legendre, docteur en médecine ;
4° Félix Barnabé, imprimeur ;
5° Achille Guyot, mètreur-vérificateur ;
6° Victor Advielle, marchand de grains,
Demeurant tous les six à Bar-sur-Seine.
A comparu M. Casimir Beaudu, percepteur des contributions directes,
demeurant à Bar-sur-Seine,
Lequel a présenté à M° Lebois et aux six témoins le présent papier plié
en forme de lettre-missive, clos et scellé avec de la cire verte en un cachet
ayant pour empreinte C. B. en lettres gothiques.
Il a déclaré ensuite que le présent papier est l'enveloppe qui renferme
son testament, écrit et signé par lui.
En conséquence, M° Lebois a écrit de sa main le présent acte de suscrip-
tion sur le papier servant d'enveloppe au testament.
Fait et passé à Bar-sur-Seine, dans le cabinet de M° Lebois.
L'an... etc.
Et M. Beaudu a signé avec les six témoins et le notaire, après lecture
des présentes faite au testateur, en présence des témoins.
Le tout fait sans interruption et sans qu'il ait été vaqué à d'autres actes.
Dont acte..., etc.

TESTAMENTS SEMBLABLES Il arrive que des époux désirent prendre l'un envers l'autre des dispositions testamentaires identiques. Ils ne le peuvent faire par un testament unique, signé de tous deux, ce qui serait le testament mutuel ou *conjonctif*, interdit par la loi. Ils auront avantage à s'adresser au notaire, qui leur donnera des formules de testament semblables.

TESTAMENTS A L'ÉTRANGER Le mari peut se trouver loin de France, et en danger, entre le risque perpétuel de la mort, par exemple ; l'ingénieur chargé d'une expertise lointaine, d'un tracé de chemin de fer, etc. La femme elle-même peut être amenée à s'éloigner, pour des raisons impérieuses, du foyer conjugal et de la patrie. Tous deux ont donc intérêt à connaître la réglementation des testaments faits à l'étranger.

Un Français à l'étranger peut tester de trois façons :

1° Par testament olographe.
2° Par testament authentique ou publique, d'après les formes prescrites par la loi spéciale du pays où il se trouve.

3º Devant le chancelier de France, qui reçoit le testament en présence du consul et de deux témoins.

4º Devant le chancelier de France en forme mystique, en suivant les indications prescrites ci-dessus. La présence du consul est nécessaire.

TESTAMENTS FAITS EN MER Ils sont reçus à bord des vaisseaux de l'État par l'officier d'administration ou, à son défaut par le commandant ; à bord des vaisseaux de commerce, par le capitaine, maître ou patron, et dans les deux cas, en présence de deux témoins.

En principe, il est fait mention sur le rôle du bâtiment, et en marge du nom du testateur, de la remise de l'original au consul de France, ou au préposé de l'inscription maritime.

Le testament n'est valable que si le testateur est mort en mer, ou dans les six mois après qu'il fut débarqué dans un lieu où il aurait pu le refaire dans les formes ordinaires.

DES LEGS

Quelle que soit la forme du testament, les dispositions de biens qui s'y trouvent contenues s'appellent des *legs* ; peu importe la façon dont le testateur les aurait désignées. Il y a trois sortes de legs :

Le legs universel ;
Le legs à titre universel ;
Le legs particulier.

LEGS UNIVERSEL Le legs universel est celui qui embrasse la totalité des biens du testateur, et investit de leur propriété le légataire.

Malgré la contradiction apparente, il peut être fait à plusieurs personnes simultanément, sans perdre pour cela sa qualité d'universel. Car dans l'hypothèse de la disparition de ces diverses personnes sauf une, celle-ci, quelle qu'elle soit, sera appelée à la totalité de toute la succession.

Si le fait ne se produit pas, on n'a qu'à diviser le total par le nombre des légataires universels pour avoir la part de chacun.

Le legs de la nue propriété entière est un legs universel, le légataire pouvant être appelé à la propriété pleine, si les usufruitiers disparaissent.

Mais le legs de l'usufruit tout entier n'est pas un legs universel, l'usufruitier, quoi qu'il advienne, ne pouvant jamais devenir pleinement propriétaire de l'ensemble des biens. C'est seulement un legs à titre universel.

Ces deux conséquences découlent de la définition qui a été donnée du legs universel.

Quels sont les droits du légataire universel. — Le légataire universel, dès le décès du testateur, acquiert son droit sur tous les biens légués ; il les transmettra à ses héritiers personnels.

Mais par ces mots : *tous les biens légués,* il faut entendre tous les biens que le testateur *a pu* lui léguer. Or, le testateur ne peut dépouiller ses héritiers à réserves, ascendants et descendants en ligne directe, de leur part réservataire. Celle-ci demeure donc intangible : elle doit être exceptée du legs universel, qui n'embrasse par conséquent que la totalité de la quotité disponible.

Bien plus, les héritiers réservataires ayant seuls la *saisine,* comme nous l'avons dit, c'est à eux que le légataire universel devra demander l'*envoi en possession* des biens qu'il aura à recueillir.

Et ceci est trop souvent le point de départ de procès coûteux et interminables, dont les frais finissent par absorber à peu près tout l'actif de la succession.

Quand il n'y a pas d'héritiers réservataires, le légataire universel a la saisine, mais il faut qu'il fasse authentiquer ses droits s'il est nommé par testament *olographe.* Il doit, à cet effet, adresser au président du tribunal civil une requête pour être envoyé en possession : le président rend une ordonnance conforme, et le légataire universel accède à la succession. Les revenus des biens dont il hérite lui appartiennent dès l'ouverture de celle-ci, s'il a formé sa demande moins d'un an après le décès du testateur.

Contribution aux dettes. — De même que les héritiers légitimes et les successeurs irréguliers, les légataires et donataires universels, ou à titre universel, doivent contribuer au paiement des dettes de la succession dans tous les cas, en proportion de la part qu'ils en ont recueillie, et au delà de leur part si le passif dépasse l'actif. C'était à eux de n'accepter la succession, comme les héritiers et les successeurs, que sous le bénéfice d'inventaire.

Réduction des legs par le légataire universel. — Le légataire universel est tenu d'acquitter les legs particuliers.

Toutefois, s'il y a lieu à réduction pour constituer la réserve de certains héritiers, le légataire universel aura le droit de faire subir cette réduction proportionnellement à tous les legs particuliers.

LEGS A TITRE UNIVERSEL Sont qualifiés legs à titre universel :

1° Le legs d'une fraction ou part aliquote de la succession : un quart, un tiers, la moitié ;

2° Le legs de tous les immeubles, ou d'une part aliquote de ces immeubles.

3° Le legs de la totalité ou d'une part aliquote des meubles ;
4° Le legs de tout l'usufruit, ou d'une part aliquote de l'usufruit selon la jurisprudence de la Cour de cassation (la majorité des auteurs estime qu'il s'agit là d'un legs particulier).

Droits des légataires à titre universel. — Les légataires à titre universel n'ont jamais la saisine.

Ils doivent demander l'envoi en possession :

Aux héritiers réservataires ;

A leur défaut au légataire universel ;

A son défaut, aux héritiers auxquels la loi accorde la saisine dans le cas d'une succession *ab intestat.*

Comme le légataire universel, il a droit aux revenus et aux produits des biens dont il hérite dès le jour du décès, quand la demande en délivrance est formée dans l'année.

Paiement des dettes. — Il contribue au paiement des dettes, comme le légataire universel, même au delà de sa part, ainsi qu'il a été expliqué plus haut.

Paiement des legs. — Le légataire à titre universel est chargé du paiement des legs particuliers. Il opère la réduction de ces legs, dans le même cas où elle aurait lieu au bénéfice du légataire universel, c'est-à-dire à la suite d'une réduction subie par lui-même, pour constituer la réserve d'un héritier.

De plus, il ne paie ces legs particuliers que jusqu'à concurrence de la part qu'il recueille lui-même, et l'excédent doit être acquitté par les héritiers réservataires, s'il y en a, sur ce qui leur revient de la succession outre leur réserve. Ceux-ci, selon une première opinion, paieraient en proportion de la somme recueillie par eux en dehors de leur part, c'est-à-dire en proportion de ce qu'ils recueillent dans la quotité disponible. Dans une autre opinion, on décide que l'héritier réservataire doit contribuer en proportion de sa part totale.

LEGS PARTICULIER C'est, d'après le Code, le legs qui n'est ni universel, ni à titre universel, et il est difficile de le définir avec plus de précision, car cette désignation s'applique à des choses infiniment variables. On pourrait dire cependant que le legs particulier ne comprend ni l'ensemble des biens, ni une part de ces biens énoncée comme une fraction numérique.

Léguer mille francs, léguer un cheval, léguer une maison, c'est faire un legs particulier.

Droits du légataire particulier. — Le légataire particulier n'a pas la saisine. Il doit être envoyé en possession de la chose léguée.

Mais si cette chose est ce qu'on nomme « un corps certain », comme telle maison ou tel cheval, ayant une individualité indiscutable, elle devient sa propriété dès le jour du décès, et il a droit de la réclamer en nature.

Au contraire les revenus des biens légués ne lui appartiennent que du jour où il en a demandé la délivrance, à l'opposé de ce qui a lieu pour le légataire universel et le légataire à titre universel.

Il a recours contre ceux-ci et contre les héritiers pour le paiement de son legs.

De plus, il prend sur les immeubles de la succession, dont ils seraient détenteurs, une hypothèque qui date du jour même de son inscription. Chacun d'eux peut être tenu de payer tous les legs ou d'abandonner l'immeuble, sauf recours contre ses héritiers ou colégataires, débiteurs des legs avec lui.

Cette hypothèque ne prend rang d'ailleurs qu'après celles des créanciers.

Exécuteur testamentaire. — C'est la personne nommée par le testateur, pour assurer l'exécution de toutes ses dispositions testamentaires. Les femmes mariées ne peuvent exercer cette fonction qu'avec l'autorisation de leur mari ou de la justice.

Voici une formule qui peut servir pour désigner un exécuteur testamentaire.

Je nomme M. Louis Martin, négociant, demeurant à Château-Thierry, mon exécuteur testamentaire. Il pourra disposer librement de tout le mobilier qui sera compris dans ma succession, non seulement pendant l'an et jour qui suivront mon décès, mais, comme à l'expiration de ce délai, il aurait à rendre compte de son mandat à mes héritiers et légataires, je lui donne et lègue tout ce qui en restera après le paiement des dettes et charges de ma succession. Et pour reconnaître ses bons soins dans la fidèle exécution de mes dernières volontés s'il ne restait pas au moins une somme de trois mille francs pour le payer de son temps et de ses démarches, je l'autorise à vendre la prairie que je possède sur le finage de Château-Thierry, laquelle a une contenance de trois hectares quinze centiares. Je lui donne en outre tous pouvoirs pour recevoir les prix de vente, effectuer le paiement des dettes, donner main-levée de toutes inscriptions hypothécaires, et généralement faire le nécessaire sans l'intervention de mes héritiers ou légataires. (Signature.)

Droits de l'exécuteur testamentaire. — L'exécuteur testamentaire peut :

1º Faire apposer les scellés quand il y a des héritiers absents ou incapables pour quelque raison ;

2º Assister à l'inventaire ;

3º Prendre partie dans les procès relatifs au testament ;

4º Exercer la saisine pendant un an et un jour sur les meubles de la succession, à moins que les héritiers ne lui remettent de quoi payer tous les legs mobiliers. La saisine n'a pas lieu de plein droit. Il faut que le testateur l'ait conférée à son exécuteur testamentaire.

Révocation des testaments. — Les testaments sont toujours révocables : nous avons dit comment ils pouvaient être révoqués par le testateur lui-même. Ils peuvent l'être aussi à la demande des héritiers qui feraient contre un légataire la preuve de l'exécution des charges ou de l'*ingratitude*.

Caducité des legs. — Les legs sont dits *caducs* quand ils sont abolis par une circonstance indépendante de la volonté du testateur.

Les causes de la caducité sont les suivantes :

1º La mort du légataire devançant celle du testateur ;

2º Le même événement se produisant avant que la condition ait été réalisée, si le legs était conditionnel ;

3º L'anéantissement de l'objet du legs avant la mort du testateur ;

4º La répudiation du legs par le légataire.

A qui profite la caducité du legs. — Profitent en principe de la caducité du legs, ceux qui étaient chargés de l'acquitter : les héritiers du sang, les légataires universels ou à titre universel, parfois un légataire particulier.

Accroissement des legs. — Il peut arriver pourtant que les colégataires bénéficient du legs caduc en vertu du droit particulier, dit *droit d'accroissement*. La chose ne se produit que si l'indivisibilité du legs résulte de sa nature même, comme c'est le cas pour un immeuble bâti, par exemple, ou si les deux colégataires sont nommés dans la même phrase. Par exemple : « Je lègue ma propriété de Combs-la-Ville à MM. Pierre Durand et Paul Dupont. »

Le Code civil s'explique en ces termes, à propos du droit d'accroissement :

« Il y aura lieu à accroissement au profit des légataires, dans le cas où le

legs sera fait à plusieurs conjointement. Le legs sera réputé fait conjointement. lorsqu'il le sera par une seule et même disposition, et que le testateur n'aura pas assigné la part de chacun des colégataires dans la chose léguée (article 1044).

« Il sera encore réputé fait conjointement, quand une chose qui n'est pas susceptible d'être divisée sans détérioration aura été donnée par le même acte à plusieurs personnes, même séparément. »

Legs avec condition impossible ou immorale. — On admet en droit que tout contrat à titre onéreux, auquel est attachée une condition impossible ou immorale, est nul par ce fait.

Par exemple : « Je vous vendrai 25.000 francs ma propriété qui en vaut 45.000, si vous diffamez publiquement M. X..., ou si vous pouvez aller de Paris à Marseille en trois heures ».

Mais quand il s'agit d'un don ou d'un legs, la condition impossible ou immorale, que le donataire ou le légataire n'est pas libre d'accomplir, n'entraîne pas l'annulation de cette libéralité qui est censée avoir été faite purement et simplement.

Cependant, certains tribunaux, pour maintenir la donation ou le legs, exigent la preuve que la condition immorale n'en était pas la raison déterminante.

LA SUBSTITUTION

L A substitution est une donation ou un legs fait à une personne
sous la condition qu'après avoir possédé ce bien pendant sa
vie, elle le laissera à un tiers lors de son décès. La première personne est désignée sous le nom de *grevé*, la seconde est l'*appelé*.
Celui qui fait la donation ou le legs est le *disposant*.

En principe, les substitutions sont prohibées, et tout acte juridique qui en aurait le caractère serait nul, en ce qui concerne le
grevé et l'appelé pareillement.

Quand la substitution est-elle permise ? — La substitution est
permise :

1º Quand le donataire ou le légataire n'est substitué que pour le cas seul
ou la première personne désignée ne recueillerait pas le legs ou la donation
(cette espèce de substitution que l'on appelle la *substitution vulgaire*, n'en
est pas une à proprement parler).

2º Entre parents très rapprochés sous les conditions suivantes :

A. Si le disposant est le père ou la mère, ou le frère ou la sœur du grevé,
quand ils n'ont pas d'enfants.

B. Si les appelés sont, sans exception, tous les enfants nés ou à naître du
grevé.

C. Si la substitution a lieu au premier degré seulement (c'est dire que
l'on ne peut grever ses petits-enfants de substitution puisqu'ils sont au
second degré).

D. Si les substitutions n'excèdent pas la quotité disponible.

Le droit de propriété du grevé. — Le grevé n'est propriétaire
qu'avec la *condition résolutoire :* s'il laisse des enfants. Les biens
passent, à son décès, aux appelés ; c'est pourquoi les intéressés (les
créanciers, par exemple), sont toujours informés par la transcription
de la donation, ou du testament instituant un legs avec substitution,

sur le registre d'hypothèques du bureau auquel les immeubles ressortissent.

Qu'arrive-t-il au décès du grevé ? — Le droit des appelés commence au décès du grevé, s'il ne s'est ouvert plus tôt par une renonciation ou un acte analogue de celui-ci.

Le tuteur à la restitution. — Comme le plus souvent, les appelés sont mineurs ; quelquefois, ils sont encore à naître, lorsque la substitution a lieu. Aussi le grevé doit-il être surveillé, dans leur intérêt, par un tuteur qui n'exerce d'ailleurs qu'un droit de contrôle sans administration, et qu'on appelle *tuteur à la restitution.*

C'est le disposant qui doit nommer le tuteur.

S'il ne l'a pas fait, le grevé est dans l'obligation de réunir le conseil de famille et de lui demander de procéder à la nomination. L'omission de ce devoir entraînerait pour lui la déchéance.

Que doit faire le grevé à l'égard des biens donnés ? — Il doit :

1° En faire dresser l'inventaire par un notaire ;

2° Vendre aux enchères les meubles corporels, qui sont susceptibles de se détériorer, et de subir ainsi une dépréciation qui serait au détriment des appelés ;

3° Employer les fonds qui se trouvent disponibles en achat d'immeubles ou en rente sur l'Etat, sauf le cas où le disposant aurait indiqué lui-même un autre mode d'emploi.

On trouvera ci-après la formule d'une *substitution vulgaire* et celle d'une substitution par contrat de mariage.

FORMULE DE SUBSTITUTION VULGAIRE

Je lègue tous mes biens meubles et immeubles qui composeront ma succession, sans exception aucune, à ma nièce Mme Louise-Marguerite Dufas, demeurant à Troyes, rue de la Monnaie, n° 46.

Si elle ne recueille pas le legs qui lui est fait, pour une cause quelconque, je lui substitue ses enfants et ses petits-enfants qui le recueilleront selon les règles de la représentation, mais si elle n'a pas de postérité ou qu'elle ne recueille pas le legs, celui-ci sera attribué à M. Pierre Hussel, demeurant à Paris, 234, rue de Rivoli, auquel je lègue l'universalité de tous mes biens, de quelque nature qu'ils puissent être, et qui composeront ma succession au jour de mon décès.

                                                        (Signature.)

FORMULE DE SUBSTITUTION PAR CONTRAT
DE MARIAGE

En considération du mariage projeté, M. Edouard L..., père, fait donation entre vifs, par préciput et hors part,

A M. Ernest L..., son fils, futur époux, qui accepte expressément, tant pour lui que pour ses enfants légitimes à naître :

1° D'un terrain cultivé en prairie, situé commune de Boissy-Saint-Léger, lieudit aux Evées, de la contenance de... figuré au plan cadastral, section B, n°..., joignant du levant au couchant, du nord et du midi..., appartenant au donateur pour l'avoir acquis de M..., le...

Le donataire aura la propriété, à partir d'aujourd'hui, de l'immeuble donné, mais il sera tenu de rendre et conserver à ses enfants légitimes à naître au premier degré, tant le terrain ci-dessus désigné que tous les biens meubles et immeubles qu'il recueillera dans la succession de M. Edouard L...

Transcription. — Le donataire sera tenu de faire transcrire le présent acte de donation, et de faire mentionner en marge de l'acte de transcription au bureau des hypothèques, et de justifier au donateur de l'accomplissement de cette formalité, dans le délai de quarante jours à partir de demain.

Hypothèque légale de la future épouse. — La future épouse aura néanmoins une hypothèque légale sur l'immeuble faisant l'objet de la présente donation, mais elle ne pourra l'exercer qu'au cas où les immeubles libres du donataire ne seraient pas suffisants pour la couvrir de ses reprises.

LA MÈRE ET LA FEMME
DANS LE COMMERCE

PRÉLIMINAIRE Après avoir envisagé la condition juridique de la femme par rapport au mariage et au mari, dans ses différents états d'épouse, de divorcée ou de séparée de corps et enfin de veuve, nous devons la considérer maintenant dans ses rapports avec les enfants. Après le mariage, la maternité.

Remarquons tout de suite que le Code, qui ne se préoccupe essentiellement que des intérêts civils, et qui n'a pas à commenter la loi naturelle, mais à la compléter au point de vue des institutions sociales, n'accorde à la maternité qu'un rôle assez restreint et la subordonne entièrement à la paternité. Le mari, chef de la communauté conjugale, confond en sa personne la puissance maritale et la puissance paternelle : celle-ci n'échoit qu'après lui à la mère, et tant que les deux autorités coexistent, celle du père et de la mère, la seconde est absorbée par la première d'une façon totale.

Seuls le veuvage, l'indignité ou l'incapacité du père proclamée par les tribunaux, transfèrent à la mère l'exercice de la puissance paternelle. Tant que le père conserve ses attributions, la mère ne peut que le conseiller ou faire valoir auprès de lui ses prières, son influence d'épouse ; elle ne peut forcer sa volonté.

Nous parlerons d'abord de la maternité pendant le mariage, et ensuite pendant le veuvage, la mère étant tutrice ou non.

LA MATERNITÉ PENDANT LE MARIAGE

COMME nous venons de le dire, le rôle légal de la mère pendant le mariage est assez effacé. Dans la pratique, c'est souvent son influence personnelle qui prédomine en ce qui concerne l'éducation des enfants, comme pour le reste ; il arrive que c'est elle qui donne son impulsion et sa direction à la vie commune. Mais, devant la loi, l'autorité paternelle et l'autorité maritale sont censées gouverner exclusivement. S'il y a conflit entre la volonté de l'époux et celle de l'épouse sur un point quelconque, c'est la première qui l'emporte sans discussion.

La loi voit en la mère une nourricière plutôt qu'une éducatrice ; elle lui laisse par exemple la garde des enfants en bas âge, lors d'un divorce même prononcé contre elle, puis elle les lui reprendra si les juges en décident de la sorte, dès qu'ils pourront se passer de ses soins.

Le législateur n'avait pas à s'occuper du pouvoir moral, de l'influence toute-puissante que la nature donne à la mère sur les enfants sortis d'elle : ces considérations sont du ressort de la psychologie, et non de la jurisprudence. Nous ne dirons donc que peu de mots sur la maternité pendant la durée du mariage, et l'exercice de la puissance paternelle par le mari.

Cependant, le fait de la maternité en lui-même donne lieu à des prescriptions, à des formalités qu'il faut connaître. La loi ordonne, lors de la naissance des enfants, certaines démarches obligatoires sous des sanctions pénales.

Nous allons d'abord les indiquer.

DÉCLARATION DE NAISSANCE

D'après la loi, les déclarations de naissance doivent être faites dans les trois jours de l'accouchement à l'officier de l'état civil du lieu de la naissance ; l'enfant lui sera présenté. Le premier jour de l'accouchement n'est pas compris dans ce délai.

Après les trois jours, la déclaration ne serait plus reçue par l'officier de l'état civil ; il faudrait qu'un jugement, rendu en chambre du conseil par le tribunal civil, constatât la naissance à la requête des parents ou du ministère public.

Dans la pratique, la naissance de l'enfant est vérifiée à domicile par un médecin de l'état civil, à Paris et dans les grandes villes, depuis le 1er janvier 1869 ; dans les campagnes, c'est le médecin traitant qui se charge de ce soin. L'un ou l'autre délivre le certificat sur lequel l'acte sera dressé.

C'est le père qui doit déclarer à la mairie, lui-même, la naissance de l'enfant, à son défaut, le médecin, la sage-femme ou quelque autre personne y ayant assisté. Si la naissance a eu lieu hors du domicile de la mère, la loi requiert le témoignage de la personne chez laquelle celle-ci est accouchée.

Le déclarant doit être accompagné de deux témoins.

Les personnes, ayant assisté à l'accouchement, qui ne s'acquitteraient pas de la déclaration obligatoire, encourraient une condamnation de six jours à six mois de prison, et une amende de 16 à 300 francs.

ACTE DE NAISSANCE

L'acte de naissance doit énoncer le jour, l'heure et le lieu de la naissance. La précision de la date est extrêmement importante ; il faudrait, pour en réparer l'omission, qu'un jugement intervînt dans la suite. Si le lieu n'était pas mentionné, la compétence de l'officier de l'état civil et, par suite la validité de l'acte, ne seraient pas établies.

L'acte relate naturellement les nom et prénoms de l'enfant, qui fixent son identité. La loi n'autorise que les prénoms inscrits au calendrier ou connus dans l'histoire ancienne.

L'acte de naissance énumérera également les prénoms, noms et qualités du père et de la mère, à l'exclusion des *surnoms*, tirés le plus souvent d'une localité, d'une terre, dont l'inscription fausserait l'état civil de l'enfant. Si elle y figurait, elle pourrait toujours être effacée ultérieurement.

ENFANTS PRÉSENTÉS SANS VIE

« Lorsque le cadavre d'un enfant dont la naissance n'a pas été enregistrée, sera présenté à l'officier de l'état civil, cet officier n'exprimera pas qu'un tel enfant est *décédé*, mais seulement qu'il lui a été présenté sans vie. »

(Cette disposition a pour but d'éviter que l'officier de l'état civil affirme de sa propre autorité que l'enfant était né viable, par suite qu'il a *existé*, ce qui lui aurait permis d'*hériter*, dans certains cas, et pourrait changer l'ordre de certaines successions.)

« Il recevra seulement la déclaration des témoins touchant les noms, prénoms, qualité et demeure des père et mère de l'enfant, et la désignation des an, mois, jour et heure auxquels l'enfant est sorti du sein de sa mère. »

(Décret du 4 juillet 1806, article premier.)

« Cet acte sera inscrit sur les registres de *décès*, sans qu'il en résulte aucun préjugé sur la question de savoir si l'enfant a eu vie ou non. »

(*Ibid.* article 2.)

Le mot naissance ne doit pas même figurer dans cet acte. La formule prescrite est la suivante :

« *Lequel enfant est sorti du sein de sa mère (hier ou tel autre jour) à... heures du...* »

La loi édicte les mêmes sanctions contre le défaut de déclaration que l'enfant soit venu au monde viable ou non.

Communication de l'acte de naissance. — La loi du 30 novembre 1906 a modifié la pratique ordinaire en usage pour la communication des actes de l'état civil, en ce qui concerne les actes de naissance.

Depuis cette date, les actes de naissance sont communiqués exclusivement :

1° A l'intéressé lui-même ;
2° Au procureur de la République ;
3° Aux ascendants ;
4° Aux descendants :

5° Au conjoint ;
6° Au tuteur, si l'enfant est mineur;
7° Au représentant légal s'il est incapable pour quelque autre motif.

FORMULE D'ACTE DE NAISSANCE

L'an 1903, le 2 août, à 10 heures du matin, par-devant nous, Eugène Dartois, maire et officier de l'état civil de la commune de Milly, arrondissement d'Etampes, est comparu le sieur Nicolas Ravaisson, âgé de trente-quatre ans, négociant, domicilié en cette commune, lequel nous a présenté un enfant du sexe féminin, qu'il nous a dit être né hier, en son domicile de Milly, à cinq heures du matin, de lui et de Claire-Eugénie-Amélie Lanferna, son épouse, âgée de vingt-trois ans, sans profession, avec laquelle il demeure, et auquel enfant il a été donné les prénoms de Charlotte-Gabrielle. Lesdites déclarations ont été faites en présence de Jean-Baptiste Mel, débitant de tabac, âgé de cinquante-deux ans, et de Charles-Adolphe Frémont, agent voyer tous deux domiciliés en cette commune, et ont, le père et les témoins, signé avec nous le présent acte après que lecture leur en a été faite.

(*Signatures du maire, du comparant et des témoins.*)

BAPTÊME Quelles peuvent être les conséquences juridiques du refus que ferait le père de laisser baptiser l'enfant ?

M. Demolombe, dans son *Traité du mariage*, a examiné la question et conclut ainsi :

Le mari étant seul maître de décider quelle éducation religieuse sera donnée à ses enfants, quelles habitudes cultuelles ils suivront ou ne suivront pas, le refus de sa part de faire baptiser ses enfants peut être considéré comme blessant pour les croyances religieuses de sa femme, mais non comme une injure à sa personne. Ce refus ne saurait donc être une cause de divorce ou de séparation de corps.

Cependant, la jurisprudence ne paraît pas absolument fixée sur ce point. Il se pourrait que le refus du père, intervenant au moment où la mère se trouvait dans un état de faiblesse ou de maladie, lui eût causé une émotion capable de mettre sa vie ou sa santé en péril. Il constituerait alors une injure grave.

Education religieuse des enfants. — Nous venons d'énoncer le principe qui attribue au père seul le choix de l'éducation qui sera donnée aux enfants. En vertu d'une telle règle, si les époux convenaient entre eux, en se mariant, que leurs enfants seront élevés en dehors de toute religion, cette convention serait nulle, comme attentatoire à la puissance paternelle, dont elle préjuge et engage la décision.

Choix d'un état. — Toujours pour la même raison, c'est le père seul qui choisira l'état que prendront ses enfants, ceux-ci d'ailleurs étant libres d'en changer quand ils seront majeurs.

Consentement au mariage. — L'enfant doit, en principe, obtenir le consentement de ses deux parents ; mais en cas de dissentiment, l'avis du père l'emporte. S'il consent, le mariage peut avoir lieu ; s'il refuse, le mariage est impossible.

LA MATERNITÉ PENDANT LE
VEUVAGE — LA TUTELLE —
LE CONSEIL DE FAMILLE

LA MÈRE TUTRICE OU NON TUTRICE — Au décès du père, la mère exerce, après lui, la puissance paternelle. Elle n'est pas nécessairement tutrice de ses enfants, comme le serait le père si elle était décédée la première. Celui-ci peut, en effet, lui adjoindre pour surveiller ses actes une tierce personne qui s'appellera le *conseil de tutelle*. Mais il ne peut lui retirer l'exercice de la puissance paternelle, dont elle hérite de droit, qu'elle ne saurait, en aucun cas, résigner.

Par contre, elle n'est pas tenue d'accepter la tutelle.

Si elle la refuse, ou si son mari en a investi un autre qu'elle, la gestion des intérêts de ses enfants ne lui appartient plus : c'est l'affaire du tuteur. Mais elle continue à s'occuper de leur personne : cette partie de la puissance paternelle ne peut pas lui être retirée, à moins de déchéance pour cause d'indignité.

Le tuteur n'est plus alors que l'administrateur du pupille.

La mère qui se remarie reste-t-elle tutrice ? — La mère qui contracte un second mariage doit convoquer le conseil de famille : celui-ci décide s'il convient ou non de lui laisser la tutelle. S'il la lui conserve, il lui donne son second mari comme cotuteur d'office.

A noter que la loi du 21 février 1906 a rétabli au profit de la mère qui se remarie la jouissance légale sur les biens de ses enfants mineurs, jouissance dont le Code l'avait privée.

La tutelle peut-elle se transférer ? — Le dernier mourant des père et mère peut transférer la tutelle par testament à la personne de son choix, mais à la condition qu'il ait conservé lui-même la tutelle jusqu'à sa mort. Faute de quoi, la disposition est nulle.

S'il a conservé la tutelle jusqu'à sa mort, mais sans l'exercer, la nomination faite par lui a pour effet seulement d'empêcher les ascendants d'être tuteurs. Le conseil de famille se réunit et nomme le tuteur.

Il en serait de même si le dernier survivant n'avait désigné personne.

La tutelle des ascendants. — Les ascendants ne peuvent venir à la tutelle qu'après la mort des père et mère qui passent naturellement avant eux.

On choisit comme tuteur l'ascendant le plus proche, et dans la ligne paternelle de préférence à la ligne maternelle, à degré égal.

S'il y a pour cet ascendant une cause d'exclusion ou de dispense, les autres ne se substituent point à lui et il y a lieu à la nomination d'un tuteur par le conseil de famille.

Les femmes sont exclues de la tutelle légale des ascendants. Mais, en l'absence d'ascendants mâles, le conseil de famille pourra conférer la tutelle (tutelle dative) à une ascendante en état de remplir cette fonction.

La tutelle peut-elle être partagée ? — Pour la tutelle du père, de la mère ou de l'ascendant, qui est une sorte d'émanation de la puissance paternelle, l'unité est la règle.

Mais il peut y avoir plusieurs personnes investies à la fois de la tutelle dative ou de la tutelle testamentaire. Leurs fonctions peuvent se confondre ou être séparées.

Protutelle. — Par exception, même quand il n'a pas à choisir le tuteur, le conseil de famille désigne un *protuteur* aux biens du mineur qui, domicilié en France, aurait une partie de sa fortune aux colonies.

Le subrogé-tuteur. Tuteurs ad hoc. — Nous avons dit, en parlant de la condition de la jeune fille mineure, quel est le rôle du subrogé-tuteur.

Les tuteurs *ad hoc* sont nommés quand il y a plusieurs mineurs en conflit d'intérêts dans une affaire, où chacun a besoin d'être représenté et défendu.

DEVOIRS DU TUTEUR A son entrée en fonctions, le tuteur doit faire lever les scellés apposés sur les portes des chambres et des meubles, et dresser l'inventaire des biens du mineur. Faute de quoi, celui-ci pourrait revendiquer des biens qu'il déclarerait lui appartenir en se servant, outre les preuves légales, des simples présomptions et même de la *commune renommée*.

Le juge de paix donne l'autorisation de lever les scellés ; quant à l'inventaire, c'est un notaire qui s'en charge. Il ne détaille que les biens meubles et se contente d'indiquer les immeubles.

Le tuteur fait vendre (*aux enchères* seulement) les objets mobiliers. Cette vente a lieu en présence du subrogé-tuteur. Il ne peut les conserver qu'avec l'autorisation du conseil de famille. Cette prescription ne s'applique, bien entendu, ni au père ni à la mère quand ils sont tuteurs, puisqu'ils ont, légalement, la jouissance des biens de par leurs enfants.

Si le tuteur résigne ses fonctions, il ne cessera néanmoins de les exercer qu'à partir du moment où il lui a été donné un remplaçant par le conseil de famille.

S'il décédait, ses héritiers devraient l'exercer de même jusqu'à ce que ce remplacement fût fait.

Lui ou eux sont tenus de présenter les comptes de la tutelle exercée. S'il y a lieu à contestation, le tribunal décide.

Le reliquat des comptes étant au profit du mineur, les intérêts lui en seront servis par le tuteur, à partir du jour où le compte de tutelle a été arrêté.

Nous avons vu que le paiement du reliquat est garanti par l'hypothèque légale qui frappe tous les biens du tuteur au profit du mineur.

ACTES PERMIS ET DÉFENDUS AU TUTEUR

Actes que le tuteur ne peut jamais accomplir.

Donations de meubles ;
Donations d'immeubles ;
Acceptation pure et simple d'une succession ;
Compromis ;
Cautionnement donné au profit d'un tiers.

Actes que le tuteur ne peut accomplir qu'avec l'autorisation du conseil de famille.

Acceptation d'une donation entre vifs avec charges ;
Acceptation d'une donation entre vifs sans charges ;
Aliénation de valeurs mobilières, au-dessous de 1.500 francs ;
Conversion de ces valeurs en titres au porteur ;

Placement de capitaux ;
Acceptation d'une succession ;
Renonciation à une succession ;
Demande en partage ;
Action immobilière ;
Acquiescement à une action immobilière ;
Prise à bail d'un bien du pupille.

Actes que le tuteur ne peut accomplir qu'avec l'autorisation du conseil de famille et l'homologation.

Aliénation de valeurs mobilières au-dessus de 1.500 francs ;
Conversion de ces valeurs en titres au porteur ;
Vente ou échange d'immeubles sauf en cas d'expropriation ou de licitation ;
Constitutions de droits réels sur un immeuble ;
(Il faut pour l'homologation du tribunal, l'avis conforme de trois avocats inscrits au barreau depuis au moins dix ans.)

Actes que le tuteur peut faire seul.

Faire exécuter les grosses réparations ;
Accepter un legs particulier sans charges ;
Exercer des actions relatives à l'état des personnes ;
Donner à bail les biens du mineur pour un terme de 9 ans maximum ;
Renouveler un bail, à condition de le faire :
Dans les trois dernières années pour les biens ruraux ;
Dans les deux dernières pour les maisons ;
Recevoir les paiements ;
Acquitter les dettes de son pupille ;
Placer les revenus de celui-ci (les tuteurs autres que le père et la mère, qui ont la jouissance légale des biens de leurs enfants, sont seuls tenus de faire ce placement).

Peut-on refuser la tutelle ? — Nous avons dit que la mère pouvait toujours décliner la tutelle. Quant au père, il est tenu de l'accepter.

Pour les autres personnes que le conseil de famille a désignées comme tuteurs, il est de règle générale qu'elles ne peuvent se récuser. Cependant, si elles allèguent une des excuses que la loi reconnaît, le conseil *peut* les dispenser d'exercer la tutelle, mais il n'y est pas obligé. Les intéressés doivent alors se pourvoir devant le tribunal civil de première instance et ensuite, s'il y a lieu, devant la cour d'appel.

Les principales excuses valables sont :

1° Les hautes fonctions publiques ;
2° La résidence obligée, pour un fonctionnaire, dans un autre département que celui où il devrait exercer la tutelle ;
3° La charge antérieure de deux tutelles en cours, si l'on est célibataire, d'une seule, si l'on est marié :
4° L'âge légal (soixante-cinq ans) ;
5° Cinq enfants légitimes vivants.
6° Les infirmités graves ;
7° La non-parenté avec le pupille.

Quand peut-on demander à être déchargé de la tutelle ? — Pour former une demande valable à cet effet, il faut se trouver dans l'une des trois conditions suivantes :

1° Avoir soixante-dix ans et être tuteur depuis plus de cinq ans.
2° Etre atteint d'infirmités graves ;
3° Avoir été nommé à de hautes fonctions postérieurement à l'acceptation de la tutelle.

Quelle est la condition du tuteur qui invoque une excuse ? — Il continue à administrer les biens du pupille, mais à titre provisoire et hors de la tutelle ; l'hypothèque légale ne l'atteint pas.
Quelles personnes le conseil de famille peut-il exclure de la tutelle ? — Le conseil de famille peut écarter de la tutelle ou révoquer :

1° Les tuteurs convaincus d'avoir détourné des fonds en administrant le patrimoine d'autrui ;
2° Ceux qui ont subi une peine criminelle entraînant la dégradation civique ;
3° Ceux qui ont été déchus de la puissance paternelle ;
4° Ceux qui causent du scandale par leurs mœurs ;
5° Ceux qui sont évidemment incapables de gérer des affaires.

Ces décisions peuvent être infirmées ou confirmées par le tribunal civil et la cour d'appel.

LE CONSEIL DE FAMILLE

SA COMPOSITION Le conseil de famille doit comprendre au moins six personnes, parentes, alliées ou amies du mineur. La ligne paternelle et la ligne maternelle, dont les intérêts sont souvent en conflit, doivent y être également représentées. Si l'une d'elles ne compte pas assez de voix, on complète le nombre en appelant des amis du père et de la mère.

C'est le juge de paix du canton qui préside le conseil de famille. C'est lui qui le compose, c'est encore lui qui le convoque par lettres, individuellement. Faute de répondre, les intéressés sont cités par huissier ; ils sont passibles d'une amende de 1 à 50 francs, s'ils ne se rendent pas à la citation sans motifs valables.

Où se réunit le conseil de famille. — Le premier conseil de famille se réunit toujours à la justice de paix du lieu où s'ouvre la tutelle, soit au lieu de domicile du père ou de la mère qui exerçait la puissance paternelle.

Ensuite, il se réunit soit au même endroit, soit au domicile du tuteur, qui est aussi celui du pupille.

Ses premières opérations. — Le conseil de famille commence par nommer un tuteur à l'enfant, s'il ne lui en a pas été désigné un à titre testamentaire ; en tout cas, il choisit le subrogé-tuteur. Il fixe les sommes à dépenser pour le mineur, si le père ou la mère n'a pas la tutelle. Les trois quarts des membres doivent être présents ou représentés : chaque mandataire ne peut en représenter qu'un seul. La majorité nécessaire pour les décisions est la moitié des voix plus une. La voix du juge de paix est prépondérante.

Les décisions du conseil de famille, excepté quelques-unes plus graves, qui doivent être approuvées par le tribunal, sont exécutoires sauf recours devant le tribunal par le tuteur, le subrogé-tuteur, les membres du conseil, même ceux qui les ont votées, s'ils viennent à se déjuger.

Responsabilité des membres du conseil. — Les membres du conseil de famille sont responsables du préjudice causé par eux au mineur dans les trois cas suivants :

Dol,
Fraude,
Faute lourde (et non faute ordinaire).

Le conseil de famille et le tuteur. — Le conseil de famille détient la puissance tutélaire ; le tuteur est son exécuteur.

Quant à la puissance paternelle, elle demeure au survivant des père et mère, s'il y en a un, et s'il n'est pas déchu.

Le père ou la mère survivant n'est tenu de se conformer, d'une façon générale, aux règles de la tutelle qu'en ce qui concerne les biens de mineur et leur gestion. Pour tout ce qui est du ressort de la puissance paternelle, il demeure indépendant du conseil de famille.

Quand le tuteur n'est ni le père ni la mère, ni l'ascendant du pupille, c'est le conseil de famille qui décide de l'éducation qu'on lui donnera. Elle doit être en rapport avec sa position sociale et ses ressources.

Le tuteur peut en appeler de cette décision au tribunal civil.

C'est encore — et dans le même cas seulement — le conseil de famille qui choisit une profession pour le pupille, qui consent ou non à son émancipation, et l'autorise à se marier, à défaut de père et mère et d'ascendants.

Nous avons donné, dans le tableau ci-dessus, la liste des actes que le tuteur ne peut accomplir qu'avec l'autorisation du conseil de famille, en ce qui concerne l'administration des biens du mineur, et signalé les modifications apportées à cette règle, lorsque la tutelle est exercée par le père ou la mère, qui ont la jouissance légale des biens de leurs enfants jusqu'à ce que ceux-ci aient atteint dix-huit ans.

Le partage. — Quand une succession échoit à un mineur, le partage amiable est impossible et le partage judiciaire s'impose ; on sait qu'il entraîne des frais souvent ruineux.

Le mieux alors est de se borner à un *partage provisionnel* pour le compte du pupille. Il peut être fait par le tuteur seul, et réserver

11

la nue propriété, ne portant que sur la jouissance. Le pupille à sa majorité pourra faire annuler et recommencer le partage, en ce qui concerne la propriété elle-même, mais il ne saurait revenir sur l'attribution qui lui a été faite des fruits de cette propriété.

L'émancipation. — Nous avons suffisamment traité, au début de cet ouvrage, de l'émancipation considérée au point de vue du pupille, et nous avons indiqué quels actes il peut accomplir soit seul, soit avec l'assistance de son curateur.

Formes de l'émancipation. — Si c'est le père ou la mère qui émancipe, il suffit d'une déclaration faite par l'un ou l'autre et reçue par le juge de paix.

Si c'est le conseil de famille, il en délibère sous la présidence du juge de paix, et remet une décision que celui-ci rend exécutoire.

Qui nomme le curateur ? — Nous avons défini également les attributions du curateur. Il est toujours à la nomination du conseil de famille, qui le choisit aussi librement que le tuteur. Il y a pour lui la même obligation d'accepter sauf les mêmes excuses; il est révocable dans les mêmes conditions.

Le conseil de famille reste en exercice après comme avant l'émancipation du pupille.

Comment le curateur intervient-il dans les actes du pupille qui doivent être autorisés par lui ?

1º Pour les actes isolés, par une autorisation écrite, sans obligation d'assistance personnelle à ces actes.

2º Pour les procès, par son assistance personnelle et continue.

Responsabilité du curateur. — Le curateur n'est responsable que dans les circonstances où les membres du conseil le seraient eux-mêmes. Il ne doit pas de comptes. Il n'est pas assujetti à l'hypothèque légale qui frappe les biens du tuteur.

Retrait de l'émancipation. — Ce fait est rare. L'émancipation peut être révoquée lorsque les engagements du mineur ont été réduits pour cause d'excès. A défaut par lui de le faire, il n'y aura pas lieu à retirer l'émancipation. Il n'a donc qu'à s'abstenir.

En principe l'émancipation ne pourrait être révoquée que par ceux mêmes qui l'ont accordée. Elle ne pourrait plus être accordée de nouveau.

LA FEMME ET LE COMMERCE

Nous n'avons pas à nous occuper dans ce livre des *Professions de la Femme,* qui font l'objet d'un volume spécial [1], mais l'étude des conditions juridiques créées par l'exercice du commerce, des modifications qu'il entraîne dans la situation de tout commerçant, et plus spécialement de la femme commerçante, fait partie intégrante de notre sujet : la Femme et le Droit.

Nous verrons donc successivement ce que c'est qu'un commerçant et qu'un acte commercial, comment on devient commerçant, et quelles sont les circonstances dans lesquelles une jeune fille et une femme mariée peuvent se livrer au commerce. Puis, les obligations spéciales imposées à cette profession, et les conséquences qui découlent, pour la femme, de la faillite, qu'il s'agisse de sa faillite personnelle ou de celle de son mari.

Dans ce dernier cas la jurisprudence qui régit d'ordinaire les intérêts et les droits de la femme mariée se trouve modifiée considérablement.

---

1. *Pour bien gagner sa vie* (Même collection).

LE COMMERCE ET LES
ACTES COMMERCIAUX

QU'EST-CE QU'UN COMMERÇANT? Il faut distinguer expressément entre celui qui accomplit des actes *isolés*, ayant un caractère *commercial*, et celui dont la *profession* consiste essentiellement à accomplir ces actes.

Le second seul doit être qualifié commerçant.

Par exemple, je puis faire traite sur quelqu'un en remboursement d'un loyer, et la traite est un acte de commerce, cependant, je ne deviens pas commerçant pour cela, même si j'ai adopté ce système de recouvrement d'une façon habituelle avec mes locataires.

J'achète une maison pour la démolir et revendre les matériaux ou en tirer parti. Si j'étais entrepreneur de démolitions, professionnel, je serais par le fait commerçant, mais si l'acte est isolé, il ne suffit pas à faire de moi un commerçant. Il en sera encore de même si je le renouvelle à plusieurs reprises, pourvu que je ne fasse pas de ces opérations un *métier*.

Mais la commercialité de l'acte n'en subsiste pas moins, bien que ma personnalité garde son caractère civil. La nature civile ou commerciale d'une opération ne dépend que d'elle-même, et non du caractère de celui qui l'accomplit.

On pourrait donc définir un commerçant celui qui fait, par profession, des actes réputés commerciaux.

DES ACTES COMMERCIAUX On distingue une douzaine de catégories auxquelles peuvent se rattacher tous les actes dits commerciaux. Nous allons les énumérer, en essayant de les définir aussi clairement que possible.

Sont réputés actes de commerce, qu'ils soient accomplis par des commerçants ou des non-commerçants, les actes suivants :

1° *L'achat de biens meubles destinés à être revendus.* — C'est l'acte commercial par excellence. Le commerçant en détail qui achète des marchandises au marchand en gros pour les détailler au public, fait ainsi acte de commerce. C'est l'intention de revendre qui crée la commercialité de l'acte, sans elle, l'achat n'est plus qu'un acte civil.

Il faut que les biens achetés soient meubles. Tout le monde connaît les marchands de biens qui achètent les immeubles, prés, champs, forêts, maisons, etc., avec l'intention expresse de les revendre. Ce ne sont pas des commerçants.

Mais il se peut que la chose vendue ait un caractère mobilier ou immobilier, selon qu'on se place au point de vue de l'acheteur ou à celui du vendeur. Par exemple : Je vends à M. Durand une maison à démolir. Tant qu'elle est sur pied, elle est un immeuble, et c'est donc bien un immeuble que je vends. Mais M. Durand ne l'achète que pour la démolir, et tirer parti des matériaux : pour lui, c'est un meuble. Le caractère de la chose vendue pour l'acheteur détermine le caractère de l'acte en soi. J'ai donc fait un acte de commerce.

Mon fermier qui achète d'avance de moi, par fermage ou bail, les produits de mon bien que je lui loue, et qui les revendra, fait-il acte de commerce ? Non : son industrie intervient pour créer ces produits : herbages, récoltes, etc.

Comme l'achat en vue de revente, la revente elle-même est un acte de commerce.

Du principe énoncé plus haut, à savoir que c'est l'intention de revente qui crée la commercialité de l'acte chez l'acheteur, découle la conséquence suivante :

Un acheteur, même commerçant, qui acquiert d'un commerçant des denrées destinées à son usage personnel, ne fait qu'un acte civil ; mais le commerçant qui les lui vend, dans l'exercice de sa profession, fait naturellement acte de commerce. L'acte est donc mixte. Celui qui l'a fait au titre civil peut exiger en cas de contestation, et si le chiffre de l'obligation dépasse 150 francs, que l'autre prouve sa créance par *écrit.*

Supposons maintenant une vente faite au titre civil à un commerçant : par exemple de la farine vendue à un boulanger par un meunier qui moud ses propres grains. L'acheteur, pour qui l'acte a un caractère commercial, sera tenu du montant de l'obligation, si elle est prouvée par témoins ou même par présomptions.

Observons enfin que la partie qui a agi commercialement peut assigner son adversaire devant le tribunal de commerce, ou le tribunal civil, à son choix. Celle qui a agi civilement n'a de recours que devant le tribunal civil seul.

2° *L'entreprise des manufactures.* — L'opération qui consiste à adapter une matière quelconque à un usage déterminé pour la vendre ensuite au consommateur, ce qui s'appelle *manufacturer*, est toujours commerciale, soit que le manufacturier ait acheté la matière à transformer, soit qu'on la lui ait fournie. La chose est évidente dans le premier cas, puisqu'il y a de sa part achat avec intention de revente ; pour le second cas, il faut considérer que la transformation de la matière ne s'opère pas par l'action du manufacturier lui-même, mais par le travail des ouvriers qu'il embauche.

Il suit de là, implicitement, que l'ouvrier qui reçoit de sa clientèle la matière qu'il transforme lui-même, l'*artisan*, proprement dit, ne fait pas de commerce.

Les entrepreneurs de bâtiments sont ou ne sont pas des commerçants, selon qu'ils fournissent à la fois les matériaux de la construction et la main-d'œuvre, ou celle-ci seulement. Mais le premier cas est presque toujours celui qui se présente, dans la pratique.

3° *Les entreprises de transport en commun.* — Sont exceptés les transports qui n'ont lieu qu'accidentellement.

4° *Les entreprises d'affaires et les agences.* — Sont toujours commerciales quel que soit le caractère des affaires traitées.

5° *Les entreprises de spectacles publics.* — L'engagement du directeur vis-à-vis de l'acteur est commercial ; celui qu'il a avec le propriétaire de la salle est civil, comme tout contrat de location. L'engagement de l'acteur envers le directeur est également civil.

6° *Les entreprises de commission.* — Les entreprises qui ont pour objet l'exécution par mandat des opérations commerciales, ont le caractère commercial. Mais celui qui s'acquitte accidentellement d'une commission ne fait pas acte de commerce.

7° *Les opérations de courtage.* — Ici la règle est plus stricte. Quiconque sert d'intermédiaire pour un achat, une vente, une assurance, fait acte de commerce, l'opération n'eût-elle lieu qu'une fois par hasard.

8° *Les opérations de banque, de change.*

9° *La lettre de change ou traite.* — Elle commercialise les obligations de ceux qui la souscrivent, quelles qu'elles soient.

Il n'en est pas de même du billet à ordre ni du chèque.

Mais si l'un de ceux qui les ont souscrits est obligé à titre commercial, la solidarité qui existe entre tous les endosseurs les rend également justiciables du tribunal de commerce.

10° *Les entreprises de navigation maritime ou fluviale.* — Ceci n'a pas besoin d'explication.

11° *Les sociétés dont les opérations sont de caractère commercial.* — Il sied d'y ajouter toutes les sociétés par actions.

12° *Les actes non commerciaux accomplis par les commerçants pour les besoins de leur commerce.* — Tels, par exemple, l'achat des fournitures et des accessoires de magasin, les assurances sur les denrées et marchandises. Cette règle s'applique à la détermination du caractère des opérations exécutées, et aussi à la classification des délits ou dommages qui viendraient à être commis dans ces conditions, et dont la réparation devra être poursuivie devant le tribunal de commerce.

Par exemple, si le cheval attelé au camion d'un raffineur démolit la devanture d'un bijoutier, celui-ci peut actionner le raffineur devant le tribunal de commerce.

Quelle est la responsabilité d'une personne qui cautionne une dette commerciale ? — Supposons que Mme X... ait accordé sa caution à son parent M. Z... pour une dette de commerce, elle ne sera obligée que civilement ; mais si la signature du cautionnement se trouve sur l'effet de commerce qui constate la dette, cette dame sera obligée, elle aussi, commercialement.

Les tableaux suivants permettront de se rendre compte rapidement :

1° Des actes réputés commerciaux ;
2° Des professions réputées commerciales par la jurisprudence, telle qu'elle paraît résulter des appréciations des tribunaux.

Actes réputés commerciaux.

1° Achats de meubles, avec intention de revente ;
2° Entreprises de manufactures ;
3° Entreprises de transports ;
4° Entreprises d'agences ou bureaux d'affaires ;
5° Entreprises de spectacles publics ;
6° Entreprises de commission ;
7° Opérations de courtage ;
8° Opérations de banque et de change ;
9° Lettres de change ou traites ;
10° Opérations relatives à la navigation maritime ou fluviale ;
11° Actes accomplis par les sociétés commerciales ;
12° Tous actes civils accomplis par un commerçant pour les besoins de son commerce.

Liste des commerçants, telle qu'elle est consacrée par les tribunaux.

Marchands,
Fabricants,
Entrepreneurs d'ouvrages,
Banquiers,
Courtiers,
Commissionnaires,
Agents d'affaires,
Boulangers,
Bouchers,
Blutiers,
Aubergistes,
Cabaretiers,
Pharmaciens,
Voituriers,
Loueurs de voitures,
Entrepreneurs de pompes funèbres,
Entrepreneurs de transports militaires,
Forgerons,
Charbonniers,
Imprimeurs,
Libraires,
Meuniers (lorsqu'ils vendent de la farine),
Marchandes de modes,
Charrons,
Menuisiers,
Charpentiers,

Serruriers,
Maçons,
Cordonniers,
Maréchaux ferrants,
Tailleurs d'habits,
Marbriers,
Tailleurs de pierre (lorsqu'ils fournissent les objets qu'ils confectionnent),
Teneurs de pensions bourgeoises,
Entrepreneurs de cercles d'abonnés,
Prêteurs sur gages,
Adjudicataires d'entrepôts municipaux,
Maîtres de pension,
Débitants de tabac,
Capitaines de navires,
Bateliers,
Teinturiers,
Ferblantiers,
Sages-femmes,
Propriétaires de tuileries.

Non-commerçants. — D'une façon générale, les ouvriers et artisans qui travaillent à mesure des commandes, ceux qui ne fournissent pas la matière, en un mot qni n'ont pas de mouvements de fonds. Tel serait, par exemple, un meunier qui, au lieu de vendre de la farine, se bornerait à moudre le grain pour autrui.

Commerces et professions monopolisés par l'Etat pour lui-même.

1º Fabrication et vente des { Tabacs,
Allumettes,
Poudres de guerre, de chasse ou de mines,
2º Frappe des monnaies.
3º Postes.
4º Télégraphes.
5º Téléphones.

Commerces et professions monopolisés par l'État au profit de titulaires nommés par lui.

1º Agents de change ;
2º Courtiers d'assurances maritimes ;
3º Courtiers maritimes.

Fonctions publiques incompatibles avec l'exercice du commerce.

Avocats,
Avoués,
Notaires,
Huissiers,
Consuls français.

Catégories de personnes auxquelles le commerce est interdit.

Les mineurs, sauf les mineurs émancipés et expressément autorisés.
Les interdits.

Les personnes qui ont un conseil judiciaire.
Les femmes mariées, non autorisées par leur mari.

LA JEUNE FILLE COMMERÇANTE La jeune fille mineure peut faire du commerce aux conditions suivantes :
Elle doit être âgée de dix-huit ans, au moins, et émancipée. Elle doit être autorisée par son père, ou par le survivant de ses père et mère, et si elle n'a plus de parents, s'ils sont absents ou interdits, par une délibération du conseil de famille, homologuée par le tribunal civil. Dans ce dernier cas, il faut que la pièce soit transcrite au greffe du tribunal de commerce et affichée dans la salle. A partir de ce moment, elle sera réputée majeure en tout ce qui regardera ses opérations commerciales : elle pourra hypothéquer ses immeubles, mais en aucun cas il ne lui sera permis de les vendre.

Si elle voulait entrer dans une société de commerce et accepter la solidarité des dettes avec les autres membres, il faudrait qu'elle y fût autorisée dans les mêmes formes et par son conseil de famille et par le tribunal civil, avec transcription au tribunal de commerce.

LA FEMME MARIÉE COMMERÇANTE Sous quelque régime qu'elle se trouve, la femme mariée ne peut se livrer au commerce qu'avec l'autorisation de son mari. La jurisprudence admet que l'autorisation de justice peut suppléer à celle du mari.

Mais cette autorisation n'a pas besoin d'être expressément formulée. On la présume toujours quand la femme fait du commerce ostensiblement, sans que son mari s'y oppose.

Séparée de corps, la femme n'a plus besoin d'aucune autorisation. Quant à la femme mariée non séparée de corps, les conséquences de ses actes varient suivant le régime adopté.

Elle est tenue de ses dettes de commerce sur tous ses biens propres, mais si elle est sous le régime de la communauté, les créanciers ont prise en outre sur ceux de la communauté et même sur le patrimoine du mari, quand c'est lui qui a donné l'autorisation. Si elle se trouve sous le régime dotal, sa dot demeure intangible, et elle ne sera poursuivie que sur ses biens paraphernaux.

LA FEMME DE COMMERÇANT La femme d'un commerçant ne devient pas par cela même commerçante, au cas où elle se bornerait à détailler les marchandises que vend son mari. Il faut qu'elle exerce le commerce pour son compte personnel, avec des intérêts distincts et une parfaite autonomie. Peu importe que ce commerce soit le même que celui de son mari ou un autre quelconque.

———

OBLIGATIONS PARTICU-
LIÈRES AUX COMMERÇANTS

L ES commerçants sont obligés de faire connaître au public leur
   contrat de mariage,[1] en communiquant, aux greffes du tribunal civil et du tribunal de commerce, ainsi qu'aux chambres des
notaires et des avoués, un extrait qui reste affiché pendant un an.

Ils doivent conserver en liasse leur correspondance commerciale, lettres, factures acquittées, effets de commerce, lettres de
voitures, etc.

Ils doivent prendre copie des lettres qu'ils envoient.

Ils doivent tenir à jour le *livre-journal,* le livre *copie de lettres* et
le *livre des inventaires.*

Sur le livre-journal, ils inscrivent jour par jour ce qu'ils reçoivent
(même à un titre civil et non commercial, donation, succession, etc.)
et ce qu'ils paient, leurs créances et leurs dettes ; mois par mois,
ils y reportent la dépense de leur maison.

Sur le *copie de lettres*, ils copient leur correspondance commerciale.

Sur le registre d'inventaire, ils inscrivent, année par année,
l'inventaire de leur situation, c'est-à-dire de leurs effets immobiliers et mobiliers, de ce qu'on leur doit et de ce qu'ils doivent eux-
mêmes. Beaucoup de commerçants procèdent à cet inventaire
deux fois par an, ce qui est préférable.

La loi n'exige pas que les commerçants tiennent un grand-livre.
La plupart le font, cependant, pour leur plus grande sûreté et
commodité.

Le grand-livre est la mise au net méthodique du livre-journal.
Les correspondants avec lesquels le commerçant est en relation
d'affaires y figurent chacun séparément, avec leur compte. A
chaque compte est affectée une page double du livre, le « doit » est
à gauche, et l' « avoir » à droite.

1. *Cette obligation n'a qu'un caractère théorique.*

COMPTABILITÉ SIMPLE A chaque opération nouvelle avec un correspondant, on la reporte à son compte, en *débitant* celui-ci ou en le *créditant*, selon qu'il a reçu ou fourni lui-même la valeur indiquée.

COMPTABILITÉ EN PARTIE DOUBLE Cette comptabilité se fait de la manière suivante :

Le commerçant ouvre autant de comptes séparés qu'il veut, d'après la nature de son commerce. Et chaque fois qu'un de ces comptes est débiteur ou créancier d'un autre, il inscrit deux fois l'opération au grand-livre, en débitant le compte receveur et en crédit sur le compte fournisseur.

Il y a généralement un compte de capital, un compte de caisse, un compte de marchandises, un compte d'effets de commerce à payer, un compte d'effets de commerce à recevoir, un compte de correspondants.

La double inscription de chacun au grand-livre permet de redresser immédiatement une erreur. Quant à la division par articles séparés, elle a l'avantage de fournir au commerçant le moyen de juger la façon dont se comporte chacun des éléments de son commerce.

LE BILAN Le bilan est le tableau que le commerçant dresse de son actif et de son passif après inventaire.

Il est établi sur papier libre et divisé en deux colonnes, une pour le passif, l'autre pour l'actif.

Le bilan est le relevé de tous les comptes, faisant balance entre eux. Ils sont en passif ou en actif selon qu'ils ont plus reçu ou plus fourni.

LES LIVRES DE COMMERCE DEVANT LA LOI Les livres de commerce font foi et sont admis comme preuves légales.

En principe, il appartiendrait au maire ou à un juge au tribunal de commerce de les copier, de les signer et de les parapher. Pratiquement, cette prescription n'est pas observée.

Il ne doit y avoir sur les livres de commerce ni rature, ni annotation marginale, ni blancs, ni surcharges. L'article à annuler doit l'être au moyen d'un contre-article.

FONDS DE COMMERCE

DÉFINITION Après avoir défini en quoi consiste le commerce et ce que c'est qu'un commerçant, il nous faut maintenant voir ce que c'est qu'un fonds de commerce.

On appelle ainsi l'*affaire* elle-même qu'exploite le commerçant, en tant qu'affaire, et elle est constituée surtout par la *clientèle*.

Le fonds comprend aussi, selon les cas :

> Les marques de fabrique,
> Les brevets d'invention,
> Les modèles de fabrique,
> Les dessins de fabrique,
> Le matériel,
> Les marchandises.

FONDS A BAIL Les mineurs ne peuvent exercer le commerce avant dix-huit ans, même autorisés ; si un mineur hérite, avant cet âge, d'un fonds de commerce, le mieux, pour éviter une vente souvent désastreuse, est de donner le fonds à bail à un tiers.

Le père et la mère ou le survivant d'entre eux aura l'usufruit de ce fonds.

VENTE D'UN FONDS Quiconque vend un fonds :

1° Déclare en général à l'acheteur le chiffre exact de sa clientèle au moment où il vend son fonds, à peine de résolution du contrat de vente et de dommages-intérêts en cas de fausse déclaration.

2° S'interdit pour l'avenir toute entreprise ou établissement similaire dans un périmètre fixé pendant un temps déterminé.

Parfois même, le vendeur renonce à la faculté de créer, en quelque lieu que ce soit, un commerce semblable.

La jurisprudence n'admet toutefois la validité de cette dernière clause qu'autant que la renonciation est limitée à un certain temps ; autrement ce serait faire échec au principe de la liberté du travail.

3º Fait constater la vente par un acte notarié ou sous seing privé enregistré.

4º Fait inscrire le privilège sur un registre tenu au greffe du tribunal de commerce, dans le ressort duquel le fonds est exploité, dans la quinzaine de l'acte de vente.

Privilège du vendeur de fonds. — Le privilège du vendeur de fonds, c'est-à-dire de sa créance contre l'acquéreur du fonds, par rapport au paiement des autres créances, s'exerce à propos du fonds tel qu'il aura été défini dans l'inscription. S'il n'a pas été défini, il porte en tous cas sur l'enseigne, la firme ou nom commercial, le droit au bail et la clientèle. Il subsiste, en cas de faillite ou de liquidation judiciaire, sans restrictions.

Action résolutoire. — Pour défaut de paiement du prix, le vendeur qui l'a réservée dans son acte de vente peut exercer l'*action résolutoire* destinée à faire annuler cette vente.

La résolution peut être amiable ou judiciaire. Dans un cas comme dans l'autre le vendeur doit notifier sa volonté aux créanciers inscrits sur le fonds. Le jugement ne peut intervenir ou la résolution devenir définitive qu'un mois après la notification.

Si le fonds devait être vendu aux enchères, le requérant doit notifier ses poursuites aux précédents vendeurs, avec déclaration que faute par eux d'intenter l'action résolutoire dans le mois de la notification, ils seront déchus, à l'égard de l'adjudicataire, du droit de l'exercer.

OBLIGATION DE L'ACQUÉREUR   L'acquéreur d'un fonds de commerce doit : 1º Publier la vente dans la quinzaine dans un journal d'annonces légales du ressort du tribunal de commerce, sinon de l'arrondissement, et renouveler la publication du huitième au quinzième jour (cela afin que les créanciers du vendeur puissent former opposition au paiement du prix de vente par exploit signifié au domicile d'élection des parties).

2º S'il y a des succursales de l'entreprise en France et hors de France, s'acquitter de la même publication au greffe du tribunal de commerce de l'établissement principal et à celui de chacune des succursales dans un délai de :

15 jours pour la France ;
1 mois pour la Corse et l'Algérie ;
3 mois pour les colonies.

3° Garder au *domicile d'élection* et pendant vingt jours après la seconde insertion, une copie de l'acte de vente, pour être communiquée à tout créancier.

Surenchère du sixième. — Dans les vingt jours qui suivent la seconde insertion, les créanciers inscrits, s'ils trouvent le prix de vente insuffisant pour le paiement de leurs créances, peuvent former une surenchère du sixième, sauf les cas où la vente aurait eu lieu judiciairement, ou aux enchères, à la diligence d'un syndic de faillite.

Il y a, pour l'acquéreur surenchéri, obligation de remettre à l'adjudicataire, dans la huitaine qui suit l'adjudication, les oppositions qu'il aura reçues.

Nantissement des fonds de commerce. — Le créancier qui a un fonds de commerce en garantie ou nantissement de sa créance ne peut se faire donner ce fonds en paiement ; il ne peut que poursuivre le paiement de sa créance sur le prix de vente du fonds.

Ses droits doivent être constatés par un contrat authentique ou sous seing privé enregistré.

Ce contrat est inscrit sur le registre du greffe au tribunal de commerce du lieu où le commerce est exercé ; de même dans chaque succursale, s'il y en a.

Les créances sont classées d'après leur ancienneté.

Que doivent faire les créanciers inscrits dans le cas d'un placement de fonds de commerce ? — Ou le propriétaire du fonds a négligé de les avertir dans la quinzaine et alors ils peuvent poursuivre le recouvrement immédiat de leurs créances ;

Ou il les en a avisés par huissier, en leur signifiant de même le nouveau siège du fonds et alors ils doivent faire faire modifier de façon conforme l'inscription déjà existante, ou, s'il y a lieu, faire faire cette inscription au tribunal de commerce du nouveau ressort.

La vente aux enchères d'un fonds de commerce. — Cette vente peut être demandée :

1° Par le créancier exerçant une *poursuite de saisie exécution* contre le titulaire du fonds ;
2° Par ce titulaire lui-même ;

3° Par le vendeur, impayé, du fonds de commerce ;
4° Par le créancier, impayé, de l'acquéreur.

La vente partielle ou totale aux enchères d'un fonds de commerce grevé d'inscriptions ne peut avoir lieu que *dix jours* au moins après que la poursuite en aura été notifiée à tous créanciers inscrits *quinze jours au moins* avant cette notification.

Comment se fait la vente aux enchères ? — Il est nommé par le tribunal de commerce un administrateur provisoire du fonds ; le même tribunal arrête la mise à prix et fait dresser par un officier public le cahier des charges. Ce jugement peut être frappé, dans les quinze jours qui suivent la notification, d'un appel suspensif.

Sommation est faite par le créancier poursuivant au propriétaire du fonds et aux créanciers inscrits, de prendre connaissance du cahier et d'adresser leurs observations. Ils sont libres d'assister à l'adjudication.

Une publicité a lieu par affiches et par insertion.

S'il y a lieu de prononcer la nullité de la procédure de vente, c'est le tribunal civil qui est compétent.

Si l'adjudicataire n'exécute pas les conventions du marché, le fonds est revendu, et il demeure tenu d'acquitter la différence entre le prix qu'il avait offert et celui que cette reconnaissance de vente a donné. Au cas où le second prix dépasserait le premier il n'a aucun droit sur l'excédent.

Une fois le fonds vendu, les créanciers inscrits n'ont pas le droit de surenchérir, si la vente s'est faite aux enchères. Si elle s'est opérée de gré à gré, ou si le fonds a été cédé gratuitement, ils n'ont pas à intervenir dans les conditions, mais gardent la faculté de le faire vendre à nouveau, quand il a changé de propriétaire.

Comment l'acquéreur du fonds peut-il se débarrasser des créances inscrites sur ce fonds ?

1° L'acquéreur fait signifier aux créanciers inscrits, à leur domicile d'élection et par huissier, ce qu'on appelle les *notifications à fin de purge ;*
2° Le créancier inscrit sur le fonds forme, dans la quinzaine, une surenchère d'un dixième, en fournissant les garanties d'usage ;
3° S'il ne se produit pas d'autres enchères, il est déclaré adjudicataire ;
4° Le fonds de commerce est dégagé des créances inscrites ;
5° Les créanciers inscrits gardent leur droit de préférence sur le prix de vente.

LA FAILLITE ET LA LIQUIDATION

Il est impossible de traiter du commerce sans être amené à envisager la question de la faillite. Presque toujours, ce désastre peut être évité avec de l'ordre, et une prudence sévère dans la gestion d'une entreprise commerciale. Cependant, aucun genre d'affaires n'est à l'abri de certaines catastrophes qui peuvent, d'un coup, anéantir la totalité ou une grande partie de l'actif et rendre par conséquent le passif tout entier exigible, sous la forme de dettes dont les créanciers, affolés, réclament à la fois le remboursement. La femme qui fait du commerce doit donc songer à la possibilité de ces catastrophes. Ou, si elle n'est pas commerçante elle-même, mais mariée à un commerçant, à un banquier, elle a le même intérêt à être renseignée sur la législation qui régit cette matière, car elle ressentira le contre-coup du désastre commun dans sa propre fortune. Enfin, n'eût-elle personnellement, ni par son mari, aucune raison de se préoccuper de la question des faillites et des liquidations judiciaires, elle aurait à prévoir le cas où, créancière, elle pourra se trouver en rapports financiers avec des personnes faillies ou liquidées judiciairement.

Tous ces motifs réunis font qu'une étude sur la faillite se trouve ici à sa place. Nous allons l'aborder.

CESSATION DE PAIEMENTS. INSOLVABILITÉ La faillite est l'état judiciairement constaté d'un commerçant qui a cessé ses paiements.

Il faut distinguer la cessation de paiements, qui, officiellement déclarée, entraîne avec elle la faillite, de l'insolvabilité qui consiste dans l'excédent du passif sur l'actif. « J'ai une quantité d'effets que je ne puis toucher, parce qu'ils ne sont pas encore venus à échéance ; d'autre part on me réclame de tous côtés des créances qui sont échues, je ne puis payer. Je serai mis en faillite, ou tout au moins en liquidation judiciaire pour avoir cessé mes paiements, si je n'obtiens un arrangement amiable avec mes créanciers, ce qu'on appelle *un concordat*. Et cependant je ne suis pas insolvable. Quand j'aurai touché les effets, je pourrai rembourser mes créanciers. » Cet exemple, que nous empruntons à l'*Avocat du Foyer*, l'excellent ouvrage de M. Henri Adam, fait nettement voir la différence essentielle qui existe entre les deux états : la cessation de paiements et l'insolvabilité.

Tout commerçant qui cesse ses paiements est tenu de déposer son bilan dans les quinze jours au tribunal de commerce.

Une personne incapable de commerce peut-elle être mise en faillite ou en liquidation judiciaire ? — Il faut distinguer entre l'incapacité véritable, telle que celle des mineurs non autorisés, qui rend les engagements annulables, si l'incapable lui-même le demande, et l'incompatibilité de profession ou de fonctions avec le commerce, laquelle ne produit pas le même effet.

Le notaire qui se livre à des opérations de banque, chose à lui interdite par son ministère même, transgresse la loi, et il est punissable. Mais il est tenu à des obligations qu'il a ainsi indûment contractées.

Comment échappe-t-on à la vente forcée après faillite ? — Pour échapper à la vente forcée après faillite, il faut obtenir de ses créanciers un arrangement ou *concordat*.

Comment se fait la demande en déclaration de faillite ? — En adressant une demande au tribunal de commerce, ou en signifiant d'abord l'action à l'intéressé, pour l'introduire après devant les juges.

Mais cette demande et cette signification ne sont pas nécessaires pour que la faillite soit déclarée ; elle peut l'être par le tribunal d'office, lorsque la cessation des paiements apparaît notoire et qu'on peut redouter une collusion entre le débiteur et certains de ses créanciers.

Comment est fixée la date de la cessation des paiements ? — Par le jugement de faillite ou de liquidation, ou par jugement ultérieur, rendu sur un rapport du juge-commissaire. Si le jugement ne l'a pas établie, elle prend date du jugement lui-même.

Qu'est-ce que la période suspecte ? — La période suspecte est celle qui va de la cessation de paiements à la déclaration de la faillite.

Qu'arrive-t-il si le débiteur demande la liquidation judiciaire et les créanciers la faillite? — On joint les causes, une seule décision intervient. Quelle qu'elle soit, elle peut être frappée d'opposition, de *tierce-opposition* ou d'appel.

Peut-on s'opposer à un jugement de liquidation judiciaire, ou en appeler ? Et pour un jugement de faillite ? — Sauf le cas de causes jointes, qui vient d'être désigné, on ne peut avoir aucun recours entre un jugement de liquidation judiciaire.

Au contraire le débiteur déclaré en faillite peut :

1° Faire opposition au jugement dans les huit jours ;
2° Faire appel dans les quinze jours de la signification.

Les créanciers peuvent former une *tierce-opposition* dans le mois de la publication.

Agents de justice. — Il est nommé, pour procéder à la liquidation judiciaire ou à la faillite, un *agent de justice* qui, dans le premier cas, prend le nom de liquidateur et dans le second celui de syndic provisoire.

Ces agents forment une seule et même catégorie, selon les cas une personne est successivement liquidateur ou syndic.

Une assemblée générale des créanciers vote sur le maintien ou le remplacement de ces agents ; dans la pratique, ils restent presque toujours en fonctions et deviennent liquidateurs ou syndics définitifs.

Les syndics forment une corporation ; ils sont officiers de justice et non officiers ministériels ; ils n'achètent pas leurs charges comme ceux-ci.

Quand il n'y a pas de syndics constitués en corporation, leurs fonctions sont confiées à des notaires, à des avoués ou encore à des agréés près le tribunal.

Les honoraires des liquidateurs et syndics, qu'ils sont fondés à réclamer seulement quand leur gestion a pris fin, sont fixés par le juge-commissaire. Celui-ci fait déposer au greffe du tribunal de commerce l'état par lequel il en dresse l'évaluation. Le failli ou le liquidé et la masse des créanciers peuvent faire opposition dans un délai de huit jours.

S'il y a contestation, elle est tranchée par un jugement du tribunal de commerce réuni en chambre du conseil.

Juge-commissaire. — On désigne ainsi un juge, membre du tribunal de commerce, commis spécialement par celui-ci pour exercer une surveillance sur la marche des opérations, recevoir les réclamations qui se produiraient contre les agissements du liquidateur ou du syndic, et donner au besoin la suite nécessaire, autoriser ceux-ci pour certains actes qu'ils ne pourraient acccomplir de leur propre autorité. Le cas échéant, il demande au tribunal la révocation des agents de justice. C'est lui qui préside les assemblées des créanciers.

Ses pouvoirs sont absolus, sauf en ce qui concerne l'attribution de secours au débiteur ; ses ordonnances à cet égard peuvent toujours être revisées par le tribunal de commerce.

Contrôleurs. — L'intervention des *contrôleurs*, dont la charge est de vérifier les livres et de donner leur avis sur les actions à poursuivre, n'est pas nécessaire dans les faillites.

EFFETS DE LA DÉCLARATION DE FAILLITE ET DE LA LIQUIDATION JUDICIAIRE

Le failli ne peut plus administrer ses biens ; on lui substitue un syndic de faillite, si c'est la faillite qui est prononcée ; ou on lui nomme un agent de justice qui est le liquidateur, si le jugement aboutit à la liquidation judiciaire.

Ni le failli ni le liquidé ne deviennent incapables, au sens où l'on entend ce mot en jurisprudence. Mais la masse des créanciers, représentée par le syndic ou le liquidateur, le remplace dans l'administration de son commerce.

Le *dessaisissement* s'étend aux biens présents et à venir.

Il peut arriver que le failli continue le commerce pour le compte des créanciers ; il est alors appointé par le syndic ou bien il entreprend une autre série d'affaires, et les bénéfices vont aux créanciers de la faillite, après le paiement des créanciers de l'entreprise.

La masse profite des successions à recueillir. Mais le failli n'est pas dépouillé de la puissance paternelle ni de la puissance maritale ; il jouit des biens de ses enfants mineurs jusqu'à dix-huit ans, il reste l'administrateur des biens de sa femme, à moins que celle-ci n'ait demandé la séparation.

Le syndic este en justice pour le failli ; le liquidé doit être assisté du liquidateur judiciaire.

Toutes les dettes à terme du failli et du liquidé deviennent immédiatement exigibles ; le cours des intérêts est arrêté à partir du jugement déclaratif de la faillite ou de la liquidation judiciaire.

Les créances sous condition sont réservées. Le créancier conditionnel sera admis aux opérations de la faillite, car il peut faire des actes conservatoires. Si lors de la répartition des dividendes, la condition est encore en suspens, son dividende est déposé à la caisse des Dépôts et Consignations pour être touché par lui, si la condition s'accomplit, et pour être, dans le cas contraire, attribué aux autres créanciers.

La masse de ces derniers bénéficie d'une hypothèque, appelée *hypothèque de la masse des créanciers*, sur les immeubles du failli ou du liquidé. Si, le concordat établi, il survenait une nouvelle faillite, les anciens créanciers en faveur desquels l'hypothèque a été inscrite seraient payés préférablement aux nouveaux.

Période suspecte. — La *période suspecte* s'ouvre le jour où les paiements ont cessé — ou dix jours avant, dans certains cas —, et va jusqu'à la déclaration de la faillite ou de la liquidation judiciaire.

On l'appelle ainsi parce qu'il est possible que pendant ce temps le débiteur menacé de liquidation judiciaire ou de faillite ait cherché à frauder ses créanciers, à détourner des fonds à leur préjudice, ou encore à favoriser l'un d'entre eux au détriment des autres.

Parmi les actes accomplis alors par lui, il en est plusieurs que la loi annule de plein droit ; d'autres dont l'annulation est facultative et laissée à l'appréciation du tribunal.

Sont nuls de plein droit :

1º Les donations ;
2º Les paiements de dettes non échues ;
3º Les hypothèques conventionnelles ou judiciaires ainsi que les nantissements constitués sur les biens du débiteur pour des dettes antérieurement contractées.

Peut être annulé, sans qu'il y ait d'obligation à cet égard, tout acte accompli pendant la période suspecte. S'il résulte des faits que celui qui a traité avec le failli avait eu, au moment de l'opération, connaissance de l'état de cessation des paiements.

Appel des créanciers à la faillite. — Les créanciers dont les noms figurent sur les livres du commerçant, sont avertis par lettres de la faillite ; il y a aussi, comme mode d'invitation à *produire* les créances, la publication du jugement.

Le créancier *produit* lorsqu'il énonce son titre de créance à la faillite en indiquant la somme dans un bordereau, remis au syndic ou au liquidateur, ou au greffe du tribunal de commerce.

Ensuite s'effectuent les opérations suivantes :

Rejet, admission ou modification des titres, par le syndic, si c'est une faillite, par le liquidé et le liquidateur, si c'est une liquidation judiciaire.

Convocation des créanciers, à l'effet d'affirmer leurs créances, c'est-à-dire d'en déclarer la sincérité devant le juge commissaire (ils peuvent se faire représenter).

Vérification contradictoire entre chaque créancier ou son mandataire et le syndic.

Inscription par le juge-commissaire de chaque créance admise et affirmée.

S'il y a lieu, débat devant les tribunaux des créances qui seraient constatées soit par l'agent de justice, soit par les créanciers déjà vérifiés.

(Dans le cas de contestation le tribunal est maître de passer outre ou d'interrompre les opérations. Il convoque une assemblée à laquelle assistent les créanciers non contestés et ceux des contestés auxquels il accorde, à titre spécial, l'*admission provisionnelle ;* celle-ci ne confère aucun droit au partage des dividendes, et permet seulement de voter pour ou contre le concordat. En attendant la solution définitive, les dividendes qui pourraient être attribués aux créanciers contestés, sont mis en réserve dans tous les cas.)

Situation spéciale de certains créanciers. — Sans contrevenir au principe essentiel qui pose l'égalité des droits au paiement chez tous les créanciers, la loi distingue entre eux plusieurs catégories spéciales, à cause des conditions de la créance. Leur caractère particulier obligeait le législateur à les traiter d'une façon particulière. Nous allons en dire quelques mots.

Les valeurs qui sont la propriété d'autres que les créanciers, les dépôts, par exemple, seront revendiquées par leurs propriétaires, devant le syndic, s il y a faillite, devant le liquidateur et le débiteur s'il y a liquidation. En cas de contestation le tribunal de commerce décide.

Ceux qui ont reçu du débiteur des choses en dépôt, à l'effet de les réparer ou améliorer, ont droit de les garder jusqu'à ce qu'ils aient été indemnisés de leurs frais. C'est ce qu'on appelle le *droit de rétention.*

Le créancier qui est lui-même débiteur envers la faillite ne peut réclamer le bénéfice de la compensation légale, c'est-à-dire balancer sa dette par sa créance, celle-ci étant réduite par la faillite à un dividende simple. Il faut excepter le cas où créance et dette seraient produites par un seul et même acte, comme les reprises et les récompenses de la femme mariée, qui résultent également du contrat de mariage.

Les créanciers qui ont avec le failli un contrat synallagmatique, c'est-à-dire engageant les deux parties l'une envers l'autre, peuvent en demander l'annulation ou *résolution*, si le syndic ne peut ou ne veut acquitter les charges qui incombaient au failli. Par exemple : X... a acheté à Z..., failli, mille kilos de sucre; si le syndic ne peut ou ne veut effectuer la commande, X,.. ne paiera rien. Mais si, faute d'avoir profité de l'occasion, il est obligé d'acheter le sucre plus cher, il n'aura pas droit à des dommages-intérêts.

Les créanciers qui ont reçu une valeur quelconque en gage doivent d'abord le réaliser, et produire ensuite à la faillite pour le surplus de leur créance. Sous peine de perdre leur privilège, ils ne doivent pas voter à l'assemblée qui accorde ou refuse le concordat.

La même interdiction s'applique aux créanciers privilégiés et hypothécaires. Ces deux catégories sont d'ailleurs plus favorisées : elles produisent dans la faillite même avant d'avoir réalisé leurs sûretés.

Contrairement aux créanciers ordinaires les créanciers gagistes, hypothécaires ou privilégiés, continuent à toucher, après le jugement de faillite, les intérêts des sommes provenant des biens qui donnent lieu au gage, à l'hypothèque et au privilège.

Les mêmes créanciers ont encore, après le jugement, le droit d'obtenir la condamnation de leur débiteur, sauf à s'attaquer au syndic ou au liquidateur.

LE CONCORDAT Le concordat est un traité entre le débiteur et les créanciers, par lequel le débiteur s'engage à rembourser les créances en totalité ou en partie, à des dates ou échéances déterminées.

Si le concordat est voté, le débiteur, failli ou liquidé judiciaire, reprend son commerce avec son actif ; il recouvre en même temps tous ses droits, sauf les droits politiques pour lesquels la réhabilitation devra intervenir.

Si le concordat est refusé, les créanciers se trouvent par là même constitués sous le régime de l'*union ;* il est procédé à la vente des biens du débiteur et au partage proportionnel du prix entre la masse des créanciers.

Quand l'assemblée du concordat a-t-elle lieu et de quelle manière ? — Les créanciers sont convoqués pour l'assemblée du concordat quand le procès-verbal de vérification des créances est clos.

L'assemblée a lieu sous la présidence du juge-commissaire, en la présence du débiteur, du liquidateur judiciaire ou du syndic. L'un ou l'autre de ces derniers lit son rapport sur l'état financier du débiteur, et celui-ci fait ensuite ses propositions de remboursement, en vue du concordat.

On passe ensuite au vote.

Le concordat ne peut être accordé que par le vote conforme de la majorité des créanciers représentant au moins les deux tiers des créances, en comprenant parmi celles-ci, outre les créances désormais affirmées, celles qui, contestées, ne sont admises que d'une façon *provisionnelle.* Il doit, à peine de nullité, être signé séance tenante.

S'il manque une des deux majorités, l'assemblée s'ajournera à huitaine. Dans ce cas les créanciers présents lors de la première assemblée ne sont pas tenus d'assister à la deuxième. Les résolutions prises par eux restent définitivement acquises, s'ils ne sont venus les modifier dans la dernière réunion.

Si lors du second vote, les deux majorités ne sont pas obtenues, les créanciers se trouvent en état d'*union,* avec les conséquences de cet état, c'est-à-dire la vente des biens du débiteur et le paiement des créanciers par dividendes proportionnels à leurs créances.

Il y aurait, il est vrai, une solution intermédiaire, rarement adoptée : celle du *concordat par abandon d'actif.* Le débiteur abandonne son actif à ses créanciers, et ceux-ci lui font remise de l'excédent du passif.

Une fois voté, le concordat entre en vigueur après son homologation par le tribunal de commerce. Celle-ci ne peut avoir lieu qu'à l'expiration du délai de huit jours, imparti aux intéressés pour y faire opposition.

Le concordat approuvé laisse subsister pour le débiteur une obligation naturelle quant aux dettes dont le remboursement n'est pas immédiatement poursuivi.

Annulation ou résolution du concordat. — Le concordat peut être *annulé* s'il est prouvé que le débiteur a dissimulé son actif ou exagéré son passif.

Il est *résolu* si les conditions n'ont pas été remplies, notamment lorsque le failli n'a pas payé les dividendes promis.

Dans l'un ou l'autre cas, il est nommé, par le tribunal de commerce, un syndic et un juge-commissaire. Les créanciers forment de nouveau une masse, sous le régime de l'union. Mais les créances n'ont pas besoin d'être vérifiées à nouveau.

Les créances qui ont pris naissance depuis le concordat seules doivent être vérifiées et affirmées.

Les premiers créanciers sont maintenus dans la nouvelle masse en proportion de ce qui leur reste à toucher, après le versement des premiers dividendes.

Si les créanciers n'arrivent pas à former la double majorité nécessaire au vote du concordat, ils se trouvent dans l'état d'union déjà défini ; les biens du débiteur sont vendus et il reste obligé de tout ce qui subsiste encore de passif. S'il était liquidé judiciaire le tribunal de commerce a le choix entre deux solutions : ou bien il change la liquidation en faillite ou mieux, en lui maintenant son caractère, il ordonne qu'elle s'effectuera d'après l'état d'union.

L'exploitation du fonds de commerce, après l'union, peut être laissée au débiteur, si cette combinaison paraît plus avantageuse, mais il faut pour cela le vote conforme des trois quarts des créanciers. Il peut être fait opposition à ce jugement soit par le débiteur lui-même, soit par les créanciers qui n'ont pas voté la continuation de l'exploitation.

Si l'exploitation du commerce continue, les engagements contractés de ce chef donnent aux nouveaux créanciers le droit de la faire payer sur l'actif de la faillite à l'exclusion de tous les créanciers du failli. Bien plus, si les engagements contractés excèdent l'actif de l'union, les créanciers de la faillite qui ont voté pour la continuation de l'exploitation sont tenus personnellement, même au delà de leur part dans l'actif.

Vente des immeubles du débiteur. — Elle se fait, d'après les mêmes règles que les ventes volontaires en justice avec l'autorisation du tribunal de commerce, si c'est avant l'*union*, sans cette autorisation, si c'est après, par les soins du *syndic d'union* qui n'est autre que le syndic de faillite.

Ceux qui sont adjudicataires des immeubles avant l'union ne sont pas dégagés des hypothèques et des privilèges afférents à ces immeubles, vis-à-vis des créanciers hypothécaires ou privilégiés. C'est le contraire après l'union. Privilèges et hypothèques sont considérés comme *purgés*. Nous expliquons ce mot au chapitre des *Hypothèques*.

Répartition des deniers. — Le prix de vente est réparti entre les créanciers. Le montant des recouvrements est déposé à la Caisse des dépôts et consignations, à la réserve de ce qui est laissé, avec l'agrément du juge-commissaire au liquidateur ou au syndic pour leurs frais.

Ceux-ci communiquent mensuellement au juge un état de la faillite ou de la liquidation, et un *état des deniers*. C'est ce magistrat qui règle la distribution des sommes aux créanciers.

Fin de l'union. — L'*union* prend fin avec la distribution des deniers. Le syndic ou le liquidateur rend ses comptes à l'assemblée des créanciers qui vote au sujet de l'*excusabilité* du débiteur présent à la réunion.

Quand un débiteur est-il excusable ? — Un débiteur qui a bénéficié d'un concordat est de plein droit *excusable*. Si le concordat lui a été refusé, c'est le tribunal de commerce qui, après le vote de l'assemblée lui accorde ou lui refuse l'excusabilité. Dans l'un ou l'autre cas, le fait qu'il n'a pas eu de concordat l'oblige, dans l'avenir, envers ses créanciers de tout ce qu'il reste leur devoir.

La clôture pour insuffisance d'actif. — C'est plutôt une suspension qu'une clôture. Elle a lieu quand l'actif faisant défaut, il n'est plus possible de continuer les frais. La masse des créanciers se trouve dissoute, chacun peut poursuivre les débiteurs pour son compte. Mais la situation de celui-ci reste le même ; il est toujours *dessaisi*, et ne peut faire seul aucune des opérations pour lesquelles l'action du syndic était nécessaire avant le jugement de clôture. Aussi cet agent de justice reste-t-il en charge.

La faillite se rouvre s'il y a un nouvel actif permettant de reprendre la procédure, ce qui n'arrive guère.

LA FAILLITE DU MARI ET LA FORTUNE DE LA FEMME La faillite du mari entraîne les conséquences suivantes pour la fortune de la femme.

L'hypothèque légale que celle-ci possède sur tous les biens propres de son mari est atteinte par le droit des créanciers. Ceux-ci peuvent s'en prévaloir contre elle dans leurs reprises.

Ils exercent ces reprises contre les biens de la communauté.

La dot elle-même de la femme est en péril. Aussi doit-elle demander d'urgence la séparation de biens.

Elle devra, en raison du double caractère moral et pécuniaire de cette action, l'engager à la fois contre son mari et contre le syndic de faillite.

Pour la séparation de corps et le divorce, elle n'assignera que son mari seul.

LA FAILLITE DE LA FEMME ET LA FORTUNE DU MARI La faillite de la femme commerçante engage la communauté tout comme celle du mari commerçant. L'autorisation du mari communique, en effet, à la femme le pouvoir d'obliger la communauté. Il n'est que juste que profitant des bénéfices réalisés par sa femme, le mari soit en revanche tenu des dettes ou des pertes.

LA FAILLITE DU PÈRE OU DE LA MÈRE ET LA DOT DE LA FEMME Un cas embarrassant peut se produire. C'est celui où la dot de la femme aurait été constituée par un de ses auteurs, commerçant, dans la *période suspecte* qui précède la déclaration de faillite.

Les actes à titre onéreux accomplis par le failli pendant cette période sont annulables facultativement à la demande du syndic et la constitution de dot selon la jurisprudence de la Cour de cassation rentre dans cette catégorie.

Elle pourra donc être annulée, mais ce sera au syndic à prouver que les époux savaient pertinemment que celui qui a constitué la dot avait cessé ses paiements.

Compte des reprises et des récompenses de la femme mariée. — Nous avons vu, en étudiant le fonctionnement de l'association conjugale, que le patrimoine de la femme, distinct de celui de la communauté et de celui du mari, pouvait en certains cas devenir créancier de l'un et de l'autre lorsqu'il leur avait fait des avances. Ces avances sont récupérées sous forme de *reprises*.

Le patrimoine de la femme peut aussi être débiteur du patrimoine du mari. Il y a lieu alors de sa part à des *récompenses*.

Lorsque la faillite du mari s'est produite, on établit le compte des reprises et des récompenses de la femme. Si elle se trouve débitrice envers son conjoint, la faillite réclame d'elle la solde de son compte.

Si elle est créancière, elle rapporte à la faillite en raison de ce qui lui est dû.

Qu'arrive-t-il si le mari meurt ayant cessé ses paiements ? — Il peut être mis en faillite ou en liquidation judiciaire, dans l'année de son décès. Il y a lieu alors à une séparation de son patrimoine d'avec celui de son héritier. (Voir *Séparation de patrimoines*, au chapitre des *Successions*.) Les poursuites seront exercées contre les biens de la communauté.

LA BANQUEROUTE

QU'EST-CE QUE LA BANQUEROUTE ? SIMPLE OU FRAUDULEUSE ? La banqueroute est un délit ou un crime ; délit quand elle est simple, crime quand elle est frauduleuse. Simple, elle est punissable d'un emprisonnement d'un mois à deux ans ; frauduleuse, des travaux forcés.

La banqueroute simple est prononcée obligatoirement quand le tribunal correctionnel, après la cessation des paiements, constate que le débiteur s'est rendu coupable d'une des imprudences ou des légèretés que nous définissons plus loin. Le tribunal n'a plus qu'à fixer la durée de la peine.

La banqueroute frauduleuse suppose une fraude dans la gestion ou dans les écritures.

C'est la cour d'assises qui connaît des crimes de banqueroute frauduleuse. De même que le tribunal correctionnel pour la banqueroute simple, elle peut juger la question et administrer la peine, sans que le tribunal de commerce ait déclaré la faillite. Celle-ci résulte de droit de la cessation des paiements.

Cas spécial des administrateurs de sociétés anonymes. — Pour être déclaré en état de banqueroute, il faut être commerçant. Les administrateurs de sociétés anonymes, lorsque, non commerçants, ils se sont livrés à des actes qui entraîneraient pour des commerçants la déclaration de banqueroute simple ou frauduleuse ne deviennent pas banqueroutiers, mais ils sont passibles des mêmes peines édictées contre les banqueroutiers.

CAS DE BANQUEROUTE SIMPLE Voici les cas qui motivent la déclaration de banqueroute *simple obligatoirement* après la cessation des paiements.

Dépenses personnelles exagérées ;

Opérations hasardeuses portant sur des sommes considérables ;

Paiement à un créancier isolé, au détriment des autres après cessation des paiements ;

Achats avec intention de revente des marchandises au-dessous du cours dans l'intention de retarder la faillite ;

Emprunts, circulations, ou autres moyens ruineux, pour se procurer des fonds, dans les mêmes intentions ;

Et généralement tous actes tendant à retarder la faillite en se procurant l'argent à tout prix.

Cas qui motivent la déclaration de banqueroute *simple facultativement*.

Engagements trop considérables faits à découvert ;

Déclaration d'une faillite nouvelle ou reprise des opérations de faillite après l'obtention du Concordat ;

Défaut de publicité du contrat de mariage (si le débiteur était marié avant de faire du commerce).

Bilan non déposé dans les quinze jours après la cessation des paiements ;

Refus de se présenter devant le syndic ;

Absence (*non frauduleuse*) des livres de commerce ou tenue irrégulière de ceux-ci.

CAS DE BANQUEROUTE FRAUDULEUSE Voici les cas qui motivent la déclaration de banqueroute *frauduleuse*.

Soustraction de livres pour dissimuler l'actif ;

Détournement ou dissimulation d'actif ;

Exagération du passif.

DÉCHÉANCE DU FAILLI La faillite, par elle-même, frappe celui qui l'encourt d'une sorte de déchéance temporaire ; il en est de même avec quelque atténuation, pour celui qui a été liquidé judiciairement.

Tandis que le failli est déchu de ses droits civiques, même s'il a obtenu un concordat et une déclaration d'excusabilité, le liquidé judiciairement conserve une partie des siens. Il peut être électeur, mais il n'est pas éligible, jusqu'à sa réhabilitation.

Nous avons dit que la déchéance du failli et du liquidé n'était que temporaire. En effet, lorsque la réhabilitation n'est pas obtenue facultativement ou n'intervient pas obligatoirement dans les conditions que nous énumérons plus bas, elle se produit *de droit* au bout de dix ans pour les faillis et pour les liquidés.

Jusqu'à ce qu'elle ait eu lieu, ceux-ci demeurent frappés des incapacités dont nous donnons le tableau ci-dessous.

Le sort des faillis et des liquidés, leur accession à la réhabilitation, ont été réglementés à nouveau, d'une façon plus libérale, par les lois du 30 décembre 1903 et du 23 mars 1908, qui établissent la jurisprudence actuelle en ces matières. Ç'a été une des modifications les plus importantes introduites dans la législation du commerce en ces dernières années.

Le *failli* ne peut :

Etre électeur ou éligible aux
(assemblées politiques,
) tribunaux de commerce,
) chambres de commerce,
(conseils de prud'hommes ;

Etre nommé à une fonction publique ;
Etre juré ;
Etre expert ;
Entrer à la Bourse ;
Faire escompter ses billets à la Banque ;
Porter les insignes de la Légion d'honneur ou tout autre ordre ;
Etre gérant d'un journal.

Nota. — Le failli peut être témoin.

Le *liquidé judiciairement* ne peut être éligible à aucune fonction élective. Il peut être électeur.

Quand y a-t-il lieu à réhabilitation — La réhabilitation est obligatoire quand la totalité des paiements a été faite, et que les intérêts des cinq années échues ont été versés ; elle est facultative, dès que l'un des cas suivants se présente :

1º Quand le débiteur a un concordat et qu'il a payé les dividendes stipulés par le concordat ;
2º Quand ses créanciers consentent tous à sa réhabilitation.

Comment procède-t-on pour l'obtenir? — On adresse sa demande sur papier libre au procureur de la République, en y joignant les pièces justificatives. Le tout est transmis au président du tribunal de commerce qui a rendu le jugement déclaratif de faillite ou de liquidation et au procureur de la République du lieu de domicile actuel ; si ce lieu n'est pas le même que celui de la faillite ou de la liquidation judiciaire.

Les créanciers non payés ont un mois pour s'opposer, par un acte au greffe du tribunal, à la réhabilitation.

Le jugement du tribunal de commerce accordant ou refusant la réhabilitation, peut être frappé d'appel dans le délai d'un mois par le demandeur, les créanciers et le procureur de la République, devant la cour d'appel du ressort.

Le jugement ou l'arrêt de réhabilitation est transmis par le procureur, auquel la demande avait été adressée, au procureur du lieu d'origine de l'intéressé. Il en est fait mention sur le casier judiciaire, en marge de la déclaration de faillite.

Les jugements de liquidation n'étant pas inscrits au casier judiciaire, la réhabilitation du liquidé ne donne lieu à aucune transcription.

LA LOI ET SES
REPRÉSENTANTS

PRÉLIMINAIRE Les premières parties de ce travail ont été consacrées à l'étude des différents actes juridiques que la femme a l'occasion d'accomplir avant, pendant et après le mariage ; nous avons complété ces renseignements par quelques aperçus sur la législation du commerce, qui ne seront peut-être pas tout à fait inutiles à nos lectrices, soit qu'elles exercent elles-mêmes la profession de commerçantes, soit qu'elles aient un mari commerçant, ou que, du moins, elles se trouvent obligées d'effectuer certaines opérations qui ont le caractère commercial, ce qui arrive à tout le monde, car beaucoup de gens font du commerce sans le savoir, comme M. Jourdain faisait de la prose.

Il nous reste maintenant à expliquer comment on défend ses droits et ses intérêts, d'une manière générale, dans les diverses circonstances de la vie. En dehors des conditions spéciales du mariage, de la maternité, du divorce, du veuvage et de la tutelle, il y a une foule d'occasions où la femme a besoin d'être fixée sur les prescriptions de la loi et sur la procédure à suivre. Il faut qu'elle sache comment on poursuit une créance, comment on passe un bail, comment on soutient une action en justice. L'objet des diverses parties qui suivent sera de le lui apprendre.

Tout le monde peut se trouver dans le cas d'intenter ou de soutenir un procès ou tout au moins de faire valoir une revendication ou constater un droit d'établir sa situation juridique, dans telle circonstance, de prouver judiciairement tel fait. Les personnes qui ignorent totalement la pratique des affaires sont alors très embarrassées : elles ne savent à qui s'adresser.

Doivent-elles voir un notaire, un huissier, un avocat ? Elles hésitent, elles tâtonnent, perdent du temps et parfois de l'argent

13

en démarches et consultations inutiles, ou s'exposent à laisser passer les délais prescrits pour engager l'action.

Il est indispensable de connaître au moins sommairement les attributions des diverses catégories d'hommes de loi, les opérations pour lesquelles ils sont qualifiés, les limites de leur compétence, en un mot le genre de services qu'on peut demander à chacun d'eux.

On trouvera dans les pages suivantes quelques notions sur ces différents points.

Nous parlerons successivement des notaires, des avoués, des avocats, des agréés, des huissiers et des greffiers, et nous définirons les cas où leur assistance est soit indispensable, soit utile aux plaideurs et à toutes les personnes qui ont, de façon quelconque, besoin d'accomplir un acte juridiquement valable.

Nous dirons aussi un mot des magistrats, juges, représentants du ministère public.

NOTAIRES

DÉFINITION Les notaires sont à la fois des *officiers publics* dont la fonction consiste à rendre *authentiques* les actes de leurs clients et des officiers *ministériels*, occupant par monopole des charges acquises et transmissibles par eux-mêmes à prix d'argent (ce qu'on appelle acheter ou vendre une étude).

Quand doit-on avoir recours aux notaires ? — On doit avoir recours *obligatoirement* aux notaires pour certains actes, tels que donation, constitutions d'hypothèques, contrats de mariage, etc., qui doivent être *authentiques*, c'est-à-dire rédigés par un officier public.

Dans d'autres cas, leur concours n'est que facultatif. Quand il s'agit, par exemple, de passer un traité avec un créancier, un débiteur, un propriétaire, un acte sous seing privé suffit, si les parties sont capables de le rédiger en bonne forme, et si elles ont l'une envers l'autre assez de confiance. Mais il est rare que des particuliers, et surtout des gens du monde, soient suffisamment au courant des usages juridiques pour être sûrs de ne déroger à aucune des règles prescrites en pareil cas.

D'ailleurs l'acte notarié a sur l'acte sous seing privé, dans le cas d'un titre de créance, par exemple, l'avantage de la *force exécutoire*, c'est-à-dire qu'il confère au créancier le droit de saisir et de faire vendre le bien du débiteur, sans jugement préalable, pour recouvrer sa créance, à moins que le débiteur ne nie la dette.

En dehors de leurs fonctions essentielles, qui sont de rédiger tous actes entre particuliers, et de leur donner la force authentique et exécutoire, les notaires interviennent comme conseils dans les affaires de ceux-ci. Ils peuvent utilement arbitrer les différends, indiquer le placement avantageux à réaliser, et surtout quand il s'agit d'immeubles. Ils vont parfois plus loin, malheureusement, surtout dans les campagnes, et on en voit se livrer à des opérations de banque, qui leur sont d'ailleurs rigoureusement défendues cependant, et que la loi punit avec sévérité. Leur devoir est de verser toutes sommes qu'on leur confie à la Caisse des dépôts et consignations.

Comment sont rédigés les actes notariés. — Les actes originaux sont rédigés soit en *minutes*, qui restent dans l'étude, soit en *brevets* qui sont remis aux intéressés. Cette dernière forme est la moins coûteuse, mais elle n'est guère en usage que pour les cas peu importants, par exemple s'il s'agit d'une quittance de loyer notariée.

Expéditions et grosses. — Les copies des minutes, en lettres ordinaires, sont des *expéditions ;* on en remet aux intéressés autant qu'ils en demandent, mais non pas aux *tiers*, sauf ordonnance du président du tribunal civil.

Les *grosses* sont des copies en grosses lettres, comme le nom l'indique, mais ce qui les différencie surtout des expéditions, c'est qu'elles portent la *formule exécutoire* par laquelle les huissiers et représentants de la force publique sont mis à la disposition du créancier.

En raison de cette formule, la grosse n'est délivrée qu'au créancier seul, et en un seul exemplaire, à moins que le président du tribunal civil n'en décide autrement.

Comment est reçu l'acte notarié. — Dans la plupart des cas, il suffit d'un seul notaire pour recevoir l'acte.

Si c'est un acte de donation, ou de révocation de donation ou de testament, il faut deux notaires ; à défaut du second notaire, deux témoins, français, majeurs, de l'un ou l'autre sexe, domiciliés dans la commune, et sachant signer leur nom.

Comment est rédigé et écrit l'acte notarié. — L'acte, rédigé en français (et non dans un dialecte provincial quelconque), doit être écrit sur papier timbré spécial ; il ne contient ni blancs ni interlignes, ni surcharge. Le notaire en donne lecture avant de le signer lui-même et de le faire signer par les intéressés, et par les témoins, s'il y en a.

On fait légaliser la signature par le président du tribunal civil dans les deux cas suivants :

Si l'acte doit avoir son effet dans un département différent de celui où le notaire a sa charge ;

S'il est dressé par un notaire de cour d'appel, pour le ressort d'une autre cour d'appel.

Que vaut l'acte notarié irrégulier ? — L'acte notarié dressé en forme irrégulière perd son *authenticité*, mais garde la même valeur qu'un acte sous seing privé ordinaire à moins que la forme authentique ne soit prescrite par la loi, auquel cas l'acte est nul.

Compétence des notaires. — La compétence, ou pouvoir d'instrumenter, c'est-à-dire de dresser des actes, est délimitée ainsi pour les diverses catégories de notaires.

Peuvent instrumenter :

Les notaires de cour d'appel, c'est-à-dire ceux qui se trouvent dans une ville siège de cour d'appel	dans les limites du ressort.
Les notaires domiciliés dans un chef-lieu d'arrondissement.	dans les limites de cet arrondissement.
Les notaires domiciliés dans une commune	dans les limites du canton.

Il faut entendre par là que les notaires ne peuvent aller, en dehors de ces limites, instrumenter valablement ; mais ils peuvent très bien instrumenter, du lieu de leur domicile, au sujet de personnes et d'immeubles qui se trouvent hors de leur ressort.

Qui est tenu des honoraires du notaire ? — Les notaires peuvent réclamer leurs honoraires, ainsi que le montant de leurs frais (timbre, enregistrement, etc.), à l'un quelconque des intéressés, mais celui qui a payé a recours, au besoin, contre les autres parties.

Quelle est la responsabilité des notaires ? — Comme officiers publics, chargés de la rédaction des actes authentiques, les notaires sont responsables :

1º De leurs fautes volontaires ;
2º De leurs fautes involontaires, rentrant dans la catégorie des fautes lourdes.

(Les tribunaux apprécient et concluent, selon les circonstances, à une responsabilité atténuée, et par conséquent à une indemnité réduite envers les parties lésées par ces fautes.)

Comme mandataires de leurs clients, les notaires sont assujettis aux règles ordinaires sur la responsabilité.

La corporation des notaires. — Les notaires, comme les avocats aux conseils, comme les avoués, les huissiers, les commissaires-priseurs, et, en général, tous les officiers ministériels, les greffiers exceptés, forment une corporation.

Celle-ci, chargée de surveiller la conduite de chacun d'eux, accueille et examine les réclamations qui pourraient lui être adressées au sujet de ses membres.

AVOCATS

DÉFINITION L'avocat, un homme de loi, inscrit au barreau d'un tribunal civil, ou d'une cour d'appel, dont les fonctions sont :

1º De *consulter*, c'est-à-dire de donner par écrit ou de vive voix, des avis et des conseils sur les affaires qui lui sont soumises ;

2º De *plaider* ces mêmes affaires devant un tribunal ou une cour d'appel quelconque.

Qu'est-ce que le monopole des avocats ? — Il faut distinguer :

Le monopole des avocats ne s'applique point à la première de leurs fonctions, qui est de *consulter*, chacun pouvant ouvrir un cabinet d'affaires et y donner des consultations.

Quant à la seconde, qui est de *plaider*, les avocats ont seulement le monopole de la plaidoirie pour autrui, chacun pouvant défendre sa propre cause, à ses risques et périls, devant la justice. Mais, dans la pratique, on use rarement de cette faculté et on a raison, car un plaideur, si éloquent qu'il soit, et si averti qu'on le suppose de ces choses de la jurisprudence, ne vaudra jamais, devant les juges, un avocat professionnel.

Aux assises, un prévenu peut se faire défendre par un parent ou un ami.

Y-a-t-il, pour les avocats, une restriction au droit de plaider partout ? — Les avocats ordinaires, c'est-à-dire les avocats inscrits à un barreau, ne peuvent pas plaider devant les trois juridictions pour lesquelles sont institués des avocats spéciaux, dits *avocats aux conseils.*

Ces trois juridictions sont la cour de cassation, le conseil d'Etat et le tribunal des conflits.

Les avocats aux conseils, titulaires de charges monopolisées, se comptent parmi les officiers ministériels, au même titre que les avoués, dont ils exercent les fonctions en même temps que celles d'avocats. Ils sont en tout soixante, et forment un ordre spécial avec un président et un conseil de discipline. Ils sont seuls admis à plaider devant les conseils en question, mais ils peuvent aussi plaider devant les autres tribunaux.

Conditions nécessaires pour être admis au stage d'avocat. — Pour être inscrit au stage, il faut être licencié en droit et avoir prêté le serment d'avocat devant une cour d'appel, et justifier, après enquête, d'une parfaite honorabilité. On sait que les femmes sont désormais admises au barreau, et que plusieurs plaident aujourd'hui avec succès.

Pour être admis au tableau. — Il faut, pour être admis au tableau, avoir accompli cinq années de stage, qui peuvent, si le conseil de l'Ordre l'autorise, être abaissées à trois. Les cours d'appel ont, sur le tableau des avocats, un droit de contrôle. Le nombre des inscriptions est limité.

Conseil de discipline. Bâtonnier. — L'assemblée générale des avocats inscrits au tableau élit, à la majorité, un conseil de discipline. Celui-ci veille aux intérêts de l'Ordre, édicte au besoin des mesures disciplinaires contre ceux des membres dont la conduite prête au blâme et, s'il est nécessaire, prononce leur suspension ou leur radiation.

Le bâtonnier est élu de la même manière que le conseil de discipline ; il est chef de l'Ordre.

S'il n'y a pas plus de cinq avocats inscrits à un tribunal civil, il n'y a pas lieu de nommer un conseil de discipline, les attributions de ce dernier sont dévolues au tribunal. S'il n'y a pas plus de deux avocats, il n'est pas nommé de bâtonnier.

Recours des avocats contre leur conseil. — Les avocats suspendus ou rayés par le conseil de l'Ordre peuvent en appeler au tribunal civil ou à la cour.

Incompatibilités. — Il est interdit aux avocats d'exercer la plupart des fonctions publiques, de remplir aucun office ministériel (sauf pour les avocats aux conseils) de se livrer au commerce, d'occuper aucun emploi salarié.

L'avocat peut-il représenter son client ? — En aucun cas l'avocat ne peut représenter son client absent devant la justice, si ce n'est devant le juge de paix, parce que celui-ci n'a pas à lui demander un pouvoir écrit, et se contente de l'affirmation qu'il vient au nom du client empêché.

Si l'avocat pouvait être le mandataire de la partie qu'il défend, auprès du tribunal civil ou de la cour d'appel, l'intervention de l'avoué, mandataire obligatoire, n'aurait plus aucune raison d'être.

Immunités des avocats. — Les avocats ne sont pas tenus des conséquences que pourraient avoir soit leurs conseils, donnés à titre purement consultatif, soit leurs plaidoiries.

Quand ils se renferment dans l'appréciation des faits de la cause, leurs plaidoiries et mémoires ne peuvent donner matière à poursuites pour diffamation.

Ils bénéficient d'une sorte de droit d'asile. Les gens de police n'ont pas le droit de rechercher un prévenu dans leur cabinet, ni d'y enquêter sur un crime ou un délit. Cette immunité relative n'est fondée que sur l'intérêt de la défense, et ne leur épargnerait pas à eux-mêmes des poursuites.

Comment se règlent les honoraires des avocats ? — Les avocats doivent, en principe, arrêter avec leurs clients, avant l'issue du procès et d'une façon ferme, le chiffre de leurs honoraires ; ils ne peuvent stipuler une sorte de récompense proportionnée au gain de ce procès.

On dit assez souvent qu'ils n'ont pas le droit de recevoir même ces honoraires, et qu'ils dépendent de la délicatesse du client. La chose a besoin d'être mieux définie.

En justice les honoraires convenus sont dus sans conteste et acquis à l'avocat. Les tribunaux n'hésiteraient pas à les lui attribuer, en cas de contestation entre son client et lui.

En pratique, il n'en va pas de même. Par un scrupule de haute moralité, les conseils de l'Ordre se sont toujours refusés à sanctionner ce droit de l'avocat, de toucher son dû. Si celui-ci actionnait en justice le client réfractaire, il serait suspendu ou rayé du tableau.

Action combinée de l'avocat et de l'avoué. — Par leurs études et leur expérience spéciales, l'avocat et l'avoué exercent, dans la marche d'un procès, deux actions parallèles qui se complètent. L'avoué a surtout la pratique des affaires ; l'avocat, généralement, a surtout approfondi les arcanes du droit. De leur entente résulte une procédure opportune et habile.

Un seul de ces intermédiaires légaux est obligatoire, le second, on ne peut se passer absolument de l'avoué, on peut se passer théoriquement de l'avocat. Mais en réalité, son ministère est indispensable, dans presque tous les cas, au point de vue du client et de ses intérêts, sinon au point de vue de la loi.

Enfin, dans les affaires criminelles ou correctionnelles, dont l'avoué ne s'occupe jamais professionnellement, à moins qu'il ne plaide, par exception, on n'aurait que faire de lui demander des conseils. C'est à l'avocat seul qu'il faudra s'adresser.

AVOUÉS

DÉFINITION L'avoué est, comme le notaire, un officier ministériel. Ses fonctions sont de conduire la procédure, de faire ou de recevoir, pour l'intéressé, toutes les communications ce qui s'appelle *postuler* ; de formuler par écrit les demandes ou prétentions de celui-ci, ce qui s'appelle *conclure.*

Quand l'assistance de l'avoué est-elle obligatoire ? — Ni devant le tribunal civil, en première instance, ni devant la cour d'appel, on ne saurait se passer du ministère de l'avoué, intermédiaire obligé entre la partie et les juges. L'avoué est un rouage nécessaire de la procédure : le tribunal ne connaît que lui.

Compétence des avoués. — L'avoué d'instance ne peut exercer que devant le tribunal civil de l'arrondissement.

L'avoué d'appel ne le peut également que devant la cour d'appel du ressort. Comme pour les notaires, la compétence de ces officiers ministériels est limitée par le territoire.

Les avoués peuvent-ils plaider ? — S'il n'existe pas d'avocats, ou s'ils sont en nombre insuffisant dans un arrondissement, les avoués peuvent plaider. C'est ce qui se voit assez souvent en province.

Honoraires des avoués. — Les émoluments que réclament les avoués sont assez élevés d'ordinaire. Si l'on pensait qu'il y eût lieu à réduction, le mieux serait de demander la taxation des frais et, le cas échéant, de s'adresser à la chambre de discipline de la corporation.

La partie gagnante peut se faire rembourser par la partie perdante les émoluments légaux de son avoué.

Les avoués demandent d'ordinaire à leurs clients avant de commencer les démarches, une *provision* destinée à les couvrir de leurs frais et comprenant aussi parfois leurs honoraires.

AGRÉÉ

DÉFINITION L'*agréé* est un intermédiaire désigné aux plaideurs par les tribunaux de commerce, pour leur servir à la fois d'avoué et d'avocat, de défenseur et de mandataire.

Cette corporation a été créée dans l'intérêt des parties, pour les motifs suivants :

Un avocat ne peut, sans contrevenir aux défenses des conseils de l'Ordre, recevoir de son client un pouvoir écrit l'autorisant à le représenter [1].

D'autre part les avoués d'instance ou d'appel sont tenus, devant les tribunaux de commerce, près desquels ils perdent leur caractère officiel, de se pourvoir, comme de simples particuliers, d'une autorisation timbrée et enregistrée, qui leur permet de représenter leur client.

Donc, l'avocat ne pourrait que plaider, et devrait être assisté à l'audience par son client, ou un tiers, avoué ou autre. Les affaires commerciales souffrent mal ces complications. Pour les éviter, les tribunaux de commerce nomment eux-mêmes des personnes qualifiées à tous points de vue pour représenter les parties et porter la parole en leur nom.

L'agréé n'est pas un officier ministériel comme l'avoué. Il acquiert sa charge et la transmet, sans que le gouvernement ait rien à y voir, mais sous le contrôle du tribunal de commerce.

Autre différence entre l'avoué et lui : son concours n'est nullement indispensable. Toute personne rompue aux choses du commerce, ayant une certaine facilité de parole, peut se passer de lui,

---

1. La loi de finances de 1911 a modifié cet état de droit en autorisant l'avocat à plaider *sans pouvoir* devant les tribunaux de commerce. Désormais le monopole de fait des agréés se trouve aboli.

bien que, dans les cas épineux, il y ait toujours avantage à recourir à l'expérience et au savoir d'un homme d'affaires professionnel.

Les honoraires de l'agréé sont généralement modestes.

TABLEAU DES HOMMES DE LOI DONT L'ASSISTANCE EST NÉCESSAIRE
LES DIFFÉRENTES JURIDICTIONS

Devant { le tribunal des conflits; le conseil d'Etat; la cour de cassation;	l'avocat aux Conseils, avoué et avocat.
Devant un tribunal civil;	avocat et avoué près ce tribunal.
Devant une cour d'appel;	avocat et avoué d'appel.
Devant la justice de paix; Devant le conseil de prud'hommes;	pas d'intermédiaire, ce qui dans ce cas est préférable, ou bien un avocat ou un avoué plaidant.
Devant le conseil de préfecture;	pas d'intermédiaire si l'on peut s'en dispenser, ou un intermédiaire quelconque ou un avocat.
Devant { le tribunal de simple police; le tribunal correctionnel; la chambre des appels correctionnels de la cour d'appel; le conseil de guerre; la cour d'assises.	avocat.

NOTA. — Le mot *Avocat*, *sans autre mention*, désigne les hommes d'affaires ou gérants de contentieux par opposition aux *Avocats au tribunal ou à la cour d'appel*, et par opposition à la catégorie toute spéciale des Avocats au Conseil, qui cumulent les fonctions de l'avoué et de l'avocat.

HUISSIERS

DÉFINITION Les huissiers sont des officiers ministériels chargés de deux fonctions principales.

Ils signifient, au nom des parties en litige, les actes de procédure échangés entre elles, et certifient valablement, devant la justice, un acte ou un fait qu'ils constatent.

Ils effectuent les saisies, qu'on nomme aussi *voies d'exécution forcée*.

On appelle exploits tous actes accomplis par huissiers.

Conditions nécessaires aux exploits d'huissiers. — Les exploits d'huissiers, pour être valables, doivent contenir :

1º La date du jour, du mois et de l'an ;
2º Les noms des parties et leurs domiciles :
3º Leur profession ;
4º L'inscription ou *immatricule* du nom de l'huissier au tableau de la corporation ;
5º Leur coût ;
6º La copie des pièces à l'appui de leur demande ;
7º La signature de l'huissier ;
8º Le nom de celui auquel il en a laissé copie.

De plus, à peine de nullité, l'original de l'exploit doit être enregistré dans les quatre jours.

Cette disposition est une dérogation au principe qui s'applique généralement aux actes non enregistrés, et qui en laisse subsister la portée et la valeur, tout en frappant les contrevenants d'une amende.

En ce qui concerne les exploits d'huissiers, la loi se montre, comme on voit, plus rigoureuse.

L'original de l'exploit est remis à celui qui fait la signification ; une copie est laissée à chaque personne à qui il est signifié.

ACTES OU EXPLOITS LES PLUS FRÉQUENTS Au cours d'un procès en recouvrement de dettes, les actes que l'huissier est appelé à accomplir sont les suivants :

1ᵒ Sommation de payer;
2ᵒ Demande en justice ;
3ᵒ Signification du jugement ;
4ᵒ Commandement de paye ;
5ᵒ Saisie mobilière.

On adresse à son débiteur la *sommation de payer*, avant de recourir à la justice.

S'il refuse, on l'assigne devant le tribunal compétent ; c'est la *demande en justice*.

Le jugement obtenu, l'huissier le lui *signifie*.

Faute par lui de s'acquitter, l'huissier lui remet un *commandement de payer*.

Le débiteur résistant encore, l'huissier *saisit* ses meubles et les fait enlever, pour qu'ils soient vendus aux enchères.

La sommation de payer peut être faite par tout créancier, même sans titre. Le commandement ne peut l'être que par un créancier dont le titre est constaté par jugement ou acte authentique. La sommation de payer ne sert qu'à faire courir les intérêts de la dette, mais le commandement de payer et la demande en justice interrompent la prescription.

Ces actes sont généralement préparés par l'avoué ; c'est lui surtout qui s'occupe de la *saisie immobilière*, soumise à une réglementation spéciale dont nous parlerons en son lieu.

En dehors des actes qui viennent d'être énumérés et définis, le ministère des huissiers est nécessaire toutes les fois qu'il y a lieu de *constater* d'une manière incontestable un dommage, un fait quelconque, qui doit servir de base à une action en justice. Il appartient à l'avoué de conseiller son client à cet égard.

Comment sont répartis les huissiers. — Les huissiers sont groupés par arrondissement, et répartis, en principe, par chef-lieu de canton. Ils peuvent instrumenter dans les limites de l'arrondissement, et, exceptionnellement pour la Seine, dans les limites du département.

Huissiers audienciers. — Les huissiers qui assurent le service des audiences dans les tribunaux et cours d'appel sont qualifiés *huissiers audienciers.*

Quand les tribunaux en question ont à désigner un huissier pour un acte, ils choisissent toujours un huissier audiencier. De plus, les huissiers près les tribunaux civils ou les huissiers près les cours d'appel ont le monopole de la signification des actes que s'adressent les avoués d'instance et les avoués d'appel.

Inviolabilité des huissiers. — Toute violence, toute résistance contre les huissiers dans l'exercice de leurs fonctions constitue un délit de rébellion. Mais les huissiers ne sont considérés comme étant en fonctions que lorsqu'ils sont entrés au domicile de celui contre lequel ils instrumentent.

Comment sont remis les exploits. — Les exploits sont remis à la *personne* ou au *domicile.*

S'il est impossible de les remettre au domicile, à quelque parent ou domestique, l'huissier laisse la copie à un voisin ; celui-ci donne sa signature sur l'original. S'il la refusait, ou s'il ne pouvait signer, pour un motif quelconque, l'officier ministériel devait s'adresser au maire qui mettrait son visa sur l'original et garderait la copie.

Depuis quelques années, la loi exige que les copies d'exploits soient remises à des tiers sous enveloppe fermée, sans autre mention que l'adresse du destinataire, avec le cachet de l'huissier.

Fonctions accessoires des huissiers. — En province, les huissiers peuvent être en même temps commissaires-priseurs. A Paris, les deux fonctions ne sont pas compatibles.

Commissaires-priseurs. — Les *commissaires-priseurs*, officiers ministériels, sont chargés exclusivement dans leur résidence des ventes publiques de meubles, qu'elles soient volontaires ou forcées. Les ventes forcées suivent toujours la saisie, la faillite, le warrant, la réalisation du gage des créanciers.

Les ventes volontaires *en détail* seules appartiennent au ministère des commissaires-priseurs.

Elles se font soit aux enchères, soit au rabais, soit à prix fixe.

Courtiers inscrits ou assermentés. — Les ventes publiques de marchandises en gros sont le monopole des courtiers inscrits ou *assermentés près le tribunal de commerce.* Elles ont lieu par lots d'au moins cent francs.

GREFFIERS

DÉFINITION Les greffiers sont, comme les avoués, les notaires et les huissiers, des officiers ministériels, mais ils ne jouissent pas comme eux de l'inamovibilité. Leurs fonctions essentielles sont d'assister les magistrats dans l'exercice de leur magistrature. Ce sont eux qui écrivent les actes et qui en assurent l'expédition ainsi que la conservation.

Il y a un greffier par tribunal. Les tribunaux purement administratifs n'en ont pas.

Dans quels cas l'intervention du greffier est-elle nécessaire ? — Seul le greffier est autorisé à recevoir les déclarations suivantes : renonciation à une succession, à la communauté de biens entre conjoints, acceptation de succession sous bénéfice d'inventaire. Il en est de même pour les déclarations de surenchère.

Autres attributions du greffier. — C'est au greffe du tribunal civil que l'on doit demander :

1º Les expéditions des jugements rendus par ce tribunal ;
2º Les expéditions des actes de l'état civil des différentes communes qui se trouvent dans le ressort du tribunal civil.

Les frais de ces expéditions sont fixés par un tarif.

Situation des greffiers au point de vue juridique. — Les greffiers sont membres du tribunal au nom duquel ils exercent leurs attributions.

Ils prennent rang après les officiers du ministère public (procureur général et substitut).

Rattachés individuellement à un tribunal, ils ne forment pas de corporation. Ils sont à la nomination du Président de la République qui peut les révoquer .

14

Officiers du ministère public. — Tout le monde connaît le rôle des officiers du ministère public, organes de l'action publique qui exerce la vindicte légale, c'est-à-dire qui réclame l'application des pénalités.

Mais ils interviennent ailleurs que dans les affaires criminelles ou correctionnelles ; ils prennent part aux affaires civiles, en tant que défenseurs de l'ordre public menacé. Leur action se manifeste dès que l'intérêt général est en jeu. Ce sont eux parfois qui entament la procédure et se posent en *partie principale*. Ou bien ils se mêlent au procès déjà engagé par les particuliers dans un intérêt personnel. Ils sont alors *partie jointe*. Ils ont de droit communication du dossier de certaines affaires. Les tribunaux civils et les cours d'appel ont droit aussi de leur transmettre tous les dossiers qu'ils jugent devoir être examinés par eux.

Le ministère public ou Parquet, ou magistrature debout, par opposition à la magistrature assise qui comprend les juges, est un corps entièrement distinct de celle-ci, et tout à fait indépendant à son égard. Il représente le pouvoir exécutif, comme la magistrature assise représente le pouvoir judiciaire. Il a sa hiérarchie spéciale qu'on peut figurer ainsi, en commençant par le plus haut degré :

Ministre de la Justice ;
Procureur général près la cour de cassation ;
Procureurs généraux près les cours d'appel ;
Procureurs généraux et substituts près les tribunaux civils du ressort de chaque cour d'appel.

Le ministère de la justice donne directement ses ordres aux procureurs généraux près les cours d'appel ; le procureur général près la cour de cassation ne figure ici qu'à cause de son haut rang dans la hiérarchie, mais il n'intervient pas dans la pratique entre le ministre et les représentants du Parquet près les cours d'appel.

Une caractéristique essentielle du ministère public, c'est son unité absolue. Chaque membre représente le corps intégralement. Un procureur et son substitut peuvent se partager les audiences d'une affaire, tandis que les juges sont tenus, pour participer au jugement, d'avoir assisté à toutes.

Les juges. — Les juges possèdent l'inamovibilité et ne peuvent être, en principe, déplacés qu'avec leur consentement. Ils n'ont pas à obéir au ministre de la Justice, non plus qu'au Parlement; s'ils commettent des fautes dans l'exercice de leurs fonctions, la cour de cassation constituée en Conseil supérieur de la magistrature peut demander au Président de la République leur changement de résidence, sans diminution de traitement ni rétrogradation.

Les juges de paix ne sont pas inamovibles, mais ne sont révoqués que sur la proposition d'une commission mixte, formée de magistrats de la cour de cassation et de hautes personnalités du ministère de la Justice.

LA LÉGALISATION

L A légalisation de la signature est une formalité essentielle en bien des circonstances et dont l'omission entraîne la nullité des actes pour lesquels cette formalité est exigible.

La formalité de la légalisation est applicable à un certain nombre d'actes, surtout lorsqu'ils doivent être employés en dehors du ressort du signataire. Nous donnons ci-dessous les principaux, avec l'indication des représentants de l'autorité qui donnent valablement la légalisation.

Actes.	*Législation.*
1° Certificats de vie exigibles pour toucher les rentes ou pensions de l'Etat, et rédigés par des notaires.	Signature du notaire rédacteur légalisée par le président du tribunal civil, ou, à son défaut, par le juge de paix du canton.
2° Tous actes délivrés par les commissaires de police, médecins, chirurgiens, membres du bureau de bienfaisance, etc.	Signatures légalisées par le maire.
3° Actes de l'état civil.	Signature légalisée par le président du tribunal civil, ou, à défaut, par le juge de paix du canton.
4° Actes notariés.	Idem.
5° Actes portant signature des membres d'un tribunal de commerce, ou d'un syndicat d'agents de change et courtiers.	Signatures légalisées par le président du tribunal de commerce.
6° Brevets de capacité pour instituteurs primaires.	Signature légalisée par le recteur.

7° Actes des agents de l'administration des finances.

Signatures légalisées par les trésoriers-payeurs généraux, ou par les agents hiérarchiquement supérieurs aux signataires.

8° Actes administratifs { des sous-préfets. des maires ou des agents inférieurs.

Signatures légalisées par le préfet.

Par le préfet ou le sous-préfet.

9° Jugements, arrêts et tous actes destinés à l'étranger, portant les signatures de tous les agents en remontant hiérarchiquement au ministre des Affaires étrangères.

Signature du ministre légalisée par l'ambassadeur du pays.

DOMICILE ET RÉSIDENCE

L E *domicile* d'une personne est le lieu où elle demeure d'une façon fixe et où se trouve le centre de ses affaires. M. X..., négociant à Paris, accomplit son service militaire à La Rochelle. Son domicile est à Paris, sa résidence à La Rochelle. M. Z... né à La Rochelle, où il a sa famille, fait son droit à Paris. Son domicile est à La Rochelle, sa résidence à Paris. Si tous deux sont dans ces résidences depuis un mois, ils pourront s'y marier.

Cette disposition est commune à toute personne, quelle que soit sa condition sociale.

Actes qui doivent être faits et reçus au domicile propre. — Doivent être faits au domicile les actes suivants :

Adoption,
Emancipation.

Doivent être reçus à domicile :

La signification des actes de procédure par huissier;
Celle du jugement.

Doivent se régler au lieu de domicile, par le tribunal civil de l'endroit :

Les affaires de succession.

Par le tribunal de commerce :

Les procédures de faillites.

Plusieurs sortes de domiciles. — Il y a d'abord le domicile ordinaire, celui que la personne s'est choisi, le lieu où elle habite, où elle a établi son négoce ou son industrie.

Il y a ensuite le domicile *légal* et obligé que la loi désigne elle-même à certaines catégories d'individus.

Il y a enfin le *domicile d'élection*, domicile commun choisi à propos d'une affaire commune par les parties, dans le ressort d'un tribunal qui doit régler l'affaire.

DOMICILE LÉGAL   Voici le tableau des principaux cas où un icilelégal est assigné.

1° La femme mariée, non séparée de corps, a son domicile légal chez son mari.

2° La femme mariée commerçante peut avoir deux domiciles.
    A. Celui où se tient son commerce,
    B. Celui de son mari.
C'est le tribunal du premier domicile qui sera compétent en cas de faillite.

3° Les enfants mineurs ont leur domicile légal } chez leurs père et mère ou chez le survivant des deux.

4° Les mineurs orphelins, en tutelle } chez leur tuteur.
5° Les interdits

6° Domestiques, ouvriers travaillant chez autrui, secrétaires, régisseurs, précepteurs, à condition que ce ne soient ni des mineurs non émancipés ni des femmes mariées. } chez leur maître.

Fonctionnaires inamovibles et dont l'emploi n'est pas exercé à titre temporaire. } au lieu de leur emploi.

DOMICILE D'ÉLECTION   Dans le cas d'un domicile d'élection choisi par les parties pour l'unification de la procédure comme il vient d'être expliqué, les actes n'en seront pas moins adressés et signifiés au domicile réel et individuel de chacun.

Cependant les parties peuvent convenir d'un domicile fictif chez un tiers, où, si elles le demandent, les actes de procédure seront reçus par ce titre.

Si l'une des parties décède avant le jugement, le domicile d'élection qu'elle avait choisi demeure obligatoire pour ses héritiers, afin d'éviter de nouveaux frais.

Les paiements ne se feront au domicile d'élection que si les parties l'ont expressément stipulé.

CHANGEMENT DE DOMICILE Une personne qui n'a pas de domicile légal peut toujours changer de domicile.

Ce changement s'effectue par le seul fait de venir habiter et s'établir dans le nouvel endroit. Aucune durée de résidence préalable n'est fixée pour que le transfert du domicile ait lieu.

Le changement de domicile devra être déclaré à la gendarmerie par les personnes soumises à la loi militaire. Il en est de même pour le changement de résidence.

Pour être inscrit sur les listes électorales il faut habiter la commune depuis au moins six mois.

LE PATRIMOINE
ET LA PROPRIÉTÉ

« On appelle ainsi, dit M. Henri Adam, l'ensemble des droits et des charges d'une personne appréciables en argent. Les éléments qui le composent peuvent changer, mais le patrimoine en lui-même est inaliénable, car il est la conséquence de la personnalité à qui il reste nécessairement attaché. »

DROITS Les droits sont *réels* quand ils ont rapport à une chose et *personnels* quand c'est à une personne. Ils se subdivisent eux-mêmes en *créances* et en *obligations*. Quand il y a obligation de faire ou de donner, elle est dite obligation *positive* ou *prestation ;* quand il y a obligation de ne pas faire, elle est dite *abstention*.

Tout possesseur d'un droit réel a de plus le droit de *préférence* et le *droit de suite*.

Le droit *de préférence* est exercé, par exemple, en cas de faillite ou de déconfiture, par un créancier hypothécaire, qui est payé de préférence à un créancier ordinaire ou chirographaire, lequel n'a qu'un droit personnel.

Le *droit de suite* est celui qui concerne un créancier hypothécaire, impayé sur un immeuble vendu, entre les mains d'un nouvel acquéreur.

Propriété et droits réels. — La *propriété* est le plus important parmi les droits réels : elle confère la faculté de disposer absolument d'une chose, dans les limites légales de la liberté individuelle.

L'usufruit permet de jouir d'une chose, mais à charge de la conserver. Le propriétaire ne garde plus, sur la substance de la chose abandonnée en usufruit à un tiers, que le droit de nue propriété.

Le *droit d'usage* est un usufruit restreint ; il permet de se servir de la chose, mais sans en toucher les fruits ou revenus.

Le *droit de servitude* est une charge subie par un immeuble pour l'utilité d'une immeuble voisin, appartenant à un autre propriétaire.

Le *droit d'emphytéose* est le droit, pour un locataire à bail, de l'hypothéquer pour sa durée, de le grever de servitudes d'usage ou d'usufruit.

Le *gage* permet au créancier de se faire payer le premier sur les meubles.

L'*hypothèque* lui donne le même avantage quant aux biens immeubles.

Le *privilège* lui assure la préférence sur les autres créanciers gagistes ou hypothécaires.

Biens consomptibles et non consomptibles. — Les biens dont on ne peut se servir sans les consumer sont *consomptibles :* telle une somme d'argent empruntée. L'usufruitier ou l'emprunteur les restitue à l'échéance, après les avoir consommés ou aliénés.

Les biens *non consomptibles*, dont on peut se servir sans les consommer, ne doivent pas l'être par l'usufruitier ou l'emprunteur, qui ne peut en conséquence les aliéner : telle une maison.

Biens fongibles entre eux. — Ce sont ceux qui peuvent mutuellement se remplacer : par exemple une somme d'argent par une somme équivalente.

Les *corps certains*, désignés individuellement (un cheval, un tableau) ne sont pas fongibles. On leur oppose les *choses de genres*, désignées par l'espèce, qui sont fongibles : tels deux sacs de pommes de terre.

Le *débiteur* est libéré par la perte fortuite du *corps certain*, qui ne peut être remplacé ; il ne l'est pas par celle d'une *chose de genre*, à laquelle on en peut substituer une autre.

BIENS MEUBLES ET IMMEUBLES

L ES biens se divisent en deux catégories : les meubles et les immeubles (du latin *movere*, mouvoir et *im*, préfixe privatif). *Meuble* c'est ce qui peut être transporté, détaché; *immeuble* ce qui ne peut l'être, soit absolument et matériellement, soit moralement.

On comprend qu'une *maison*, à moins d'être démolie, ne peut être détachée ni transportée ; mais les clefs des portes, les girouettes, les volets de la maison, les statues qui la décorent, sont aussi des immeubles, sinon par nature, du moins par leur destination, laquelle est de faire corps avec la maison.

Bien plus, une action de la Banque de France, qui, en soi, est un meuble, peut devenir immeuble, par une déclaration qui doit être faite au siège de la Banque. C'est ce qu'on appelle l'immeuble par déclaration, et il n'en existe que cet exemple.

On conçoit qu'il serait très difficile d'énoncer une règle générale fixant en termes absolus la nature du meuble et de l'immeuble ; et pour savoir à quelle catégorie appartiennent tels ou tels biens, il est nécessaire de se reporter aux règles particulières édictées séparément pour chaque espèce de biens. De là, l'utilité des deux tableaux suivants, qui présentent successivement l'énumération des principaux meubles et des principaux immeubles. On s'apercevra que la distinction établie par la loi n'est pas arbitraire, bien qu'elle repose parfois sur des éléments assez subtils, et malaisés à définir.

I
Meubles par nature

Tous objets mobiliers dont la valeur peut être représentée en argent. Ils peuvent devenir immeubles dans certaines circonstances. Exemples :

Bains
{ Meubles s'ils sont sur bateaux,
Immeubles s'ils sont sur pilotis,

Matériaux
{ Meubles après la démolition,
Immeubles après la construction.

Fruits
{ Meubles une fois cueillis, quoique saisissables à part six mois avant la maturité et donnant lieu à une vente mobilière.

Coupes de bois.
Pierres extraites des carrières.

II
Meubles par leur objet ou droits mobiliers.

Tous droits s'appliquant à des objets mobiliers tels par exemple qu'une créance de 1.500 francs, celle d'une rente, à condition qu'on ne puisse en exiger aussi le capital.

III
Propriétés incorporelles.

Toutes propriétés dont l'objet n'a rien de corporel, tels que fonds de commerce, propriété littéraire, brevets.

I
Immeubles par nature

Terrains.
Végétaux sur pied.
Edifices
{ Bâtiments proprement dits, et pièces faisant corps avec eux.
Travaux d'art.

II
Immeubles par destination.

Exploitation industrielle, commerciale ou civile. — Dans une exploitation agricole.

Animaux servant à la culture.
Machines agricoles.
Ustensiles nécessaires à la culture, à la récolte, aux vendanges, etc.
Animaux vivant dans un endroit fixe, tels que les pigeons d'un colombier, les poissons d'un étang, etc.

Objets nécessaires à cette exploitation, mais avec la condition spéciale que les bâtiments aient été aménagés pour les recevoir. Par exemple, les décors d'un théâtre sont immeubles par destination, le théâtre ayant été disposé expressément pour les utiliser et pour les loger.

III Immeubles par leur objet.	Droits réels.	Immobiliers en eux-mêmes	hypothèque. emphytéose. servitude.
		Quand ils por- tent sur des immeubles.	propriété. usufruit. usage. privilège.
		Droits personnels portant sur des immeubles ou de créance. Une créance qu'on a sur un terrain est un immeuble.	
IV Immeubles par déclaration.		Valeurs mobilières immobilisables par une déclara- tion de leur propriétaire. Telles les valeurs de la Banque de France.	

On a vu par ce tableau que les immeubles sont l'objet de droits immobiliers, et les meubles, de droits mobiliers. L'action en justice par laquelle on revendique un de ces droits est elle-même mobilière ou immobilière, comme le droit réclamé. On fera bien de se rappeler cette explication, qui ne sera plus répétée lorsqu'il sera question, par exemple, de la saisie mobilière ou immobilière.

DE L'HYPOTHÈQUE

L'HYPOTHÈQUE permet au créancier qui n'est pas payé à l'échéance de mettre la main sur l'immeuble hypothéqué, quel qu'en soit le possesseur actuel, de le faire vendre et de se faire payer sur le prix par préférence.

L'hypothèque est transmissible aux héritiers du créancier et du débiteur en raison de leurs parts respectives. Mais l'action réelle hypothécaire ne peut être exercée que par l'un quelconque des héritiers du créancier, étant de sa nature indivisible.

Sur quelles catégories d'immeubles s'exerce l'hypothèque ? — Sur tous les immeubles *aliénables*, en entendant ainsi par immeubles les droits réels immobiliers, les accessoires et les immeubles par destination.

Combien y a-t-il d'hypothèques ? — On en distingue trois sortes : l'*hypothèque conventionnelle*, constituée par un débiteur à son créancier en garantie d'une obligation, l'*hypothèque légale* attachée aux créances de la femme mariée, des pupilles envers leur tuteur, etc. ; l'*hypothèque judiciaire* qui s'exerce également de plein droit pour les jugements.

Comment se constitue une hypothèque conventionnelle ? — L'hypothèque déclare la nature et la situation des immeubles, détermine la cause et le montant de la créance ; elle est faite par acte notarié ou par sous seing privé déposé chez un notaire par les deux parties, par celle, au moins, qui l'a consentie. Elle peut être faite aussi par procuration, en observant les mêmes formalités. Elle doit être *inscrite* sur le registre spécial du bureau des hypothèques pour que les charges qui grèvent les immeubles soient connues du public. La transcription ou copie intégrale a pour but de permettre aux tiers intéressés de connaître les actes de transmission et de saisie.

DROITS D'HYPOTHÈQUES Voici le tableau des droits d'hypothèques :

Inscription. Droit proportionnel de 25 centimes p. 100 avec minimum de 25 centimes.

Transcription. Id.

Subrogation. Droit proportionnel de 10 centimes p. 100.

Radiation. Id.

Réduction. Id. sur le montant de la dette ou sur la valeur de l'immeuble affranchi, dans le cas où cette valeur lui serait inférieure.

Hypothèques de biens à venir. — On ne peut hypothéquer les biens à venir que si les biens présents sont insuffisants ou lorsque les immeubles hypothéqués, suffisants à l'origine, ont péri ou sont dépréciés au point de ne plus garantir le créancier. Le débiteur peut alors, pour éviter d'être poursuivi par le créancier, lui offrir un supplément d'hypothèque.

Placements hypothécaires. — Pour ce genre de placements ou de prêts, on s'adresse à un notaire qui indique les emprunteurs légitimes propriétaires et capables d'aliéner leurs immeubles. Le notaire agit comme mandataire et avec les responsabilités de droit.

L'hypothèque consentie par un incapable est annulable à sa demande seulement.

Renonciation de la femme mariée. — La femme mariée peut renoncer à l'hypothèque que la loi lui donne sur les immeubles de son mari, soit tacitement soit expressément, par acte notarié. Mais pour être valable, elle doit être rendue publique par la transcription.

Privilèges. — Les vendeurs, copartageants, architectes et entrepreneurs sont privilégiés par rapport aux créanciers hypothécaires sur le prix de vente d'un immeuble.

LA SAISIE — SAISIES MOBILIÈRES

L A saisie est une opération par laquelle, à la requête des créanciers, les biens du débiteur sont mis sous la main de justice pour être ensuite vendus afin d'éteindre autant que possible les créances. Quand l'action est exercée à propos d'immeubles grevés d'hypothèques et de privilèges, la répartition des sommes est appelée *ordre* ; en dehors de ce cas, elle prend le nom de *distribution par contribution*.

BIENS SUSCEP-TIBLES DE SAISIE Ce sont, à part les exceptions ci-dessous désignées, tous les biens présents et à venir du débiteur, sans distinction de meubles et d'immeubles. Mais la saisie immobilière étant fort onéreuse, on commence toujours par les meubles existants. Le créancier peut d'ailleurs procéder aux deux saisies en même temps. Le commandement qui doit les précéder est alors un *commandement à toutes fins*.

Sont exceptés de la saisie :

1° Le coucher du saisi et de ses enfants ;
2° Les habits qu'ils ont sur eux ;
3° Les livres professionnels, les machines tels qu'appareils de physique ou d'art, jusqu'à une valeur de 300 francs ;
4° L'équipement de son grade, à l'ordonnance, s'il est militaire ;
5° Ses outils ;
6° La quantité de farine et d'autres denrées analogues nécessaire pour lui et sa famille pendant un mois ;

7° A son choix $\begin{cases} \text{une vache,} \\ \text{ou deux brebis.} \\ \text{ou deux chèvres.} \\ \text{avec leur nourriture pendant ce mois.} \end{cases}$

Encore n'y a-t-il que les deux premiers articles qui soient, dans tous les cas, insaisissables. Le reste peut être saisi pour différents motifs.

Les pensions alimentaires, les pensions de retraites, les salaires d'ouvriers et de gens de service (pour les neuf dixièmes de leur valeur), les salaires d'employés et commis jusqu'à 2.000 francs sont insaisissables.

A partir de 2.000 francs, ces dernières seraient saisissables en totalité, mais l'usage est de n'accorder que la saisie d'un cinquième, du moins quand l'employé en question n'a pas d'autres moyens d'existence.

Les rentes nominatives de l'Etat français sont en principe insaisissables. Toutefois la jurisprudence établie par la cour de cassation a singulièrement tempéré le principe. Elle décide que les créanciers ne sont pas admis à pratiquer opposition sur le Trésor. Hors cette exception importante, elle considère que les rentes françaises font partie, au même titre que les autres valeurs, du gage des créanciers.

Le capital et les intérêts des lettres de gages du Crédit Foncier sont insaisissables comme la rente française.

Tout ce qui est personnel et inaliénable est insaisissable, par exemple un droit strictement attaché à la personne, tel que le droit d'habiter.

Qui connaît des difficultés relatives à la saisie ? — Ce sont les juges civils et non les juges de commerce. Le tribunal civil du lieu de la saisie intervient pour toutes les saisies autres que la saisie-arrêt ; celle-ci est de la compétence du tribunal civil du lieu de domicile du saisi.

Différentes sortes de saisies mobilières. — On distingue huit sortes de saisies mobilières :

1º La saisie-gagerie ;
2º La saisie-exécution, la plus fréquente ;
3º La saisie-brandon ;
4º La saisie-foraine ;
5º La saisie-revendication ;
6º La saisie-conservatoire ;
7º La saisie-contrefaçon ;
8º La saisie-arrêt.

La saisie-gagerie est exercée par le propriétaire ou bailleur

15

sur les meubles du locataire ou preneur, en garantie du paiement des termes échus, un jour après le commandement signifié par huissier, ou sans ce commandement, mais avec l'autorisation de la justice. Elle doit être approuvée par le tribunal pour qu'il soit possible de procéder à la vente des meubles.

De la saisie-exécution en particulier. — C'est celle qui a lieu le plus fréquemment, avec la saisie-arrêt. Elle nécessite un titre *exécutoire*, qui peut être un acte authentique ou un jugement.

Le jugement n'est exécutoire qu'un jour après qu'il a été signifié.

L'appel est suspensif, si le jugement n'est *exécutoire par provision*.

Si le jugement a été rendu par défaut, le délai d'un jour est porté à huit, à moins qu'il ne s'agisse d'un jugement du tribunal de commerce, exécutoire un jour après sa signification, ou d'un jugement du juge de paix, exécutoire trois jours après.

L'ordonnance de référé, contre laquelle il ne peut jamais y avoir d'opposition, est exécutoire par provision après vingt-quatre heures, malgré l'appel ; en cas d'urgence, il n'est pas fait de signification.

Quand des héritiers sont poursuivis, la signification faite au défaut doit leur être renouvelée personnellement au moins huit jours avant toute exécution.

QUELS SONT LES ACTES DE LA SAISIE-EXÉCUTION ? Les actes de la saisie-exécution sont :

1º Un commandement de payer dans les vingt-quatre heures, pour éviter la saisie adressée par huissier au débiteur, et par lequel le créancier élit domicile au lieu d'exécution, où le débiteur peut lui faire signifier tous actes, tels qu'appel du jugement exécutoire ou offre de paiement.

2º Un jour après au moins (ou au bout d'un délai calculé à raison d'un jour par 5 myriamètres de distance entre le domicile du poursuivi et le lieu de la saisie), l'huissier, en personne, procède à la saisie, accompagné obligatoirement de deux témoins ou *recors*, qui ne peuvent être ni ses clercs, ni ses domestiques, ni ses parents, ni ceux de son mandant, ni ceux du poursuivi.

Du 1er octobre au 31 mars, la saisie peut avoir lieu de six heures du matin à six heures du soir, et depuis le 1er avril jusqu'au 30 mars, de quatre heures du matin à neuf heures du soir. Toute signification ou saisie faite un jour férié, sans l'ordre exprès du juge, entraîne pour l'huissier une amende de 5 à 100 francs.

L'huissier ne peut jamais forcer une porte pour entrer, ni entrer par une fenêtre, ni passer par-dessus un mur.

Si on lui refuse l'accès, il placera un gardien près de la porte et ira chercher le juge de paix, ou le commissaire de police, ou le maire, ou l'adjoint, ou un conseiller municipal, en suivant l'ordre indiqué par le tableau. Ce sont ces autorités qui requièrent la force publique ; la porte est enfoncée si cela est nécessaire.

3° L'huissier rédige un *procès-verbal de saisie*, mettant « sous la main de justice » les meubles désignés. Il énonce les jour, lieu et heure de la vente, possible seulement après un délai minimum de huit jours, si le tribunal civil n'en ordonne autrement, pour éviter la détérioration et la dépréciation des objets.

4° L'huissier installe un gardien de la saisie, qui doit être faite sans rien déplacer, à moins que les objets ne soient nombreux et dispersés : dans ce cas, il les fait réunir dans un même endroit.

Pour l'argent disponible, il peut le déposer à la Caisse des dépôts et consignations, ou l'emporter chez lui, ou même (mais avec l'autorisation du saisi et celle de tous les créanciers) le remettre à celui pour lequel il instrumente.

Le choix du gardien appartient d'abord au saisi, et en second lieu à l'huissier lui-même. Le saisi peut être choisi comme gardien.

Qu'arrive-t-il si l'huissier trouve la maison vidée de ses meubles ? — Il dresse un procès-verbal attestant leur disparition, et qu'on appelle un procès-verbal *de carence*.

Qu'en arrive-t-il en cas de contestation de la part du saisi ? — Le saisi qui veut faire opposition, ou interjeter appel, ou demander la nullité de la saisie, requiert l'huissier d'en référer au président du tribunal civil qui a toute autorité pour apprécier le bien-fondé de la constatation et lui donner la suite qu'elle comporte.

Demande en revendication. — Très souvent, il arrive qu'un tiers réclame comme siens une partie des meubles saisis. Sa revendication, dont l'effet est d'empêcher l'enlèvement aux fins de vente des objets désignés, doit être signifiée au gardien de la saisie, au saisi et au saisissant. Ces deux derniers sont assignés par le protestataire devant le tribunal civil. La saisie est maintenue, mais la vente différée jusqu'à jugement.

Le tiers peut être de connivence avec le saisi pour frauder le saisissant. Si la chose est évidente, le juge des référés passe outre. S'il y a doute, il arrête les poursuites, mais oblige le tiers à s'adresser au tribunal pour qu'il soit prononcé sur le fond.

Les créanciers non-saisissants peuvent-ils empêcher la vente ? —

Les créanciers ne peuvent que faire opposition sur le produit de la vente. Si la saisie est déclarée nulle, ils font procéder à la vente pour leur propre compte.

Quelquefois le saisissant ne procède pas à la vente ; ils peuvent alors le sommer de le faire, et, en cas de refus, poursuivre cette vente, pourvu qu'ils aient un titre exécutoire. Enfin, si la saisie n'a été que partielle, il leur est loisible de saisir ce qui a échappé.

Avant la vente. — Toute remise de la vente doit être signifiée par l'huissier au moins quatre jours à l'avance.

Celui-ci, un jour au moins avant qu'elle n'ait lieu, établit le procès-verbal d'apposition d'affiches, qui atteste que l'affichage et les insertions ont été faits conformément à la loi.

Les affiches consistent en un placard sur papier timbré énonçant le mobilier saisi, les jour, heure et lieu de la vente, et affiché en quatre exemplaires, un jour avant la vente, au lieu de la saisie, à la porte de la mairie, au marché de l'endroit ou, à défaut, au marché le plus voisin, et à la porte de la justice de paix.

Le jour de la vente. — L'huissier rédige le procès-verbal *de récolement des meubles.*

Il les fait transporter au lieu de la vente, à moins que le saisi n'ait introduit un référé signalé en ledit procès-verbal.

La vente se fait préférablement à la salle des ventes, s'il y en a une, sinon au marché, les jours de marché, ou à défaut, le dimanche. Au cas où les meubles ne pourraient être déplacés(à cause de leur poids ou de leur fragilité, etc.) le tribunal peut autoriser l'huissier, sur requête présentée par un avoué au président, à procéder sur les lieux mêmes à la vente des meubles.

Comment se fait l'adjudication. — L'adjudication se fait au plus offrant.

La vaisselle d'or et d'argent ne peut être cédée pour un prix inférieur à la valeur du métal.

Les bagues d'or et d'argent ne doivent pas être vendues au-dessous de leur prix d'estimation quand leur valeur dépasse 300 francs.

Partout où il existe des commissaires-priseurs (villes qui sont le siège d'un tribunal ou villes dont la population dépasse 5.000 habitants), ceux-ci, en vertu de leur monopole, procèdent seuls à la vente. Dans les autres villes, ils concourent avec les notaires, les huissiers, les greffiers.

Le reliquat du mobilier. — Si, après qu'on a vendu une partie des meubles saisis, la dette est éteinte et les frais acquittés, le reliquat appartient au saisi.

La vente et les créanciers opposants. — Lorsqu'il y a des créanciers opposants autres que le propriétaire du saisi, le commissaire-priseur, après avoir dressé procès-verbal de tous les meubles, adjuge et prélève les frais de poursuites, dépose le reliquat du prix de vente à la Caisse des dépôts et consignations.

Si le propriétaire du saisi figure parmi les créanciers opposants, il n'a qu'à introduire par avoué un référé contre les co-opposants et contre le saisi, pour toucher le reliquat des mains du commissaire-priseur.

La saisie-brandon. — C'est celle qui, en vertu d'un titre exécutoire, s'exerce sur les fruits naturels ou industriels du sol périodiques et susceptibles de se reproduire, tels que les fruits des arbres, les céréales, la pêche des étangs, les pieds d'arbres.

Elle ne peut avoir lieu que six semaines avant :

> La maturité des fruits ;
> Les coupes de bois ;
> La pêche des étangs.

La procédure de la saisie-brandon est la même que celle de la saisie-exécution, sauf que le gardien de la saisie est obligatoirement le garde champêtre.

LA SAISIE-FORAINE C'est celle qui est exercée contre un débiteur étranger à la commune. Par exemple, c'est un fournisseur impayé (tailleur, libraire, etc.) qui recourt à cette voie d'exécution contre un étranger habitant à l'hôtel et susceptible de partir sans délai.

Le créancier fait présenter par avoué sa requête au président du tribunal civil, s'il n'aime mieux recourir lui-même au juge de paix, lequel n'est compétent que pour une créance qui ne dépasse pas 400 francs.

Muni de l'ordonnance de saisie, le créancier la fait signifier au débiteur forain par un huissier qui dresse en même temps procès-verbal des effets à saisir. Le débiteur a la faculté d'introduire un référé devant le président ou le juge de paix pour leur demander le retrait de l'ordonnance.

Il faut qu'un jugement du président ou du juge de paix confirme la saisie. L'huissier se borne donc à enregistrer, s'il y a lieu, les protestations du débiteur contre la saisie, mais il n'a pas à introduire un référé du procès-verbal. Le jugement obtenu, tout se passe comme pour la saisie-exécution.

SAISIE-REVEN-DICATION Celui qui réclame un bien meuble à un possesseur, de bonne ou de mauvaise foi, celui qui n'a pas reçu le prix de meubles vendus par lui, celui qui a vu déplacer sans son autorisation les meubles garantissant une maison ou une ferme louée par lui, peuvent exercer la saisie-revendication.

Dans le premier cas, la saisie-revendication a pour but d'empêcher le possesseur de se prévaloir de l'axiome : « Pour les meubles, possession vaut titre. » C'est le seul moyen qu'on ait, par exemple, de revendiquer un objet qu'on a perdu et qui a été trouvé par le détenteur actuel.

Le vendeur de meubles impayés, sans stipulation de délai pour le paiement, exerce valablement la saisie-revendication huit jours après la livraison des meubles. Ayant repris les meubles il les fait vendre et se paie sur le prix, avant les autres créanciers.

Le bailleur des meubles garnissant une maison ou une ferme et déplacés sans son aveu, les fera saisir par saisie-revendication, si le locataire s'en est déjà dessaisi, sinon par saisie-gagerie, comme il a été expliqué plus haut.

Il a quinze jours de délai, lorsqu'il s'agit d'une maison, et quarante lorsqu'il s'agit d'une ferme.

La saisie-revendication est autorisée dans les mêmes formes que la saisie-foraine.

L'huissier procèdera à la saisie-revendication en même temps qu'il signifie au saisi l'ordonnance de revendication et la requête à fin d'autorisation. Il dresse le procès-verbal de la saisie et une demande de validité est aussitôt introduite devant le juge de paix ou le président du tribunal civil.

Si la saisie est validée, elle peut être convertie en saisie-exécution, avec vente.

SAISIE-CONSER- Elle ne s'exerce qu'en matière commerciale,
V A T O I R E sur les biens meubles d'un débiteur, en garantie de ses dettes et pour maintenir leur effet
aux jugements prononcés contre lui. Le saisissant, muni ou non
d'un titre exécutoire, demande ou fait demander par un agréé au
président du tribunal de commerce l'autorisation. Il peut être fait
opposition à l'ordonnance du président, ou interjeté appel, mais
sans suspension du jugement.

Même notification au saisi que pour la saisie-revendication.
Dans les trois jours, il est assigné en validité, et si elle est prononcée
le jugement qui le condamne convertit la saisie-revendication en
saisie-exécution avec vente, comme plus haut.

SAISIE-CONTREFAÇON A. *En matière industrielle.*
Sur requête présentée par un avoué au
président du tribunal civil, au nom des pro-
priétaires de brevets et de marques, ceux-ci sont autorisés à faire saisir les
objets contrefaits, la contrefaçon doit avoir été constatée par huissier, et le
brevet ou la marque mis sous les yeux de la justice. Le saisissant devra de
plus (et obligatoirement s'il est étranger) déposer un cautionnement.

Le président a toute latitude pour autoriser la saisie non seulement des
objets contrefaits mais encore de tout ce qui a quelque rapport à l'œuvre
de contrefaçon, outils, livres de commerce, etc.

Les notifications sont faites au saisi dans la forme accoutumée.

Le délai imparti au saisissant pour l'assignation en validité est de huit
jours pour un brevet, et de quinze jours pour une marque.

B. *En matière littéraire et artistique.* — L'auteur ou l'imprimeur qui a
effectué au ministère de l'intérieur à Paris, à la préfecture en province, le
dépôt de deux exemplaires d'un livre ou de trois exemplaires d'une estampe,
a seul le droit d'en poursuivre la contrefaçon.

Il n'a pour cela qu'à s'adresser au commissaire de police, au juge de paix,
à leur défaut, au procureur de la République, et si ce dernier refuse, au
président du tribunal civil afin d'obtenir autorisation de faire saisir par
huissier. Il n'y a pas lieu à saisie-contrefaçon préalable.

DE LA SAISIE-ARRÊT OU OPPOSITION

En raison de sa fréquence et de sa procédure assez compliquée, la *saisie-arrêt* ou *opposition* mérite d'être étudiée dans un chapitre spécial.

DÉFINITION La *saisie-arrêt* est appelée de ce double nom parce qu'elle a pour effet d'*arrêter* entre les mains du *tiers saisi* les objets dus ou appartenant au *saisi* qu'il s'agit d'atteindre. X... a une créance sur Y..., qui ne le paie pas ; il arrête entre les mains de Z... le paiement que celui-ci fait à Y... pour rentrer dans son dû.

Avant toute chose, il faut que la créance d'X... soit évaluée d'une façon déterminée. Si elle ne l'est déjà, la justice l'évaluera au moins approximativement avant d'autoriser la saisie-arrêt.

Conditions nécessaires. — Quiconque veut procéder à une saisie-arrêt doit justifier d'un titre exécutoire, contre lequel il n'y ait pas d'opposition, ou sous seing privé ou verbal, mais, dans ce cas, il doit être autorisé par le tribunal civil, sur requête signée d'un avoué, ou par le juge de paix, si le montant des créances n'excède pas la compétence de celui-ci.

L'ordonnance peut être rapportée par un référé, à la demande du saisi.

Si la saisie-arrêt est motivée par un titre exécutoire, le saisi peut encore introduire un référé, pour que l'exécution en soit suspendue, soit pour une irrégularité de formes, pour une erreur sur le fond (comme si, par exemple, la créance n'était pas exigible), soit enfin pour obtenir une atténuation de la mesure, s'il y a lieu.

La loi de 1907. — La loi du 17 juillet 1907 a voulu empêcher le saisissant de rendre indisponibles, pour le recouvrement de sa créance, des capitaux disproportionnés avec celle-ci, ce qui arrivait lorsqu'il arrêtait, par le seul fait de son opposition, la totalité des sommes dues au saisi par le tiers saisi. La loi nouvelle décide que le saisi peut toujours introduire un référé, à l'effet d'être payé par le tiers saisi, sous la condition de verser à la Caisse des dépôts la somme fixée par le juge en garantie de la créance, pour le cas où cette dernière serait reconnue légitime.

Formalités. — On doit reporter sur l'exploit de saisie-arrêt le titre exécutoire s'il y en a, ou, à défaut, l'ordonnance et la requête. Si le saisissant n'est pas déjà domicilié au même lieu que le tiers saisi, il y fait élection de domicile. Enfin l'exploit exprime au tiers saisi la défense de payer au saisi.

Dénonciation et contre-dénonciation. — Le saisissant signifie la saisie-arrêt au saisi et l'assigne en validité de cette saisie dans les huit jours. Mais on ajoute à ce délai, s'il y a lieu, une prolongation calculée à raison d'un jour par cinq myriamètres de distance entre le domicile du saisissant et celui du saisi. C'est la *dénonciation*.

Le saisissant fait signifier la demande en validité au tiers saisi dans le même délai. C'est la *contre-dénonciation*.

L'omission de la demande en validité annule la saisie. Celle de la contre-dénonciation rend valables les paiements du tiers saisi au saisi.

Demande en déclaration affirmative. — La demande en déclaration affirmative a pour objet d'obtenir du tiers saisi la déclaration de la réalité et de l'importance de sa dette envers le saisi. Elle peut être signifiée au tiers par le même exploit d'huissier, au cas où le saisissant est muni d'un titre exécutoire.

Déclaration affirmative. — Elle doit être faite par le tiers saisi, devant le tribunal civil ou la justice de paix du lieu de domicile du saisi, selon l'importance de la dette. Elle comporte le délai ordinaire d'un jour par cinq myriamètres, si le tiers n'habite pas au lieu de domicile du saisi.

Elle doit énoncer la réalité et l'importance de la dette, et tous les éléments capables de la transformer, de l'augmenter, de l'amoindrir. Au cas où le tiers saisi la nierait, il devrait prouver son dire par un acte, ou par un fait.

Qu'arrive-t-il s'il n'est pas fait de déclaration affirmative ? — Le tiers saisi, qui ne fait pas de déclaration affirmative, se trouve tenu du montant *intégral*, quel qu'il soit, de la créance du saisissant envers celui-ci, et, envers le saisi, il est tenu de sa dette personnelle, sauf recours contre lui, pour la somme payée en trop, si la créance du saisissant excède la propre dette du tiers envers le saisi.

Mais il faut, pour cela, que le jugement ne puisse plus être frappé d'opposition ni d'appel, les délais réglementaires étant expirés.

Quelle est la valeur d'un paiement fait au saisi par le tiers saisi, malgré la saisie-arrêt ? — Le paiement fait dans ces conditions est valable entre le saisi et le tiers saisi, mais le saisissant garde le droit d'exiger un nouveau paiement à lui-même, le tiers saisi a recours ensuite contre le saisi.

Lorsqu'il y a plusieurs saisissants. — Il arrive très fréquemment que plusieurs créanciers font opposition entre les mains du même tiers saisi. Celui-ci devra verser à la Caisse des dépôts et consignations les sommes qu'il aurait payées au saisi, lorsque le jugement de validité sera intervenu. Le tribunal répartira les deniers entre les créanciers selon le quantum fixé par la procédure de distribution par contribution.

Celle-ci n'a d'effet que pour les saisissants dont l'action de saisie-arrêt a devancé la signification du jugement de validité au tiers saisi.

SAISIE DES VALEURS ET DES RENTES AUTRES QUE LA RENTE FRANÇAISE SUR L'ÉTAT

Pour les actions et obligations *nominatives*, on pratique la saisie-arrêt qui vient d'être analysée ; pour celles qui sont au porteur, on a recours à la saisie-exécution.

Les rentes françaises sont insaisissables ainsi que nous l'avons vu. Mais on peut saisir les rentes sur les départements, les communes, etc.

Celui qui veut procéder à cette saisie doit :

1° Etre muni d'un titre exécutoire ;

2° Adresser au saisi, la veille de l'acte, un commandement de payer, précédé de la copie de ce titre.

L'exploit de saisie déclare qu'il est constitué un avoué, indique le titre de la créance, interdit au tiers saisi tout paiement du saisi et l'assigne en déclaration affirmative. Suit la dénonciation au saisi, l'informant du jour où sera publié le cahier des charges que l'avoué du saisissant a dressé. Ensuite, on procède sensiblement comme pour la saisie-immobilière.

SAISIE IMMOBILIÈRE

DÉFINITION Comme son nom l'indique, la saisie immobilière est celle qui s'exerce sur les immeubles. Elle s'applique en conséquence :

1º Aux immeubles par nature ;
2º Aux immeubles par destination ;
3º A leur usufruit ;
4º A l'emphytéose ;
5º Aux actions immobilisées de la Banque de France ;
6º Aux servitudes accessoires du fonds.

La saisie immobilière et l'indivision. — On ne peut saisir le copropriétaire d'un immeuble avant que le partage n'ait été fait, mais on a le droit de provoquer ce partage, ou, s'il y a commencement de partage, d'intervenir valablement.

Minorité ou interdiction du débiteur. — Dans l'un ou l'autre de ces cas, le créancier saisira et vendra d'abord les meubles, avant de passer aux immeubles. On dit que ces incapables jouissent du bénéfice de discussion.

Du choix des immeubles. — Le créancier saisit les immeubles à son choix, s'il n'a hypothèque : dans ce cas, il commence obligatoirement par la saisie des immeubles hypothéqués ; les autres ne venant qu'après et par suite de leur insuffisance.

Où a lieu la vente après saisie immobilière ? — Cette vente se fait devant le tribunal civil de l'endroit où est l'immeuble ; le débiteur, en cas où les immeubles se trouveraient dispersés dans plusieurs arrondissements, bien que faisant partie d'une même exploitation, peut les faire réunir dans une seule vente et devant un même tribunal.

Comment peut-on éviter la saisie immobilière ? — Le débiteur qui peut prouver que le revenu de ses immeubles, pendant une seule année, suffit à éteindre le capital et les intérêts de sa dette, évite la saisie de ces immeubles s'il en offre la délégation au créancier.

Comment se fait la saisie immobilière ? — La saisie exécutoire est précédée d'un commandement de payer qui a pour effet d'interrompre la prescription et de faire courir les intérêts. Par ce document, le saisissant élit domicile au lieu du tribunal auquel ressortit l'immeuble, ou les immeubles.

Dès qu'il a reçu le commandement, le saisi ne peut plus passer de baux relatifs à l'immeuble ; les baux antérieurs sans date certaine sont annulables à la volonté du tribunal, sur requête des créanciers ou de l'acquéreur par adjudication.

Le saisissant fait pratiquer la saisie dans les quatre-vingt-dix jours qui suivent le commandement, et un mois au moins après celui-ci.

Le procès-verbal de saisie désigne :

1º Le titre exécutoire ;
2º L'immeuble ou les immeubles saisis ;
3º L'avoué constitué par le saisissant.

Dénonciation de ce procès-verbal doit être notifiée par exploit dans la quinzaine au plus tard. Et dans la quinzaine de cette dénonciation la saisie et l'exploit de dénonciation doivent être transcrits au bureau des hypothèques.

L'avoué, qui, comme le dit justement M. Henri Adam, est le grand-maître de la saisie immobilière, est chargé de requérir la transcription du conservateur des hypothèques, auquel, en même temps, il demande l'état des transcriptions et des inscriptions relatives à l'immeuble pour être fixé sur les droits qui le grèvent.

A quel moment le possesseur de l'immeuble saisi est-il privé du droit d'administrer son bien ? — Ce dessaisissement s'opère aussitôt que la transcription a été faite. Dès lors, les revenus de l'immeuble deviennent indisponibles pour lui, bien qu'il continue à les toucher, à titre de séquestre judiciaire et à charge d'en rendre compte aux créanciers. Une autre personne peut être désignée à sa place pour cet office, sur la demande de ceux-ci.

Dans le cas spécial des loyers, les locataires du propriétaire saisi continueront à lui payer leurs termes personnellement, à moins qu'il ne leur soit adressé, par huissier, une opposition qui n'a pas besoin, d'ailleurs, d'être validée comme les autres oppositions.

Les cessions de loyer anticipées et la saisie immobilière. — Les cessions de loyer de trois ans ou plus, non transcrites à l'époque où le saisissant, créancier hypothécaire, a fait inscrire son hypothèque, ne dispensent pas les cessionnaires de payer au saisissant une seconde fois.

Actes du saisi accomplis entre le procès-verbal de saisie et sa transcription. — Le saisi, pour soustraire en tout ou partie son immeuble à l'action de la saisie, peut l'avoir aliéné ou grevé de droit, de complicité avec un tiers, pendant l'intervalle qui sépare la signification du procès-verbal de sa transcription, alors qu'il lui était encore permis d'en disposer. Le saisisseur, créancier ordinaire, lui opposera *l'action paulienne*, par laquelle les créanciers poursuivent l'annulation des actes commis par les débiteurs en fraude de leurs droits. Créancier hypothécaire ou privilégié, ayant fait transcrire son privilège ou son hypothèque antérieurement à la transcription des actes du saisi, il n'a pas à tenir compte de ceux-ci, et les dispositions du saisi tombent d'elles-mêmes.

Enchère au cahier des charges. — Dans les vingt jours qui suivent la transcription de la saisie, l'avoué dépose au greffe du tribunal civil le *cahier des charges* ou *enchère*, indiquant les clauses de l'adjudication des biens saisis, et fixant une mise à prix, à partir de laquelle le saisissant sera adjudicataire de plein droit, s'il ne se présente pas d'enchérisseurs.

Le récépissé délivré en retour par le greffier indique le jour où sera publié le cahier des charges. Dans la huitaine, le saisi est sommé d'en prendre connaissance et d'assister à sa publication, ainsi qu'à la fixation de la date à laquelle l'adjudication aura lieu.

Les mêmes formalités sont remplies envers les créanciers hypothécaires et privilégiés.

Vendeur non payé de l'immeuble. — S'il existe un vendeur non payé de l'immeuble, il doit être averti, par ladite sommation, que, faute par lui d'adresser sa demande en résolution au greffe avant l'adjudication, il perdra ce droit de résolution contre l'adjudicataire.

Il peut alors demander la résolution, s'il ne pense pas que la vente produise une somme suffisante pour le dédommager, ou, dans le cas contraire, laisser la vente s'accomplir, et réclamer sur le prix le droit de préférence que la loi lui reconnaît.

Créanciers à hypothèque légale. — La femme du saisi et les femmes des propriétaires antérieurs qui ont l'hypothèque légale, non sujette à l'inscription, doivent recevoir une sommation pareille, ainsi que les subrogés-tuteurs des mineurs ou interdits désignés par le titre exécutoire du saisisseur.

On fait tenir la même sommation au procureur de la République qui enjoint au conservateur des hypothèques d'inscrire les hypothèques légales. Huit jours après, il doit être fait mention de ces sommations en marge de la transcription de saisie.

Transformation de l'action en saisie. — Dès lors, tous les créanciers hypothécaires et privilégiés, inscrits ou non inscrits, étant avertis de la saisie, sont liés à la procédure ; le consentement de chacun d'eux est nécessaire pour la radiation de la saisie, laquelle ne dépend plus d'un accord entre le saisisseur et le saisi.

Ils doivent adresser, par l'organe de leurs avoués, leurs observations de toute nature à propos du cahier des charges et de la procédure, trois jours au moins avant la publication du cahier.

L'adjudication. — Le tribunal, après avoir donné acte de la publication du cahier des charges, fixe le jour de l'adjudication. Celle-ci est annoncée par les soins de l'avoué dans un journal du département ; une affiche sur timbre est placardée :

A la porte du domicile du saisi, à la porte principale des bâtiments saisis, sur la place principale de la commune où le saisi est domicilié, sur celle de la commune où se trouvent les biens, ainsi que sur celle de la localité où siège le tribunal ; à la porte des mairies du lieu de domicile du saisi, et des communes auxquelles ressortissent les immeubles ; sur le marché des communes en question ; enfin à la porte de la justice de paix de la situation des bâtiments, et à la porte des tribunaux civils du domicile du saisi et de la situation des biens.

Le jugement qui ordonne l'adjudication peut être frappé d'un recours en cassation trois jours au plus tard avant l'adjudication.

Celui qui croit pouvoir revendiquer comme sa propriété des objets compris à tort dans la saisie doit faire déposer ses titres par un avoué au greffe du tribunal civil. Il doit introduire sa demande à la fois contre le saisissant, le saisi et le premier des créanciers inscrits.

Le saisi peut obtenir qu'il soit sursis à l'adjudication pendant quinze jours au moins et soixante au plus.

Après quoi l'adjudication est prononcée à l'audience de la chambre des saisies immobilières du tribunal civil, et, à défaut d'enchère, c'est le saisissant qui devient adjudicataire pour la mise à prix indiquée au cahier des charges.

Enchères. — Les avoués seuls ont qualité pour enchérir. Ils déclarent, soit à l'audience, soit dans les trois jours au greffe, le nom du client pour lequel est portée l'enchère ; s'ils ne le faisaient pas, ils seraient déclarés adjudicataires eux-mêmes et tenus des dommages-intérêts légitimes envers le client. L'adjudicataire lui-même, s'il agit pour un tiers, doit *déclarer commande* dans les vingt-quatre heures, c'est-à-dire nommer le tiers qui sera considéré comme unique adjudicataire.

Surenchères. — Toute personne, quelle qu'elle soit, peut surenchérir dans les huit jours, avant que l'adjudication soit devenue définitive.

On distingue la surenchère ordinaire et la surenchère spéciale.

Surenchère ordinaire. — Elle est formée dans la huitaine après l'adjudication. Elle comporte, dans le même acte :

1º Une déclaration de surenchère ;
2º Constitution d'avoué au greffe du tribunal ;

Dans un acte suivant :

1º Dénonciation aux avoués de l'adjudicataire, du saisissant et du saisi ;
2º Sommation d'avoir à se trouver à l'audience de la chambre des saisies immobilières pour le prononcer du jugement à la nullité de l'adjudication.

La surenchère exigée par la loi est obligatoire du sixième du prix de vente tel qu'il est fixé pour la perception des droits d'enregistrement.

Il est fait par l'avoué de la surenchère la même publicité que celle qui a eu lieu pour l'adjudication.

Les enchères ouvertes, s'il n'y a pas d'autres offres, le surenchérisseur du sixième est déclaré adjudicataire.

Surenchère spéciale. — Elle n'a pas lieu dans les ventes à la suite de saisies immobilières. Elle est réservée aux créanciers hypothécaires et privilégiés dans les ventes à l'amiable et les ventes judiciaires autres que celle qui nous occupe.

Frais de saisie. — Les frais de saisie sont remboursés à l'avoué du saisissant par l'avoué de l'adjudicataire, au cas où ils ne seraient pas une seule et même personne. Pour obtenir délivrance de la grosse du jugement d'adjudication, il faut justifier par une quittance que les frais de saisie ont été payés.

Obligation de l'adjudicataire. — Il doit :

1° Payer les frais de poursuite ;

2° Payer la prise et ses intérêts à courir du jour de l'adjudication, pour le cas où il s'y serait obligé, et où l'immeuble serait productif de revenus ;

3° Se soumettre pour le surplus aux conditions stipulées par le cahier des charges.

En manquant à ces obligations, l'adjudicataire court le risque de la *folle enchère.*

C'est-à-dire que l'ensemble est de nouveau mis aux enchères. S'il se vend à un prix moins élevé, l'ancien adjudicataire, appelé *fol enchérisseur,* est tenu de la différence envers les créanciers, s'il se vend plus cher, l'excédent ne lui profite pas. De plus, le nouvel adjudicataire n'a pas à se soucier des aliénations et conventions que le fol enchérisseur avait pu consentir .

Quant à la manière dont la folle enchère se poursuit, il faut distinguer deux cas.

Premier cas : l'adjudicataire n'a pas observé les conditions à remplir avant le jugement d'adjudication. Vingt jours au plus tôt après ce jugement, sur un certificat du greffier attestant que l'adjudicataire ne s'est pas mis en règle, celui qui poursuit la folle enchère fait faire de nouvelles publications. Il a le droit de baisser le prix de vente et peut stipuler que le nouvel adjudicataire paiera les intérêts du prix à courir de la première adjudication.

Second cas : L'adjudicataire n'a pas payé le prix de vente, ou n'a pas rempli les conditions autres que celles qui devaient l'être avant le prononcé du jugement d'adjudication. Dans ce cas, le poursuivant ne demande plus la folle enchère en vertu d'un certificat du greffier, mais en vertu de son bordereau de collocation et il doit

16

au préalable signifier ce bordereau de collocation, avec commandement à l'adjudicataire de remplir son obligation. Il faudra donc attendre que le tribunal ait assigné à chacun son rang, par les *bordereaux de collocation* qu'il leur fait remettre individuellement.

Conversion de la saisie en vente volontaire. — Si la saisie est transcrite, la saisie immobilière peut être convertie, par un accord entre le saisissant et le saisi, en vente volontaire en justice, à l'audience des criées.

La vente volontaire donne souvent un prix plus élevé que la vente à la chambre des saisies immobilières et peut avoir lieu devant un notaire, ce qui est une condition favorable, la présence de l'officier ministériel inspirant confiance aux enchérisseurs. Elle a le défaut de coûter fort cher.

Si les parties n'ont demandé la conversion de la vente en saisie qu'après les sommations faites aux créanciers inscrits, l'avoué du saisi devra dresser un nouveau cahier des charges et paiera à l'avoué du saisissant les frais de l'ancien.

MITOYENNETÉ — PLANTATIONS — JOURS

DÉFINITION La *mitoyenneté* se dit des clôtures qui appartiennent, par propriété indivisée, à deux propriétaires voisins. C'est dans ce sens qu'on dit qu'un mur est mitoyen.

Le *mur privatif* est celui qui n'est pas mitoyen.

Comment s'établit la mitoyenneté ou la non-mitoyenneté d'un mur.

1° La première indication est fournie par les titres de propriété.

2° A défaut de titres, la prescription peut être invoquée par le propriétaire qui démontrera que, depuis trente ans, il a été seul possesseur du mur.

3° Enfin la loi établit des *marques de non-mitoyenneté* des murs et des fossés.

a) Un mur n'est pas mitoyen quand il n'est vertical que d'un côté, et incliné de l'autre. Il appartient au propriétaire du côté duquel se présente la pente.

b) Il n'est pas mitoyen non plus, s'il offre d'un seul côté un chaperon ou toute autre disposition particulière, qui a dû être ménagée en le bâtissant. Il appartient au propriétaire du côté duquel se remarque cette particularité.

c) Un fossé n'est pas mitoyen si la levée de terre n'existe que d'un côté, et appartient au propriétaire, sur le terrain duquel cette levée se présente.

Présomptions de mitoyenneté. — Sont présumés mitoyens :

a) Les murs qui séparent deux bâtiments jusqu'à la hauteur du moins élevé ;

b) Ceux qui séparent des cours et des jardins ;

c) Ceux qui séparent des propriétés closes dans la campagne ;

d) Toute clôture, quelle qu'elle soit, à moins qu'un seul des deux biens riverains soit considéré comme clos.

Droit de chaque propriétaire sur le mur mitoyen. — Chaque propriétaire peut utiliser librement le mur de son côté, pour des cultures d'espaliers par exemple. Il peut y creuser des trous destinés à recevoir des poutres, y adosser des bâtiments dont le poids ne risque pas de le faire écrouler. Il lui est également permis de le surélever, et, s'il n'est pas assez solide, le démolir en vue de cet exhaussement.

Bien entendu, tous les frais de ces opérations lui incombent. Dans les cas où les copropriétaires feraient des difficultés, jugeant par exemple que les précautions prises par lui sont insuffisantes, des experts en décideront. C'est la justice de paix qui les nomme.

Lorsque la clôture est un fossé ou une haie, celui qui veut bâtir un mur à la place a le droit de la supprimer jusqu'à la ligne séparative des deux fonds, à la charge de construire son mur sur cette limite.

Il faut excepter le cas où le fossé serait nécessaire pour permettre aux eaux de s'écouler.

Comment est entretenue la clôture mitoyenne. — Elle l'est toujours à frais communs, mais on n'est pas tenu de supporter sa part de ces frais si l'on abandonne, en compensation, sa part de propriété.

La faculté de se soustraire aux charges de la mitoyenneté par non-renonciation n'appartient pas toujours aux copropriétaires des murs. Ils n'y peuvent plus recourir :

1° Lorsque le mur soutient un bâtiment qui leur appartient;

2° Lorsqu'il s'agit d'un fossé servant à l'écoulement des eaux, ou lorsque la réglementation spéciale impose la clôture du fonds. Alors le propriétaire demeure dans l'obligation d'entretenir la clôture à ses frais pour la part qui lui incombe.

Peut-on acheter la mitoyenneté d'un mur. — En payant la moitié du prix d'un mur privatif et la moitié du prix du terrain sur lequel il est construit on peut toujours acheter la mitoyenneté de ce mur.

Cette acquisition est rigoureusement nécessaire, au préalable pour celui qui veut faire bâtir sur le mur. Il arrive qu'on néglige de le faire : alors le propriétaire du mur privatif a droit d'exiger la démolition de la construction, si le voisin téméraire ne se hâte de se mettre en règle, en achetant la mitoyenneté.

Les haies et les arbres mitoyens. — Les fruits d'une haie mitoyenne appartiennent par moitié à chaque propriétaire riverain.

Les arbres, s'il y en a, sont mitoyens, leurs fruits recueillis et partagés de même.

Ils peuvent être arrachés à la demande de chaque propriétaire.

Plantations d'arbres. — Les arbres ne doivent pas être plantés à moins de 50 centimètres de la propriété voisine, sinon ils seront arrachés.

Ceux qui se trouvent à moins de 2 mètres devront être maintenus à 2 mètres de hauteur.

Quant à ceux qui, plantés à la distance réglementaire de 2 mètres étendraient leurs racines dans la propriété riveraine ou pousseraient leurs branches jusque-là, le voisin peut exiger que tout ce qui envahit son terrain soit coupé.

A cet égard, il n'y a pas de prescription. Le propriétaire, quelle que soit la date où l'abus a commencé, peut toujours en demander la suppression.

En ce qui concerne les arbres plantés le long des routes, la législation a varié. La loi du 9 ventôse an XIII obligeait les propriétaires riverains à faire des plantations sur le sol même des routes ; le décret du 16 décembre 1811 a décidé qu'ils devraient au contraire faire ces plantations sur leur propre terrain à un mètre du bord extérieur des fossés. Quant aux conditions d'espacement et d'essence des arbres, la détermination en est réservée au préfet. C'est lui qui exige le remplacement des arbres manquant et les fait, au besoin, remplacer d'office aux frais des riverains, passibles, au surplus, d'une amende fixée par le conseil de préfecture.

Quant aux arbres plantés sur le sol même de la route, ils sont censés appartenir à l'Etat, à moins que les riverains ne fassent la preuve qu'ils ont été plantés avant 1811. Ceux qui se trouvent en dehors de la route appartiennent toujours aux riverains mais avec certaines réserves et conditions.

Leurs propriétaires ne peuvent ni les arracher, ni les couper, ni les élaguer qu'avec une autorisation.

Dans la pratique, l'administration autant qu'elle le peut, établit elle-même les plantations sur les bords des routes.

Restent les plantations faites volontairement par les particuliers dans le voisinage immédiat des routes. Il faut distinguer plusieurs cas :

1° Il s'agit d'arbres *isolés*. Ils doivent être plantés à 6 mètres de la route, ou, avec autorisation du préfet, à 2 mètres.

2° Il s'agit de *haies vives*. Celles-ci doivent être plantées à 2 mètres sauf autorisation pour une distance moindre.

3° *Les bois et forêts*. Ils sont assujettis à la servitude spéciale dite de *l'essartement*, ce qui signifie qu'ils doivent être suffisamment écartés de la route pour que l'espace vide soit de 20 mètres, quelle que soit la largeur de celle-ci. Cette mesure a été prise dans un intérêt de sécurité.

D'ailleurs en pareille matière, les usages locaux font foi. Il sera toujours bon de s'en informer exactement.

Jours et vues. — Si le mur est mitoyen, le propriétaire qui désire y percer soit des *jours* (ouvertures grillagées et pourvues d'un verre qui ne peut s'ouvrir), soit des *vues* (ouvertures libres et non vitrées), devra, au préalable, s'assurer le consentement des copropriétaires intéressés.

Si le mur est *privatif*, il n'a pas besoin d'autorisation, mais devra se conformer aux règles suivantes :

Les *jours* ne seront pratiqués qu'à une hauteur minima de $2^m,60$, s'il s'agit d'une pièce du rez-de-chaussée, et de $1^m,90$, (à compter du plancher de la chambre) si c'est à un autre étage.

Pour les *vues*, il faut en distinguer deux sortes :

1° Les vues *droites*, pratiquées dans un mur sensiblement parallèle à la ligne de démarcation des deux propriétés. Elles ne peuvent être établies qu'à la distance minima de 1 m. 90, du côté extérieur du mur privatif ;

2° Les vues *obliques*, pratiquées dans un mur sensiblement perpendiculaire à la ligne de démarcation, peuvent l'être à la distance de 60 centimètres.

Enfin, si les deux propriétés sont séparées par une rue, la largeur de cette rue, quelle qu'elle soit, suffit comme distance minima pour l'ouverture des jours et vues.

A défaut d'un titre autorisant la dérogation à ces règles, ou d'une prescription dûment établie, les ouvertures pratiquées dans d'autres conditions seront bouchées.

GIBIER

QU'EST-CE QUE LE GIBIER ? Ce sont les animaux *comestibles* et *sauvages* (ceux qui n'ont subi aucune domestication et qu'on prend à la chasse). On ne compte point parmi eux les animaux *sédentaires*, tels que les pigeons qui, sans être familiers avec l'homme, se fixent dans les lieux qu'il leur a préparés pour retraite.

Les lapins sont par nature des animaux sauvages qui n'appartiennent à personne, mais ils deviennent propriété particulière quand ils sont enfermés ou tout au moins établis dans un lieu destiné à les multiplier ou à les conserver : une garenne.

Deux sortes de gibier. — Le gibier en *liberté* n'appartient par lui-même à personne ; c'est la *chasse* de ce gibier qui est réglementée, permise ou défendue, par l'Etat, monopolisée, louée, cédée par les particuliers. Celui qui chasse indûment ce gibier commet un délit de chasse simple envers l'État ou les particuliers, non un vol.

Le gibier en *terrain clos* appartient au propriétaire du terrain ; celui qui s'en empare commet un vol.

Catégories spéciales. — Il faut distinguer deux catégories de gibier qui font l'objet d'une réglementation spéciale que nous indiquons en parlant de la chasse.

Ce sont d'abord les oiseaux de passage savoir :

L'alouette ; Le bec-figue ; La bécasse ; La caille ; La grive ; L'hirondelle ; L'ortolan ; L'outarde ; Le pigeon bizet ; Le ramier.

Le gibier d'eau comprend : Les râles ; Les courlis ; Les vanneaux ; Les pluviers ; Les bécassines ; Les hérons ; Les cigognes ; Les grues ; Les poules d'eau ; Les foulques ; Les oies sauvages ; Les canards sauvages ; Les plongeons ; Les cygnes ; Les macareux.

A qui appartient le gibier tué sur une propriété. — Ce gibier appartient au chasseur, soit que l'animal ait été tué sur la propriété même, soit que, tiré ailleurs, il y soit venu mourir.

Le gibier tué sans permis ou sur un terrain dont la chasse est réservée, n'en appartient pas moins au chasseur mais celui-ci commet un délit de chasse.

En principe, le gibier appartient au chasseur dès qu'il est *privé de sa liberté*, c'est-à-dire immobilisé.

Vente et transport du gibier. — La vente et le transport du gibier sont interdits tant que la chasse est prohibée. Cette défense s'exerce également sur le gibier étranger introduit en France.

Elle est applicable non seulement au gibier mort, mais au gibier vivant.

Elle n'est applicable ni aux oiseaux de volière, dits de *chant* et de *plaisir*, ni aux animaux de nature sauvage mais élevés comme animaux domestiques, tels que les lapins de clapier et les faisans de basse-cour ni aux animaux nuisibles, ni au gibier d'eau et aux oiseaux de passage qui sont l'objet d'une réglementation spéciale.

Le transport du gibier est interdit dans un département, alors même qu'il aurait pour but de faire parvenir le gibier dans une localité où la chasse est ouverte. Si la chasse est ouverte dans un seul des arrondissements d'un département, la vente et le transport ne sont licites que dans cet arrondissement.

Ces règles ne s'appliquent pas quand l'interdiction n'est que temporaire, pour cause de neige, par exemple.

Que devient le gibier transporté ou vendu indûment. — Le gibier vendu ou transporté indûment est saisi, et livré à l'établissement de bienfaisance le plus voisin, en vertu soit d'une ordonnance du juge de paix, si la saisie a eu lieu au chef-lieu du canton, soit d'une autorisation du maire, si le juge de paix est absent ou si la saisie a été faite dans une commune autre que celle du chef-lieu. Cette ordonnance ou cette autorisation est délivrée sur la requête des agents ou gardes qui ont opéré la saisie, et sur la présentation du procès-verbal.

Une fois livré à l'établissement, le gibier doit être consommé sur place.

Où peut être faite la recherche du gibier. — La recherche du gibier ne peut être faite à domicile que chez les aubergistes, chez les marchands de comestibles et dans les lieux ouverts au public.

A l'égard des particuliers, elles peuvent être faites partout ailleurs qu'au domicile.

Ainsi, les voyageurs peuvent être fouillés, ainsi que leurs voitures.

LA CHASSE

LE PERMIS DE CHASSE — Nul ne peut chasser sans un permis spécial, personnel et valable pour un an, délivré, sur l'avis du maire par le préfet ou le sous-préfet, moyennant le paiement d'un droit fixe de 18 francs pour l'État et de 10 francs pour la commune dont le maire a donné son avis. La demande du permis est faite sur papier timbré et remise au maire avec la quittance du percepteur pour les 28 francs.

Le permis peut être refusé à quiconque n'est pas inscrit sur le rôle des contributions ou dont les parents n'y sont pas inscrits ; à quiconque a subi une condamnation judiciaire pour certains délits. Il l'est toujours aux mineurs âgés de moins de seize ans et à ceux qui, ayant plus de seize ans, ne sont pas autorisés par leurs parents ou tuteurs, aux interdits, aux gardes champêtres ou forestiers, à ceux qui sont privés du droit de port d'armes, à ceux qui n'ont pas purgé leurs condamnations pour délit de chasse, à ceux qui sont placés sous la surveillance de la haute police.

Sont dispensés du permis de chasse, et peuvent chasser en tout temps : les propriétaires de terres attenant à une habitation et entourées d'une clôture continue ; les propriétaires, possesseurs ou fermiers, qui détruisent les animaux sur leurs terres qualifiés nuisibles par un arrêté du préfet, ou se servent d'armes à feu pour repousser les bêtes fauves qui envahiraient les propriétés.

RÉGLEMENTATION DE LA CHASSE — Dix jours à l'avance, les préfets déclarent l'ouverture et la fermeture de la chasse. De concert avec les conseils généraux, ils déterminent :

1° L'époque de la chasse des oiseaux de passage, autres que la caille ;
2° La nomenclature des oiseaux ;

3° Les procédés de chasse pour chaque espèce ;
4° L'époque où la chasse du gibier d'eau est permise.

La chasse de nuit est toujours défendue à peine d'une amende de 50 à 200 francs et d'un emprisonnement de 6 jours à 2 mois ; la chasse en temps de neige peut l'être également par les préfets, à peine d'une amende de 16 à 100 francs.

Trois modes de chasse sont autorisés :

La chasse à tir, la chasse à courre, et, pour les lapins seulement, la chasse aux bourses et aux furets. Il est interdit d'employer des lévriers, même croisés, pour la chasse à courre. Tous engins, appâts, filets, sont prohibés sous différentes peines d'amende ou d'emprisonnement.

Quiconque chasse sur le terrain d'autrui sans autorisation est passible d'une amende de 16 à 100 francs le jour, de 50 à 400 francs et d'un emprisonnement de 6 jours à 4 mois, la nuit, et avec des engins prohibés. Si le terrain est clos, attenant à une habitation, la peine est portée pour la chasse en plein jour, à un emprisonnement de 6 jours à 3 mois. Si le terrain clos n'est pas attenant à une habitation, on n'encourt qu'une amende de 16 à 200 francs.

L'amende peut atteindre 1 000 francs et l'emprisonnement un an, si le délit de la chasse, ayant été commis la nuit, il y a eu, de plus, bris de clôture.

Le fait du passage des chiens lancés à la poursuite d'un gibier sur l'héritage d'autrui *peut* ne pas être considéré comme un délit de chasse, tout en laissant prise à l'action civile en dommages-intérêts.

Il est défendu de prendre sur le terrain d'autrui des couvées ou des œufs de perdrix, de cailles, de faisans, etc., de plus les préfets peuvent interdire de les prendre sur quelque terrain que ce soit.

Les procès-verbaux des représentants de l'autorité font foi jusqu'à preuve du contraire, lorsqu'ils agissent dans les limites de leurs attributions respectives.

La confiscation des engins prohibés est de rigueur. Le fusil du chasseur est confisqué également, à moins que le délit n'ait été commis par un chasseur muni d'un permis de chasse et pendant le temps où la chasse est ouverte.

EAUX ET SOURCES

EAUX pluviales. — Les toits des maisons doivent être disposés de manière que l'écoulement des eaux pluviales se fassent sur le terrain du fonds ou sur la voie publique, et non pas sur le terrain voisin.

Eaux de source. — Lorsqu'un terrain se trouve à un niveau plus bas que celui de la propriété voisine, le propriétaire doit subir sans indemnité l'écoulement des eaux de source qui passent sur son terrain en suivant leur plan d'inclinaison.

Mais ce dernier ne peut être modifié par le propriétaire voisin.

Excepté pourtant dans le cas où ce propriétaire aurait fait jaillir l'eau par son propre travail : sondages, forages, etc. Alors le voisin doit subir l'écoulement, mais il a droit à une indemnité si la chose lui est préjudiciable.

Sources. — Le propriétaire d'un terrain où naît une source n'a sur elle qu'un droit d'usage, lorsqu'elle fournit de l'eau en quantité suffisante pour qu'elle puisse être considérée comme une richesse publique.

Il ne peut donc pas l'absorber ni modifier la qualité potable de ses eaux, ni changer son cours d'aucune façon, si ce cours se prête à la navigation. Dans le cas contraire, il peut la détourner sauf à lui rendre sa direction primitive, lorsqu'elle sort de son fonds.

Si le cours d'eau borde le fonds au lieu de le traverser, le propriétaire n'a sur lui que le droit d'usage du riverain ordinaire, car sa jouissance est limitée par la jouissance non moins légitime du voisin d'en face.

Servitude d'aqueduc. — Cette expression un peu étrange signifie l'obligation, pour les propriétaires de terrains intermédiaires, de laisser passer celui qui possède un fonds morcelé en parcelles dont certaines ne sont pas pourvues d'eau.

Le tribunal civil accorde ou refuse, selon les cas, l'exercice de la servitude d'aqueduc ; elle comporte naturellement une indemnité.

Servitude d'appui. — C'est l'obligation, pour les riverains d'un cours d'eau, de laisser le voisin d'en face élever artificiellement le niveau de cette eau à l'aide d'un barrage.

Comme pour les précédents, le tribunal en décide, avec la même compensation d'indemnité.

Servitude de drainage. — Obligation pour le voisin de laisser drainer sur son propre fonds les eaux surabondantes de la propriété limitrophe.

IMPOTS ET DROITS

LES DEUX ÉLÉ-MENTS DE LA CONTRIBUTION PERSONNELLE MOBILIÈRE

A. La taxe personnelle équivaut à trois journées de travail évaluées à raison de 50 centimes minimum et de 1 fr. 50 maximum par le Conseil général, sur la proposition du préfet. Elle n'est due que dans la commune du domicile civil.

B. La taxe mobilière est basée sur les loyers des habitations, maison et appartement. Ceux qui les occupent gratuitement sont taxés néanmoins en raison de la valeur locative.

Par qui elle est due. — Sont exemptés seuls de la contribution personnelle mobilière :

1° Ceux que le Conseil municipal a formellement dispensés, comme indigents, de toute cotisation ;

2° Ceux qu'il déclare assujettis à la cotisation personnelle seule ;

3° Les officiers avec troupe, à moins qu'ils n'habitent en ville dans un appartement d'une valeur locative supérieure à celle du logement auquel ils auraient droit dans les bâtiments de l'Etat ;

4° Les villes qui ont un octroi sont autorisées par décret du président de la République à payer sur les droits tout ou partie de la cote personnelle-mobilière. Elles en profitent d'habitude pour dégrever les petits loyers, en ne frappant que les gros. A Paris, les loyers jusqu'à 500 francs sont quittes d'impôts.

Comment elle est due. — La cote personnelle mobilière est due pour toute l'année : les héritiers en sont tenus pour le compte du défunt. Il n'y a pas lieu de tenir compte, pour la perception, d'un déménagement hors du ressort de la perception, non plus que d'une vente volontaire ou forcée.

Responsabilité des propriétaires et logeurs. — Quand les locataires doivent déménager, les propriétaires et les principaux locataires sont tenus, un mois auparavant, de se faire montrer leurs quittances de contributions personnelles-mobilières, et, s'ils ne les leur présentent pas, d'en aviser le percepteur dans les trois jours.

Les propriétaires et principaux locataires seraient responsables des termes échus de la contribution s'ils omettaient de faire constater le déménagement furtif d'un locataire par le juge de paix ou le commissaire de police, dans les trois jours qui suivent celui où le déménagement aura eu lieu, et non pas celui où ils en auront eu connaissance.

Les logeurs en garni, et même les personnes qui logent gratuitement en garni quelqu'un dans leur maison, sont responsables du paiement de la contribution personnelle-mobilière par ceux qu'ils hébergent.

La contribution personnelle-mobilière, impôt de répartition. — Le contingent de chaque contribuable dans chaque commune est fixé par les répartiteurs ; le contingent de chaque commune par le conseil d'arrondissement, celui de l'arrondissement par le conseil général, celui du département par la loi de finances.

Pour fixer l'assiette de l'impôt personnel-mobilier on fait la multiplication de la taxe personnelle par le nombre des taxés, on soustrait le produit du contingent personnel et mobilier indiqué pour la commune, puis le reste exigible de ce contingent est réparti, proportionnellement aux valeurs locatives, en cotes mobilières.

IMPOT FONCIER, PATENTES, ETC.

L'IMPOT FONCIER L'impôt foncier se divise en deux catégories : *contribution des propriétés non bâties et contribution des propriétés bâties.*

A. *Contribution des propriétés non bâties.*

Elle porte sur le revenu imposable, c'est-à-dire sur le produit net qui reste au propriétaire, tous frais d'entretien déduits. On prend, par exemple, pour une terre labourable, les 15 années antérieures, on laisse de côté les deux plus fortes et les deux plus faibles, et on établit ainsi une moyenne sur le reste. L'impôt peut être remis entièrement ou en partie dans certains cas.

Pour la fixation des cotes, on a recours au *cadastre*, qui contient un plan de toutes les parcelles distinctes par 1º leurs propriétaires ; 2º leur mode de culture ; 3º des séparations naturelles ou artificielles. Il contient aussi un *tableau indicatif* énumérant les propriétaires, les lieux dits, les cultures, dans l'ordre indiqué par le numérotage du plan cadastral. Enfin, il donne l'évaluation du revenu.

Pour cela, toutes les parcelles sont classées par cinq commissaires classificateurs ; d'après leur qualité, en plusieurs catégories, dont le nombre ne peut dépasser cinq pour les cultures. Ensuite les classificateurs déterminent le revenu moyen de chaque parcelle par hectare, sauf homologation par le conseil municipal et la commission départementale, dont la décision peut être frappée d'appel devant le Conseil général. Les intéressés ont recours dans les six mois devant le Conseil de préfecture. Quant au Conseil d'Etat il n'intervient que s'il y a eu violation de la loi ou excès de pouvoir.

Lorsque le tarif est arrêté, on l'envoie au directeur des Contributions directes qui détermine le revenu de chaque parcelle selon sa classe ; il le reporte sur le tableau indicatif qui s'appelle désormais *état de section* immuable désormais, sauf pour l'inscription des nouvelles parcelles.

Après quoi, le directeur établit la *matrice cadastrale* en rangeant sous chaque nom de propriétaire les différentes parcelles par lui possédées et leur revenu imposable.

Pour asseoir l'impôt par répartition on n'a plus qu'à tenir compte du contingent exigible de la commune, à appliquer ce pourcentage au revenu imposable du propriétaire. Notons que les variations de ce taux sont énormes : de 30,03 p. 100 à 0,19 p. 100 par commune.

On s'est préoccupé, sans y parvenir jusqu'ici, de les réduire et d'assurer ainsi la *péréquation de l'impôt foncier* en France.

B. *Impôt sur la propriété bâtie.*

La contribution foncière sur la propriété bâtie est un impôt de qualité dont le taux est déterminé chaque année par le Code des finances (en général 3,20 p. 100) établi sur le revenu *net* de tout immeuble bâti.

Le revenu net est déterminé d'après la valeur locative réelle de l'édifice sous déduction de 25 p. 100 pour les maisons et 40 p. 100 pour les usines, en considération des charges et des frais d'entretien. Le sol est cotisé à part comme propriété non bâtie sur le pied des meilleures terres labourables de la commune.

Des exceptions sont admises, temporaires ou perpétuelles. C'est ainsi que les constructions normales sont exonérées pendant deux ans après leur achèvement. Les habitations dites *à bon marché* sont soumises à un régime fiscal privilégié.

PATENTES C'est la loi de 1880 qui régit les patentes, impôt destiné à atteindre les bénéfices commerciaux et industriels, impôt de quotité en même temps.

Au point de vue du tarif, les 1 668 400 patentes sont réparties en quatre classes :

1° Les commerçants ordinaires et artisans occupant des ouvriers . . . . 375 fr.
2° Les hauts commerçants. . . . . 435 fr.
3° Les industriels. . . . . 88 fr.
4° Les professions libérales. . . . . 57 fr.

Le produit de l'impôt s'élève à près de 220 millions, centimes additionnels compris.

Le droit proportionnel est établi d'après la valeur locative des maisons privées et locaux de commerce ou d'industrie. Il varie entre 10 p. 100 et 60 p. 100 selon la profession de l'imposé, et, quelquefois aussi, selon le chiffre de la population. La valeur locative, qui doit être fixée avec une rigoureuse exactitude, est déterminée d'après des baux ou, à défaut, d'après une appréciation consciencieuse.

Le recensement des imposables est fait par les contrôleurs des contributions directes ; ils forment la matrice des patentes qu'ils déposent au secrétariat de la mairie. Le maire fait, s'il y a lieu, ses observations qu'il transmet au directeur des contributions, qui en réfère au préfet, et si ces derniers ne sont pas d'accord, la décision suprême appartient au ministère des finances.

Tous ceux qui se trouvent imposables au 1er janvier doivent l'impôt pour toute l'année, sauf les cas de fermeture des magasins ou bureaux pour cause de décès ou de faillite ; en ce cas, la patente n'est due que pour le temps écoulé et le mois qui court.

On peut transférer la patente au cessionnaire.

La patente n'est due, par ceux qui prennent une profession imposable, qu'à partir du premier du mois dans lequel ils ont commencé l'exercice de cette profession.

Voici la liste des professions exemptées de patente :

1° Peintres, sculpteurs, graveurs, dessinateurs, ne vendant que leurs œuvres ;
2° Professeurs de belles-lettres, sciences et arts ;
3° Sages-femmes ;
4° Editeurs de feuilles périodiques ;
5° Artistes dramatiques ;
6° Publicistes ;
7° Laboureurs et cultivateurs ;
8° Associés en commandite ;
9° Employés, ouvriers et gens de service ;
10° Capitaines au long cours ;
11° Cantiniers.

PORTES ET FENÊTRES

RÈGLES GÉNÉRALES Seules les portes et fenêtres d'une maison habitable peuvent être imposées. Il faut de plus qu'elles donnent sur des rues, des cours ou des jardins. Les portes des enclos qui ne renferment pas d'habitation ne sont pas imposables, non plus que les portes d'intérieur d'une maison.

La fenêtre n'est imposable que si elle donne de l'air et de la lumière à l'habitation. Une ouverture quelconque dans le mur d'un jardin, un jour de souffrance, ne peut être imposé que s'il donne sur une cour vitrée ou sur un local habité.

Encore faut-il qu'il s'agisse de l'habitation humaine. On n'impose par les fenêtres d'une écurie, d'une bergerie.

On ne compte par ferme qu'une seule porte charretière.

Taux de l'imposition. — Plusieurs éléments concourent à la fixation du taux de l'imposition sur les portes et fenêtres : la nature particulière de ces ouvertures, leur nombre, leur position, le chiffre de la population. Dans les grandes villes, on fait aussi entrer en ligne de compte la valeur relative des loyers. L'impôt peut varier ainsi entre 30 centimes et 18 fr. 50.

L'impôt sur les portes et fenêtres est soumis au principe de répartition. Le taux peut être élevé ou abaissé pour concorder avec le chiffre fixé comme contingent pour les départements, les arrondissements et les communes.

Cet impôt est exigible des propriétaires bien que ce soient les locataires qui en sont redevables. Les propriétaires le paient au Trésor et en demandent le remboursement à leurs locataires aux échéances du terme.

PAIEMENT DE L'IMPOT Dans la dernière quinzaine de décembre le préfet ordonne, par un arrêté spécial, la publication et la mise en recouvrement des rôles pour l'année suivante. Cette publication a lieu par voie d'affiches apposées dans chaque commune.

Les contribuables ont un *délai* de trois mois à compter de cette publication pour former, sous peine de déchéance, leurs demandes en décharge ou en réduction de cotes indûment imposées. Ce délai n'est pas applicable aux demandes en remise ou modération, qui sont recevables à toute époque de l'année, pourvu qu'elles soient présentées dans les quinze jours de l'événement qui les motive. Les réclamations sont jugées par les conseils de préfecture, lorsqu'elles ont pour objet une décharge ou réduction ; par les préfets, lorsqu'elles tendent à obtenir une remise ou modération ; elles doivent être accompagnées de la quittance des termes échus et de l'avertissement ou d'un extrait du rôle. Celles qui ont trait à une cote au-dessous de 30 francs ne sont pas assujetties au timbre. Elles sont instruites par la direction départementale des contributions directes.

Le recouvrement de l'impôt est confié à un service distinct qui comprend, dans chaque département, un trésorier-payeur général, résidant au chef-lieu, un receveur particulier des finances pour l'arrondissement et cinq mille deux cent ving-huit percepteurs. Ce sont ceux-ci qui opèrent le recouvrement des impôts.

Les contributions sont exigibles par douzièmes et à termes échus. En cas de déménagement, de vente volontaire ou forcée, elles le sont immédiatement en totalité.

Les poursuites sont exercées par des agents spéciaux, les porteurs de contrainte, commissionnés par le sous-préfet et assermentés devant lui. Elles sont précédées d'un avertissement de payer délivré sur papier de couleur verte et d'une contrainte (papier rose) après laquelle le paiement doit être effectué dans les trois jours. Elles comportent la sommation avec frais, la saisie et la vente des meubles et effets saisis. Les cotes non recouvrées pendant l'année pour cause d'absence, de décès ou d'insolvabilité, tombent en non-valeur. Ceux de perception et de régie atteignent le taux de 3 p. 100.

IMPOT SUR LE REVENU
DES VALEURS MOBILIÈRES

L'IMPÔT sur le revenu des valeurs mobilières est un impôt direct, quoique perçu par l'administration de l'enregistrement.

Il atteint les revenus de tous les placements faits soit sous forme d'actions de société, soit sous forme d'obligations (emprunts des sociétés ou des établissements publics). Sont affranchies les parts d'intérêts des associés en collectif et celles des commandites dans les commandites simples, c'est-à-dire qui ne sont pas par actions.

L'impôt sur le revenu des valeurs mobilières est calculé à raison d'un taux de 4 p. 100 sur les revenus dividendes et produits de l'exercice annuel. Il atteint les lots et primes de remboursement, les lots à raison de 8 p. 100 sur la valeur du lot, les primes dans la même proportion établie sur la différence entre la somme remboursée et le taux d'émission de l'emprunt.

Ce sont les sociétés et administrations qui, obligatoirement, font l'avance de l'impôt sur le revenu des valeurs mobilières, dont la charge retombe finalement sur le bénéficiaire lui-même.

Les rentes françaises ne sont pas assujetties à l'impôt sur le revenu des valeurs mobilières, non plus que les valeurs du Trésor français.

Rappelons ici deux droits qui sont des impôts d'enregistrement et non des impôts indirects :

Ce sont :

1° Le droit de transmission sur les titres nominatifs, qui est de 75 centimes p. 100.

2° Le droit sur les opérations de Bourse, qui est de 10 centimes par 1.000 fr. ou fraction de 1.000 francs du prix réel de l'achat ou de la vente, et réductible à 0,0025 pour les rentes de l'Etat français. En ce qui concerne les opérations de report, il est de 0.025 par 1.000 francs pour les valeurs françaises et étrangères et de 0,00625 pour les rentes françaises.

TAXES DIVERSES

IMPOT SUR LES CHEVAUX ET VOITURES — *La taxe entière* est applicable :

1° Aux voitures suspendues destinées au transport des personnes ;
2° Aux chevaux de selle ;
. 3° Aux chevaux servant à atteler les voitures imposables ;

Si un contribuable possède plusieurs chevaux de labour ou de charroi servant à la voiture, *indistinctement*, on comptera un cheval par voiture à un cheval, deux chevaux par voiture à deux chevaux, etc. Si le contribuable attelle toujours les *mêmes chevaux*, il est imposé pour le nombre de ses chevaux. Par exemple, si, ayant une voiture à un cheval et une voiture à deux chevaux, il se contente toujours des deux mêmes bêtes pour faire le service avec ces deux véhicules.

La *demi-taxe* est applicable :

1° Aux voitures suspendues qui servent aux travaux agricoles ou aux personnes payant une patente professionnelle ;
2° Aux chevaux de selle, employés aux mêmes usages ;
3° Aux chevaux qui font le service de la voiture dans les mêmes conditions. Les chevaux et les voitures des patentés suivants paient taxe entière.

Architectes, avocats, avoués, chefs d'institution, maîtres de pension, chirurgiens-dentistes, commissaires-priseurs, docteurs en médecine, greffiers, huissiers, ingénieurs civils, mandataires agréés par les tribunaux de commerce, officiers de santé, référendaires au sceau, vétérinaires.

L'*exemption totale* est applicable :

1° Aux voitures non suspendues et aux chevaux qui les traînent ;
2° Aux voitures publiques et aux chevaux qui en font le service ;

3° Aux voitures et aux chevaux destinés exclusivement à la vente ou à la location ;

4° Aux chevaux et aux voitures dont la possession est prévue par les règlements militaire et administratif ;

5° Aux juments et aux étalons exclusivement destinés à la reproduction.

Les déclarations sont faites sur des formules imprimées qui se trouvent dans les mairies. Ceux qui, dans le courant de l'année, se trouvent posséder plus de voitures ou de chevaux qu'il n'en a été déclaré au 1er janvier, sont tenus de les déclarer dans les trente jours. L'omission ou l'inexactitude de la déclaration est punie d'une double taxe.

Les taxes sur les chevaux et voitures sont fixées de la façon suivante d'après la population des communes :

VILLES, COMMUNES OU LOCALITÉS dans lesquelles le tarif est applicable	SOMMES A PAYER non compris les fonds de non-valeurs par chaque		
	Voiture		Cheval de selle ou d'attelage
	à 4 roues	à 2 roues	
	Fr.	Fr.	Fr.
Paris.	60	40	25
Communes autres que Paris, ayant plus de 40.000 âmes de population. . . .	50	25	20
Communes de 20.000 âmes à 40.000. .	40	20	15
Communes de 10.000 âmes à 20.000. .	30	15	12
Communes de 5.000 âmes à 10.000 .	25	10	10
Communes de 5.000 âmes et au-dessous	10	5	5

Pour les voitures automobiles l'impôt est calculé d'après le nombre de chevaux-vapeur de la machine.

Voici les nouveaux tarifs de l'impôt tels qu'ils ont été votés.

A dater du 1er janvier 1910, le tarif de la contribution sur les

voitures, chevaux, mules et mulets est, en ce qui concerne les
voitures automobiles, fixé de la manière suivante :

VILLES OU COMMUNES dans lesquelles le tarif est applicable	SOMMES A PAYER NON COMPRIS LES CENTIMES pour non-valeurs.						
	pour chaque voi- ture automobile		par cheval-vapeur ou fraction de cheval-vapeur				
	à 1 ou 2 places	à plus de 2 places	du 1ᵉʳ au 12ᵉ	du 13ᵉ au 24ᵉ	du 25ᵉ au 36ᵉ	du 37ᵉ au 60ᵉ	à partir du 61ᵉ
	francs	francs	francs	francs	francs	francs	francs
1° *Voitures automobiles de 12 chevaux et au-dessous.*							
Paris.	50	90	5	»	»	»	»
Communes autres que Paris. Ayant plus de 40.000 habit.	40	75	5	»	»	»	»
De 20.001 à 40.000 habitants.	30	60	5	»	»	»	»
De 10.001 à 20.000 habitants.	25	50	5	»	»	»	»
De 10.000 habitants et au-dessous.	20	40	5	»	»	»	0
2° *Voitures automobiles de plus de 12 chevaux.*							
Communes autres que Paris	40	75	5	7	9	12	15
Paris.	50	90					

« Sont passibles de la contribution sur les voitures, chevaux,
mules et mulets, conformément au tarif ci-dessus, les voitures
automobiles non suspendues, si d'ailleurs elles sont destinées au
transport des personnes. — Les possesseurs de voitures automobiles doivent indiquer, dans les indications qu'ils sont tenus de
faire en exécution des articles 2 de la loi du 2 juillet 1862 et 9
de la loi du 23 juillet 1872, la catégorie à laquelle appartient
chaque élément d'imposition, eu égard au nombre de places et à
la force en chevaux-vapeur du moteur. »

BICYCLETTES La taxe sur les bicyclettes ou vélocipèdes est
de 3 francs par place. Pour une motocyclette, et
en général pour toute machine analogue munie d'un moteur,
elle s'élève à 12 francs par place.

On sait que les bicyclettes ne peuvent circuler sans la plaque spéciale délivrée par l'administration, et qui constate le paiement de l'impôt. Le contribuable devra de plus donner son nom et son adresse.

Naturellement, les plaques doivent être renouvelées tous les ans ; elles sont valables du 3 janvier au 31 décembre.

BILLARD La taxe est due pour l'année entière à raison de chaque billard qu'on possède ou dont on jouit à la date du 1er janvier. Elle est payable par portions égales en autant de termes qu'il reste de mois à courir à la date de la publication du rôle. Elle est fixée ainsi :

    Paris. . . . . 60 francs
    Villes au-dessus de 50.000 âmes. . . . . 30 —
    Villes de 10.000 à 50.000 âmes. . . . . 15 —
    Au-dessous. . . . . 6 —

La taxe est applicable aux billards possédés par des particuliers. Elle ne l'est pas pour ceux que détiennent, en raison de leur commerce, les marchands et les fabricants. Elle frappe non le propriétaire mais le possesseur de billards.

Les possesseurs de billards, soit publics, soit privés, doivent, soit personnellement, soit par fondés de pouvoirs, en faire la déclaration à la mairie de la commune. Les déclarations sont reçues du 1er octobre de chaque année au 1er janvier de l'année suivante ; il en est délivré un récépissé. Elles produisent leur effet jusqu'à déclaration contraire. Elles sont doublées pour les contribuables qui font des déclarations inexactes ou qui ne font pas leur déclaration dans les délais prescrits.

Les contrôleurs des contributions directes vérifient les déclarations et rédigent, à l'aide de ces documents, les matrices destinées à la formation par les directeurs des rôles de la taxe sur les billards.

Ces rôles sont établis par perception.

CHIENS Les possesseurs de chiens sont tenus de déclarer à la mairie, du 1er octobre au 15 janvier suivant, le nombre des chiens et l'usage auquel ils les emploient. La déclaration n'est renouvelée que s'il y a changement de résidence du contribuable ou changement dans le nombre et la destination des animaux. Les chiens mis en pension à la campagne sont déclarés à la mairie du lieu où ils se trouvent. Les chiens acquis postérieurement au 1er janvier ne sont pas taxés ni ceux qui, à cette date, sont nourris par la mère ou artificiellement. Les chiens qu'on perd ou dont on se défait dans les premiers jours de janvier sont taxés pour l'année suivante.

La loi distingue deux catégories de chiens qui paient des taxes variables entre 1 et 10 francs : la première, qui paie la taxe la plus élevée, se compose des chiens de chasse et d'agrément et se subdivise elle-même en plusieurs classes ; la seconde, la moins taxée, est celle des chiens de garde.

Sont réputés chiens de chasse ou d'agrément :

1º Le chien de toute race, servant à la chasse ;
2º Le chien qui suit son maître à l'extérieur ;
3º Le chien en liberté dans les rues ;
4º Le chien de 4 à 5 mois, destiné à la chasse ;
5º Le chien qui circule dans les appartements ;
6º Le chien qui joue avec les enfants ;
7º Le chien dressé pour chercher des truffes ;
8º Le chien enfermé habituellement dans une maison située à l'intérieur d'une ville et qui ne contient pas de boutique ;
9º Le chien de chasse qui garde les troupeaux ;
10º Le chien trop petit pour être considéré comme chien de garde ;
11º Le chien vieux et infirme qui reste dans l'appartement ;
12º Le chien de garde qu'on laisse circuler dans l'appartement ;
13º Le chien qu'une personne sourde garde auprès d'elle pour l'avertir de l'approche d'étrangers ;
14º Le chien que quelqu'un emmène habituellement dans les courses nécessitées par sa profession (tel l'huissier, le commis-voyageur) ;
15º Tous les chiens qui peuvent être rangés indistinctement dans la première ou la seconde catégorie.

Sont réputés chiens de garde :

1º Le chien qu'un commerçant, un forain, un garde-forestier, emmènent avec eux pour leur défense dans leurs courses ;
2º Le chien destiné à garder exclusivement l'écurie d'un loueur de chevaux ;
3º Le chien de toute espèce, qui garde des marchandises ou un bureau ;
4º Le chien de boucher ou celui qui garde une brasserie ;

5° Le chien de garde d'une ferme, d'une habitation isolée, d'une habitation composée de divers corps de bâtiments séparés par une grande cour, même s'il n'est pas tenu à l'attache ;

6° Le chien qui garde une propriété rurale et n'est pas tenu à la chaîne, afin de pouvoir plus aisément chasser les maraudeurs ;

7° Le chien destructeur des taupes ;

8° Le chien d'aveugle ;

9° Tous les chiens qui, d'une façon exclusive, sont destinés à la garde de la personne ou des biens.

La taxe est due pour toute l'année, même si l'on ne possède plus le chien à partir d'une certaine date. La déclaration incomplète ou inexacte est punie d'une double taxe ; l'absence de déclaration d'une triple taxe.

Ni l'absence du domicile, ni la maladie, ne sont des excuses pour échapper à ces sanctions.

Les tarifs, proposés par les conseils municipaux, sont arrêtés par décret en Conseil d'Etat, après que les conseils généraux ont été entendus.

Actuellement, le nombre des chiens assujettis à la taxe est en France de plus de trois millions.

CONTRIBUTIONS INDIRECTES

LES contributions indirectes proprement dites sont des impôts de consommation. Les principaux sont :

1° L'impôt sur les boissons : vins, cidres, poirés, hydromels, bières, spiritueux ;
2° L'impôt sur le sucre ;
3° L'impôt sur le sel ;
4° L'impôt sur les cartes à jouer ;
5° L'impôt sur les matières d'or et d'argent ; titres légaux, doublé et plaqué ;
6° L'impôt sur les huiles, sur l'acide stéarique et sur les vinaigres.

Les impôts de consommation sont indirects parce qu'ils atteignent indirectement le consommateur, en frappant le produit consommé sans que lui-même soit visé individuellement et nominativement.
Il y a lieu de distinguer les droits *au comptant* perçus par la régie, aussitôt que le fait imposable s'est produit, et les droits *constatés*, exigibles des détenteurs de matières imposables seulement quand elles sortent de leurs mains. Les employés chargés de l'*exercice* sont autorisés à pénétrer dans leurs magasins en tout temps pour le contrôle.

IMPOT SUR LES BOISSONS (Loi du 29 décembre 1900 et modifications ultérieures.)

Droit de circulation pour les vins. . .	1 fr. 50 l'hectolitre
Droit de circulation pour les cidres. .	0 fr. 80	—
Droit de circulation pour les poirés. .	0 fr. 80	—
Droit de circulation pour les hydromels	0 fr. 80	—

Le receveur des contributions indirectes délivre l'*expédition* ou *titre de mouvement*, à titre de *congé*, si le droit est perçu immédiatement ou d'*acquit à caution*, s'il n'est pas encore exigible. Dans ce dernier cas le destinataire est une personne entrepositaire et marchande en gros à qui le crédit des droits est accordé, ou un débitant qui demeure dans une localité dont la population n'atteint pas 4.000 habitants. S'il y a un octroi dans cette localité le droit sera perçu à l'entrée ; sinon, quinze jours après le délai fixé pour le transport.

S'il y a remise ou paiement déjà effectué du droit, la chose est indiquée par le *passavant*.

L'*exercice*, en ce qui concerne les débits de boissons, est supprimé, sauf pour les communes où le service d'octroi n'est pas organisé d'une façon régulière.

Les *sucres employés à la vinification*, dans la quantité nécessaire à la consommation d'une famille de producteurs et jusqu'à un maximum de 40 kilogrammes par membre de la famille, paient un droit de 24 francs pour 100 kilogrammes.

Les *vins artificiels, vermouths, vins de liqueur et vins d'imitation* sont assujettis au régime fiscal de l'alcool en ce qui concerne leur fabrication, leur vente et leur circulation.

Les *bières*, fabriquées par d'autres que les propriétaires et fermiers pour la consommation de la famille, paient un droit de 25 centimes par demi-hectolitre de moût. La perception a lieu par exercice dans les brasseries.

Les *spiritueux* paient un *droit de consommation* de 220 francs par hectolitre d'alcool pur, et un *droit d'entrée* dans les localités de 4.000 âmes et au-dessus, variable d'après la population des villes.

Les absinthes, bitters, amers et tous les autres apéritifs qui ne seraient pas à base de vin, paient une surtaxe de 50 francs par hectolitre d'alcool pur, ajoutée au droit de consommation.

Les *bouilleurs de cru*, qui distillent eux-mêmes les produits de leurs propres récoltes, ont vu leur privilège rétabli par les lois des 27 février et 17 avril 1906.

Ce privilège consiste :

1º En une remise totale de l'impôt aux bouilleurs de cru qui s'interdisent la vente en ne demandant pas qu'il leur soit ouvert un compte à la régie ;

2º Dans l'assimilation aux distillateurs des bouilleurs de cru qui demandent un compte avec franchise de 20 litres d'alcool pur par an, pour la consommation de la famille ;

3° Dans la remise totale de l'impôt pour les bouilleurs de cru qui ramènent chez eux des alcools distillés dans des ateliers publics, et ne demandant pas qu'il leur soit ouvert un compte.

ALCOOLS DÉNATURÉS Les alcools destinés à l'éclairage, à la force motrice, etc., ne paient aucun droit, et une prime de 9 francs par hectolitre leur est même accordée.

LICENCES Ce sont des taxes d'un taux invariable frappant certaines professions, raffineurs, fabricants d'huiles, etc. Elles ne se confondent pas avec la patente.

Par exception le taux de la licence varie, pour les marchands de boissons, selon le chiffre de la population et aussi selon la classe à laquelle appartient leur patente.

SUCRE Le *sucre de betteraves* paie 25 francs par 100 kilogrammes. L'exercice se fait dans les sucreries et raffineries. Le sucre raffiné paie de plus 2 francs par kilogramme.

Des droits semblables frappent, à leur entrée en France, les sucres coloniaux et étrangers.

SEL Le sel paie un décime par kilogramme. L'impôt est perçu par douaniers dans le rayon des douanes et ailleurs par les agents des contributions indirectes. Les sels destinés à l'industrie, telle que celle de la soude, de l'indigo, de l'eau de Javel, sont francs de droits.

CARTES L'impôt est de 0 fr. 75 à 1 fr. 25, pour les cartes destinées aux particuliers, selon le mode de fabrication et le nombre de cartes dont se compose le jeu. Il est de 1 fr. 50 à 2 fr. 50 pour les cartes de cercles, et le timbre qui est apposé sur ces jeux est de couleur différente. Les gérants de cercles ne peuvent obtenir de nouveaux jeux qu'en rapportant l'as de trèfle du jeu précédent.

Les cafetiers chez qui l'on joue sont soumis à l'*exercice* des employés de la régie.

L'OR ET L'ARGENT Avant toutes ventes, les matières d'or et d'argent doivent être contrôlées, c'est-à-dire que la quantité de métal pur, ou *titre*, qu'elles contiennent, doit être constatée par un poinçonnement.

Pour l'or, les titres sont les suivants :

1er titre.	920/1.000
2e titre.	840/1.000
3e titre.	750/1.000

Pour l'argent :

1er titre.	950/1.000
2e titre.	800/1.000

La fabrication et le négoce doivent être déclarés à la préfecture, et chaque fabricant doit posséder un poinçon particulier.

Les fabricants de doublé sont tenus à la déclaration à la mairie, les ouvrages doivent porter la marque d'un poinçon à forme carrée, la mention *doublé* en toutes lettres et l'indication de la quantité de métal pur.

HUILES Les huiles et les autres liquides du même emploi, sauf les huiles minérales, introduites ou fabriquées dans une commune d'au moins 4.000 âmes, paient, selon la population, une taxe de 6 à 12 p. 100 par 100 kilogrammes. *Le droit n'est pas perçu dans les villes où les huiles autres que les huiles minérales ne paient pas d'octroi.* Celles mêmes où il est exigible peuvent en décharger les redevables en contractant un abonnement, ou se libérer elles-mêmes en rachetant le droit au Trésor par un versement.

Les huiles minérales paient un droit de fabrication.

CHANDELLES, BOUGIES, CIERGES L'acide stéarique nécessaire à leur fabrication paie un droit de 30 francs par 100 kilogrammes.

VINAIGRES Les vinaigres, selon le degré de l'acide acétique, sont passibles d'un droit de 4 à 20 francs par hectolitre. L'acide acétique paie 42 francs par 100 kilogrammes.

LE TIMBRE

L E timbre a pour effet de donner *date certaine* à tous les écrits qui en sont revêtus. Il est exigible pour les écrits, quels qu'ils soient, qui doivent être produits en justice, à l'exception de certains actes, dits *exempts de timbre*. Les actes sous seing privé qui ne sont pas assujettis à l'enregistrement n'en doivent pas moins être rédigés sur papier timbré.

Ce sont les préposés de l'enregistrement qui dressent les contraventions pour infractions à la loi du timbre. Mais les employés des douanes, de l'octroi, de la régie, etc., peuvent aussi exercer ce droit.

Les frais de timbre et les amendes encourues à leur propos sont dus solidairement par tous les signataires de l'acte non timbré, mais finalement celui qui « profite de l'acte », c'est-à-dire le porteur, le bénéficiaire, est tenu de les supporter. Quant aux amendes imputables à la négligence des hommes de loi, rédacteurs publics, ce sont ceux-ci qui doivent les acquitter et elles sont remboursables par eux aux parties qui en auraient fait l'avance au Trésor.

Les amendes de timbre sont dues par les héritiers des débiteurs, de même que les droits de timbre à recouvrer.

Pour le paiement des droits et des amendes de timbre, le Trésor a un privilège sur les revenus des immeubles de ceux qui lui en sont redevables. Les demandes en restitution, de la part de ceux-ci, se prescrivent par trente ans. Les revendications de l'Etat se prescrivent également par trente ans, en ce qui concerne les droits et par deux ans, en ce qui concerne les amendes. Cette dernière prescription court à partir du jour où les agents de l'administration ont pu découvrir l'irrégularité.

L'impôt se perçoit par la débite, le timbrage à l'extraordinaire et le visa pour timbre.

La débite est la vente du papier timbré et des timbres mobiles, soit chez les receveurs de l'enregistrement, soit chez les débitants autorisés.

Tous les débitants de tabac vendent des timbres-quittance de dix centimes.

On appelle *timbrage à l'extraordinaire* l'action de timbrer le papier libre dont les particuliers et les huissiers se servent pour certains actes. Le timbrage ne se fait qu'au chef-lieu du département ; le receveur d'enregistrement perçoit les droits. A Paris, on s'adresse pour l'une et l'autre de ces formalités au bureau d'enregistrement le plus rapproché.

Dans certains cas le timbrage à l'extraordinaire est remplacé par le *visa pour timbre* ou par l'apposition de timbres mobiles.

TIMBRE DE DIMENSION Le *timbre de dimension* est ainsi nommé à cause des dimensions différentes que le papier ainsi timbré comporte :

Il y a :

La feuille de grand registre à . . . . 3 fr. 60
 — de grand papier à . . . . 2 fr. 40
 — de moyen papier à . . . . 1 fr. 80
 — de petit papier à . . . . 1 fr. 20
La 1/2 feuille de petit papier à . . . . 0 fr. 60

Le timbre de dimension est surtout en usage pour les actes notariés, les actes judiciaires, les actes extra-judiciaires, les actes administratifs assujettis ou non à l'enregistrement.

Très rarement le timbre de dimension, dans les cas où son emploi est obligatoire, se remplace par le timbrage à l'extraordinaire ou les timbres mobiles.

Par tout acte sous seing privé, sujet au timbre de dimension et écrit sur papier libre, une amende de 62 fr. 50 est prévue par la loi. Cette amende est de 6 fr. 25 pour les écritures privées produites en justice, mais pratiquement les tribunaux, dans leur jugement, évitent de faire allusion à ces documents pour ne pas faire encourir aux plaideurs les rigueurs du fisc.

TIMBRE PRO-
PORTIONNEL
C'est celui dont le coût est en raison des sommes exprimées dans les actes. Il est obligatoire pour :

Les promesses de payer relatives à des sommes ou marchandises évaluables au poids et à la mesure ;
Les effets de commerce ;
Les valeurs mobilières.

1° Promesse de payer.

Le timbre proportionnel est de 5 centimes pour 100 francs ou fraction de cent francs.

Il suit de là que, pratiquement, on peut, avec la tolérance de l'administration, rédiger une promesse de payer sur une demi-feuille de timbre de dimension à 60 centimes, jusqu'à concurrence de 1.200 francs. Passé cette somme, on se trouve en contravention, pour insuffisance. L'amende est de 6 p. 100.

Mais on peut faire timbrer à l'aide du visa pour timbre les billets non-timbrés ou insuffisamment timbrés ; le timbrage à l'extraordinaire s'applique en général aux engagements soumis au timbre proportionnel.

2° Effets de commerce.

Les traites et les billets à ordre sont assujettis au timbre, à raison de 5 centimes pour 100 francs ou fraction de 100 francs. Toute contravention à cette prescription est punie de l'amende ci-dessus indiquée, dont le porteur ou bénéficiaire fait l'avance, sauf recours contre les autres signataires. De plus, il est considéré comme porteur négligent, et si l'effet n'est pas payé, il n'a de recours que contre le souscripteur.

3° Valeurs mobilières.

Les valeurs mobilières paient un droit de timbre proportionnel de 60 centimes pour 100 francs du capital indiqué sur le titre de chaque action comme devant être remboursé, si la durée de la société n'excède pas dix ans ; dans le cas contraire, le droit est porté à 1 fr. 20 p. 100. Pour les obligations il est toujours de 1,20 p. 100.

Les sociétés, départements, communes et établissements publics qui émettraient des titres non timbrés se rendraient passibles d'une amende de 12 p. 100 du montant du titre, si ce titre était une action, et de 10 p. 100 si c'était une obligation.

18

ENREGISTREMENT

D E même que le timbre, l'enregistrement donne date certaine aux actes et titres sous seing privé. Il constitue une des principales ressources du Trésor. Aussi la loi édicte-t-elle des amendes quand les droits d'enregistrement ne sont pas acquittés dans les délais voulus. Elles sont d'un demi-droit, d'un droit ou d'un double droit. Elles ne peuvent affecter les héritiers quand elles ont été encourues par le défunt.

Comment sont délivrés les extraits des registres ? — Il faut, pour obtenir un extrait des registres de l'enregistrement, être autorisé par une ordonnance du juge de paix, si l'on n'est partie ou ayant-cause.

Quel sont les actes soumis à l'enregistrement et les droits afférents à ces actes ? — Le tableau ci-dessous indiquera tous les actes qui doivent être enregistrés, soit gratuitement, soit moyennant un droit qui peut être fixe ou proportionnel à la somme exprimée dans cet acte.

Acceptation pure et simple, acceptation sous bénéfice d'inventaire ou de successions, acceptations de legs ou de communauté, faites au greffe du tribunal civil. *Droit fixe*   5,03

Actes de l'état civil. . . . . o

Actes de notoriété. *Droit fixe* 3,75

Actes respectueux. *Droit fixe* 3.75

Actes sous seing privé. Voir chapitre.

Adoption. *Droit fixe*. 1,88

Affiches de ventes judiciaires d'immeubles. *Droit fixe* 1,88 (outre le timbre).

Antichrèse (contrat par lequel le débiteur ou un tiers met le créancier en possession d'un immeuble en nantissement). *Droit proportionnel* sur les sommes pour lesquelles l'antichrèse est établie. . . . . 2,50 p. 100

Appel {
D'un jugement de justice de paix. _Droit fixe._ 6,25
— — de conseil de prud'hommes. _Droit fixe_ 3,75
— — de tribunal civil. _Droit fixe._ 12,50
— — de tribunal de commerce. _Droit fixe_ 12,50
}

Arrêts cours de cassation et Conseil d'Etat {
préparatoires ou interlocutoires. _Droit fixe._ 18,75
définitifs. _Droit fixe._ . . 46,88
}

Assurances. Voir chapitre.

Bourse (meubles et immeubles). _Droit proportionnel_ (calculé sur le prix global des années) 0,25

Bilan (dépôt de) . . . . o

Billets simples ou promesses de payer. (Pour ceux qui sont notariés seulement). _Droit proportionnel_ . . . . 1,25 p. 100
(Timbre proportionnel de 0,05 p. 100.)

Billets à Ordre. _Droit proportionnel_ . . . . 0,62 1/2 p. 100
(même timbre proportionnel.)

Cautionnements. _Droit proportionnel_. . . . . . . —

Certificats purs et simples. _Droit fixe_ 1,88

Certificats de vie ou de résidence {
Droit fixe. . . . . —
pour paiement de rentes viagères et de pensions sur l'Etat . . . . o
}

Cessions de créances. _Droit proportionnel_ (au montant de la créance) . . . . 1,25 p. 100

Cessions de rentes perpétuelles ou viagères. _Droit proportionnel_ (au capital constitué) . . . . . 2,50 p. 100

Chèques enregistrés avec leurs protêts faute de paiement. {
à ordre et au porteur. _Droit proportionnel_ . . . . . 0,62 1/2 p. 100
à personne dénommée. _Droit proportionnel_ . . . . . 1,25 p. 100.
}

Concessions de terrains dans les cimetières. _Droit proportionnel sur le prix_ . . . . 5,62 1/2 p. 100

Concessions temporaires non renouvelables. _Droit proportionnel_ sur les années cumulées 0,25

Connaissements (des capitaines de navire). _Droit fixe_. 3,75

Consentements purs et simples. _Droit fixe_. . . . . —

Constitutions de rentes ou pensions à titre onéreux. _Droit proportionnel_ (au capital constitué) . . . 2,50 p. 100

Contrats. Suivant leur nature : obligations, déclarations, etc.

Contrat de mariage	ne contenant que la déclaration du régime adopté.. *Droit fixe*	6,25
	constatant les apports. *Droit proportionnel.*	0,25 p. 100

Décharges de pièces	par acte civil. *Droit fixe*	3,75
	— judiciaire ou extra-judiciaire.	
	Droit fixe.	1,88

Déclaration d'adjudicataire. *Droit fixe* 1,87 1/2 p.100

Déclaration de command (Déclaration faite par l'acquéreur d'un immeuble du nom de la personne pour laquelle il acquiert). *Droit fixe* 5,63

Dépôt de sommes. *Droit proportionnel.* 1,25

Désistements purs et simples. Droit fixe 3,75

Devis . . . . —

Dispense d'âge pour se marier. — 37,50

   Id. de parenté pour se marier — 75

Divorce. Première expédition par l'officier de l'état civil de la transcription d'un jugement de divorce. *Droit fixe.* 187,50

Dommages-intérêts prononcés par	justices de paix, tribunaux de police et prud'hommes. *Droit proportionnel* . . .	2,50 p. 100
	tribunaux civils, correctionnels, de commerce, arbitres, cours d'appel et cours d'assises. *Droit proportionnel.*	3,75 p. 100

Donations. Voir chapitre.

Echanges d'immeubles. Sur l'une des parts, si elles sont équivalentes. *Droit proportionnel* 4,50

(Jusqu'à 500 francs, ce droit suit les sommes franc par franc. S'il y a soulte, le droit de 7 p. 100 est pris sur cette soulte. Pour les immeubles ruraux situés dans les mêmes communes ou dans des communes limitrophes, le droit proportionnel est de 0,25 p. 100. Le droit de 7 p. 100 est perçu de même sur la soulte).

Exploits d'huissiers tarif ordinaire). *Droit fixe* . . 2,50

Relatifs aux procédures en justice de paix. *Droit fixe.* 1,25

Relatifs aux procédures en matière civile et commerciale. *Droit fixe.* 2,50

Relatifs aux procédures devant le Conseil d'Etat et la cour de cassation. *Droit fixe* 9,38

En matière pénale *Droit fixe* 1,88

(Le droit est dû pour chaque demandeur ou défendeur).

Expropriation pour cause d'utilité publique . . . .   o

Faillite Liquidation judiciaire
{ Répartitions aux créanciers. *Droit proportionnel* . . . .   0,31 1/2 p. 100
Actes rédigés en exécution des lois relatives aux faillites. . . . . . .   o

Fonds de commerce (vente)
Sur le prix de vente de l'achalandage, de la cession du droit au bail, des objets garnissant le fonds. *Droit proportionnel* . . . .   2,50 p. 100
Marchandises neuves détaillées dans l'acte de vente. *Droit proportionnel* . . . .   0,62 p. 100

Fonds de commerce exploités à Paris.
Sur le prix du fonds. *Droit proportionnel* . . .   1,25 p. 100
Sur les marchandises neuves, *id*.   0,32 p. 100

Gage. *Droit proportionnel* . . . .   0,62 1/2 p. 100
Hypothèques. Voir chapitre.
Inscription. Voir chapitre.
Jugement portant interdiction. *Droit fixe*   28,15
Arrêts de la cour d'appel. *Droit fixe*   46,88
Inventaires par vacation. *Droit fixe*   3,75

Jugements
Juges de paix et prud'hommes. *Droit proportionnel* . . . .   1,25 p. 100
En matière commerciale. *Droit proportionnel* . . . .   1,56 1/2 p. 100
Sentences d'arbitres. *Droit proportionnel* . . . .   2,50 p. 100
Prononçant des dommages-intérêts. Voir à ce mot.
Interlocutoires ou préparatoires des tribunaux civils et des tribunaux de commerce. *Droit fixe*   5,65
Portant débouté de demande en matière commerciale. *Droit fixe*   12,50
Les mêmes, rendus par un tribunal civil. *Droit fixe*   25
Par les tribunaux civils, portant interdiction, séparation de bien ou de corps. *Droit fixe*   28,43
Séparation, adoption ou divorce. *Droit fixe*.   93,75

Jugements ou arrêts des cours d'appel. Décisions confirmatives d'un jugement rendu en premier ressort. *Droit proportionnel* . . . .   0,62 1/2 p. 100

Arrêts infirmatifs de jugements qui ont débouté la demande en première instance.	1° Droit de condamnation	Droit de condamnation en matière commerciale. *Droit proportionnel*	1,56 1/2 p. 100
		Id. en matière civile *Droit proportionnel*	2,50 p. 100
		Relativement aux dommages-intérêts . . .	3,75 p. 100
	2° *Droit proportionnel.*	0,62 1/2 p. 100

Arrêts interlocutoires ou préparatoires. *Droit fixe* 9.38

Arrêts définitifs. *Droit minimum de condamnation*   31,25

Arrêts portant débouté de la demande. *Droit fixe* .   37,50

Arrêts de séparation de corps, de biens, interdiction. *Droit fixe.*   46,89

Arrêts confirmatifs d'adoption ou divorce. *Droit fixe.* 187,50

Lettres de voiture. *Droit fixe* 3.75

Lettres missives. *Droit fixe* . . . .   —

Mandat. *Droit fixe* . . . .   —

Navires (vente). *Droit fixe* . . . .   —

Obligations. Sur leur montant. *Droit proportionnel* . . . .   1,25 p. 100

Officiers ministériels (vente). Sur les prix et les charges		Province. *Droit proportionnel* . . .	2,50 p. 100
		Paris. En plus. *id.*	1,25 p. 100

Ordonnances	Juges de paix. *Droit fixe.*	1,88
	Juges de tribunaux civils. *Droit fixe.*	5,63
	Cour d'appel. *Droit fixe.*	9,68

Ouverture de crédits	Acte d'ouverture de crédits. *Droit proportionnel*	0,62 1/2 p. 100
	Réalisation ultérieure du crédit	Sommes d'argent. *id.* 1,25 p. 100
		meubles. . . . . *id.* 2,50 p. 100

Partages. *Droit proportionnel.* . . . .   0,25 p. 100

Partages avec soulte, même droit, plus les droits suivants (si elle est donnée en échange de rentes sur l'État ou de titres au porteur, il n'est rien perçu).	Soulte en immeubles. *Droit proportionnel.*	7 p. 100
	Soulte en meubles. *Droit proportionnel.*	2,50 p. 100
	Soulte en créances. *Droit proportionnel.*	1,25 p. 100
	Soulte en titres nominatifs. *Droit proportionnel* . .	0,75 p. 100

Partages d'ascendants. *Droit proportionnel* . . . .   1,70 p. 100
(Les partages d'ascendants testamentaires paient les droits de succession).

Pension alimentaire
— constituée par ceux qui la doivent sur le prix cumulé de toutes les années. *Droit proportionnel*. . . . . — 0,25 p. 100
— ordonnée par jugement. *Droit proportionnel* sur les jugements perçu sur 10 fois le montant de la condamnation.

Prestation de serment.
— Agents jusqu'à 4.000 fr. de traitement. *Droit fixe* . . . . . . — 5,63
— Agents au-dessus de 4.000 fr. *Droit fixe* . . . . — 28,13
— Avocats, avoués, notaires, greffiers, huissiers. *Droit fixe* . . . . . . — —
— Greffiers de paix. *Droit fixe* . . . — 5,63

Prorogation de délai. Sur le montant de la créance, *droit proportionnel* . . . . — 0,25 p. 100

Protêts. *Droit fixe* . . . . — 2,75

Quittances de sommes ou objets. *Droit proportionnel*.. — 0,62 1/2 p. 100

Rapports d'expert. *Droit fixe* . . . . — 3,75

Ratifications pures et simples. *Droit fixe*. . . . . — —

Référé (ordonnance de). *Droit fixe* . . . . . . — 5,63

Renonciations à communauté à successions, au greffe du tribunal. *Droit fixe*. . . . . — 3,75

Scellés (Apposition et levée de). *Droit fixe* (par vacation) . . . . — 3,75

Sociétés (actes de formation et de propagation des). Sur le montant total des apports, déduction faite du passif. *Droit proportionnel* . . . . — 0,25 p. 100

Surenchère (acte de). *Droit fixe* . . . . — 5,63

Testaments (indépendamment des droits de succession). *Droit fixe* . . . . — 9.38

Titres nouvels, ou reconnaissances de rentes dont les actes constitutifs sont enregistrés sur le capital des rentes. *Droit proportionnel* . . . . — 0,25 p. 100

Traites. (En cas de protêts.) *Droit proportionnel* . . . . — 0,62 1/2 p. 100

Transactions. *Droit fixe* . . . . — 5,63

Usufruit à titre onéreux (constitution d')
— Meubles. Droit de vente *proportionnel* . . . . — 2,50 p. 100
— Immeubles. Sur le montant du prix et des charges, *droit proportionnel*. . . . . — 7 p. 100

Nue propriété	par la mort de l'usufrui-tier, ou à l'époque fixée, si aucun prix n'a été convenu. *Droit fixe.* . . .	4,50
	Si un prix a été fixé. *Droit proportionnel.* .	2,50 ou 7 p.100
Réunion d'usufruit à la nue propriété	par suite de conventions nouvelles. A. Par vente. *Droit proportionnel* . . . . . . B. Par donation. Droit ordinaire des donations.	2,50 ou 7 p.100
Vente	Immeubles. Sur le prix et les charges. *Droit proportionnel*	7 p. 100
	Meubles. Sur le prix et les charges, *Droit proportionnel*	2,50 p. 100

Vente judiciaire d'immeubles. Au-dessous de 2.000 fr. les droits d'enregistrement et de timbre sont restitués.

Vente de marchandises aux enchères, sur leur montant. *Droit proportionnel* . . . .   0,12 1/2 p. 100

Ventes de meubles et marchandises en cas de faillite, sur leur montant. *Droit proportionnel* . . .   0,62 1/2 p. 100

CONVENTIONS ET CONTRATS

GÉNÉRALITÉS, DÉFINITION, ETC.

GÉNÉRALITÉS Les *conventions* sont plus générales que les *contrats* qui en constituent une espèce, la plus fréquente, il est vrai.

La *convention* est un accord survenu entre deux ou plusieurs personnes intéressées dans une affaire et qu'on appelle *parties*. Elle s'oppose à l'*acte unilatéral*, qui n'a pas besoin du concours de deux ou plusieurs volontés, et qui émane d'une personne seule. Nous parlerons d'abord des conventions.

Sur quelles personnes les conventions ont-elles de l'effet? — Les conventions, en principe, n'ont d'effet que sur les parties, et non sur les *tiers*, qui restent en dehors. Mais il y a lieu évidemment de considérer comme *parties* et non comme *tiers*, les *mandats* représentés dans une convention par leurs *mandataires*.

Qui est obligé du mandant ou du mandataire? — C'est le *mandant*, lui seul. X... donne à Z... mandat de vendre une maison ; Z... traite valablement avec N... pour cet acte, et N... ayant accepté le prix convenu, X... sera tenu de lui céder la maison pour ce prix. Mais Z... n'est tenu à rien.

Comment fait-on la preuve d'une convention? — En matière commerciale, la preuve se fait par tous les moyens légaux. C'est dire que les témoignages et les présomptions sont accueillis.

En matière civile, la question se subdivise. S'agit-il d'une convention au sujet d'une chose dont la valeur ne dépasse par 150 francs, tous moyens légaux de preuves sont également admis. Mais si les 150 francs sont dépassés, il faudra une *preuve écrite*, c'est-à-dire un acte authentique ou sous seing privé.

S'il y avait seulement un *commencement de preuve par écrit*, tel qu'une lettre missive, ou encore un acte sous seing privé irrégulièrement rédigé dont la valeur juridique lui est assimilée, les présomptions et les témoignages, joints à cette preuve imparfaite, pourraient suffire.

Mode d'évaluation de l'objet du litige. — On tient compte de sa valeur au moment où il a été fourni et de tout ce qui peut être joint à lui, accessoirement, comme les intérêts impayés d'une somme prêtée, de plus, on y joint les autres dettes non acquittées. Un créancier qui réclamerait en justice une somme de 100 francs, dont les intérêts impayés en deux ans forment 10 francs, et auquel il serait encore dû deux sommes, l'une de 30 francs, l'autre de 20 francs qu'il n'aurait pas jointes à la première, se trouve en réalité créancier de 160 francs. Il n'est plus dans les conditions requises pour revendiquer sa créance par les simples preuves testimoniales ou de présomption ; de plus, il s'expose à être déclaré déchu de ses droits sur les sommes de 20 et de 30 francs non jointes par lui à la première.

Conséquence. — Puisque toutes les créances sont réunies et totalisées, le créancier fera bien d'exiger du débiteur une reconnaissance par écrit pour chaque créance nouvelle de façon que le chiffre de 150 francs ne vienne pas à être dépassé.

Conventions synallagmatique et unilatérale. — La convention est *synallagmatique* quand il y a réciprocité d'obligations entre les parties. Elle doit être dressée en *double*, s'il y a deux parties, en triple, s'il y en a trois, etc., Mention du nombre est faite au-dessus de la signature des parties.

La convention est *unilatérale*, quand il n'y a d'obligation stipulée que d'un seul côté, qu'il y ait une ou plusieurs personnes de ce côté. Par exemple : deux prêteurs et un emprunteur. Elle doit porter au-dessus de la signature du débiteur, et écrite de sa main la mention : *bon pour*, suivie de l'énonciation de la somme prêtée.

Conséquences de l'oubli des formalités dans la rédaction d'une convention synallagmatique ou unilatérale. — Si une convention synallagmatique n'a pas été faite en autant d'exemplaires qu'il y avait de parties ;

Si une convention unilatérale ne porte pas la mention *bon pour ;*

L'une et l'autre ne constituent pas une preuve écrite de la convention, mais seulement un commencement de preuve qui a besoin d'être corroboré par des preuves testimoniales ou des présomptions.

Comment éviter la formalité du double ? — Pour se dispenser de faire rédiger l'acte de convention en double ou en plusieurs exemplaires selon leur nombre, les parties, après avoir signé l'original, peuvent le déposer chez un tiers désigné par elle pour les conserver et les communiquer.

Dans quelles circonstances est-on dispensé de ces formalités ? — Sont dispensés du *bon pour* :

Les laboureurs, les artisans et les gens de service.

Sont exempts du *bon pour* et du double :

Tous actes sous seing privé relatifs à des conventions commerciales.

DÉFINITION DU CONTRAT Le *contrat* est une *convention*, ou un accord de volontés, qui *produit* des obligations, tandis que la *convention* peut aussi bien restreindre, *modifier*, ou même *abolir* une obligation préexistante.

Deux sortes de contrats. — Il faut distinguer le contrat synallagmatique avec obligations réciproques des parties et le contrat unilatéral qui ne comporte d'obligations que d'un seul côté, l'autre partie n'ayant qu'à consentir.

Contrats à titre onéreux et à titre gratuit. — Le contrat est à titre onéreux quand chaque partie abandonne à l'autre et en reçoit quelque chose, la chose reçue et la chose donnée étant sensiblement équivalentes. Ainsi : je loue ma maison à X..., le contrat est à titre onéreux ; j'abandonne la jouissance de mon immeuble, et je reçois une somme d'argent en récompense. X..., de son côté, entre en jouissance de mon bien, et me paie cet avantage un prix convenu. Mais si je fais au même X... une donation qu'il accepte. le contrat est à titre gratuit ; il resterait tel même si j'imposais à X... une charge légère qui ne peut entrer en comparaison avec la somme à lui donnée.

Un contrat unilatéral peut être onéreux aussi bien qu'un contrat synallagmatique, comme le remarque l'auteur de l'*Avocat du foyer.* Tel le contrat par lequel X... prête à Z... 10.000 francs à 5 p. 100. X..., pour le moment, ne reçoit rien ; donc le contrat est *unilatéral* ; mais, plus tard, Z... devra lui rembourser le capital avec les intérêts en plus ; donc le contrat est à titre onéreux.

Contrat commutatif. Contrat aléatoire. — Le contrat à titre onéreux peut être *commutatif* ou *aléatoire*.

Commutatif il agit certainement et immédiatement. Tel un contrat de vente ou d'échange.

Aléatoire, il n'agit que conditionnellement. Tel un contrat d'assurance sur la grêle ou l'incendie qui n'agit pleinement que si les cas de grêle ou d'incendie prévus par lui se produisent.

Quelle est l'essence du contrat ? — C'est le consentement des parties. Au cas où l'une d'elles contesterait son propre consentement, les règles de la preuve en matière commerciale et en matière civile sont celles que nous venons de donner à propos de la convention.

Contrats consensuels. — Ce sont ceux dont la validité existe par le seul fait essentiel du consentement des parties. Tel, un contrat de louage, de vente, etc... C'est la grande majorité des contrats.

Contrats solennels. — Ce sont ceux qui ont besoin d'être authentiqués par une formalité juridique : le contrat de mariage, par exemple. Ils doivent être passés devant un officier public.

Contrats réels. — Les contrats réels, c'est-à-dire basés sur des choses matérielles, et qui ont pour objet d'en rendre la restitution obligatoire par l'emprunteur n'existent évidemment que si la chose visée a été fournie. Tel, par exemple, le contrat de dépôt, qui n'existe que si le dépôt a été effectué.

DE L'OFFRE   Le contrat étant une acceptation d'une partie de l'offre faite par une autre partie, il importe de déterminer de quelle façon se produit l'offre. Remarquons qu'elle n'a pas besoin d'être expressément formulée. Lorsqu'un *bateau parisien* accoste le ponton de l'Alma, disposé pour que les voyageurs puissent passer du quai à bord, c'est comme si la Compagnie me faisait l'offre de me transporter : moyennant le prix convenu, je monte et j'acquitte ce prix, il y a contrat tacite entre elle et moi.

Contrat par correspondance. — Il n'existe qu'à partir du moment où l'offre étant parvenue au destinataire et celui-ci ayant accepté, celui qui avait fait l'offre aura été touché par l'avis de l'acceptation.

J'offre à X... de lui louer ma maison 3.000 francs ; deux heures après je me ravise, ayant trouvé un locataire à 3.500 j'envoie à X... une lettre qui retire l'offre ; je suis dans mon droit.

L'offre à terme. — Si un terme a été indiqué par l'auteur de l'offre, celui-ci peut le retirer jusqu'à échéance. Il va sans dire que si l'autre partie n'a pas accepté à cette date, le contrat est caduc.

De quelles façons un contrat peut être supprimé. — Un contrat peut être annulé, résolu, résilié ou révoqué.

A. Il est *annulé* par les causes communes à tous les actes juridiques, savoir : l'erreur, le dol, la violence, l'incapacité.

B. Il peut être *résolu* de plein droit lorsqu'une *condition résolutoire* énoncée dans l'acte vient à se produire. Il l'est en justice, à la demande d'une des parties, quand l'autre partie ne remplit pas ses engagements. D'ailleurs celui qui actionne l'autre peut à son gré réclamer l'exécution du contrat ou sa résolution. De son côté, le tribunal n'est pas forcé, au cas où la résolution est demandée, de l'accorder immédiatement ; il peut donner à celui qui a montré de l'inexactitude le temps de se mettre en règle. Enfin, celui-ci peut prévenir le jugement de résolution, en s'acquittant de son obligation.

Toute demande de résolution par le créancier doit être précédée d'une sommation de payer adressée au débiteur.

La résolution du contrat supprime celui-ci, même dans le passé.

A cause des longueurs de la procédure, il est préférable, pour éviter de recourir à l'action de la justice, d'insérer dans le contrat une condition résolutoire qui produira son effet à une date fixe, si l'obligation n'est pas remplie. Comme nous l'avons vu, la cause résolutoire agit de plein droit.

C. Le contrat peut être *résilié*, c'est-à-dire supprimé pour l'avenir, par le commun accord des parties, le passé demeurant intact.

D. Le contrat est *révoqué* c'est-à-dire supprimé pour l'avenir, par le retrait d'un avantage gratuit concédé par une partie à l'autre. Telle, une donation, révoquée pour cause d'ingratitude du donataire, ainsi que nous l'avons expliqué au chapitre des donations.

Les contrats et les héritiers. — Les contrats sont transmissibles aux héritiers avec la succession. A moins toutefois qu'ils ne tiennent essentiellement à la qualité de la personne, auquel cas ils s'éteindraient avec elle. Par exemple, un contrat de louage de services.

DE LA VENTE

L A vente est un contrat consensuel qui transfère la propriété du vendeur à l'acquéreur.

Transcription. — Les ventes d'immeubles doivent être transcrites au bureau de conservation des hypothèques, après enregistrement, qu'elles aient lieu par acte notarié ou par acte sous seing privé sur papier timbré à 60 centimes. Pratiquement, en raison des complications qui peuvent surgir, à cause des hypothèques, servitudes, privilèges, etc., il faut toujours recourir au notaire pour une vente d'immeubles ou un achat.

Les objets mobiliers se vendent sans aucune formalité.

Frais de la vente. — Ils sont toujours à la charge de l'acheteur.

R È G L E S GÉNÉRALES On peut vendre les choses futures, sauf les successions.

Les contre-lettres stipulant un paiement plus élevé que celui indiqué dans l'acte de vente, ne peuvent avoir leur effet qu'entre les parties contractantes, elles n'ont point d'effet contre les tiers.

L'acheteur d'une chose vendue par une personne qui n'en était pas propriétaire a dix ans pour réclamer l'annulation de la vente, sans préjudice des dommages-intérêts, s'il peut prouver sa propre bonne foi.

La vente entre époux est valable quand elle consiste en une cession de biens en paiement de dette (dation en paiement); dans les autres cas, elle est annulable pendant dix ans, à partir de la dissolution du mariage, à la demande de l'un ou l'autre époux.

Les parties fixent librement le prix de la vente, sauf pour la viande et le pain que tarifent les municipalités.

On peut acheter pour le compte d'un autre qui se réserve de se faire connaître après la vente. Mais la déclaration doit être faite dans les vingt-quatre heures et notifiée par huissier à l'enregistrement. C'est ce qu'on appelle en droit *la déclaration de command* ou *élection d'ami*.

La promesse de vente lie celui qui la fait mais ne transfère pas par elle-même la propriété ; le promettant n'est donc tenu, s'il y manque, qu'à des dommages-intérêts.

OBLIGATION 1º Le vendeur délivre, à ses propres frais,
DU VENDEUR la chose vendue. (Les frais peuvent être ceux de pesage, de mesurage, etc.) Les frais d'enlèvement regardent l'acheteur.

2º Le vendeur doit la garantie des *vices rédhibitoires*, qu'il les ait ou non connus. L'acheteur peut demander, dans un court délai, la résolution de la vente ou une diminution de prix devant les tribunaux, en raison de ces vices. Il y a une jurisprudence spéciale pour les vices rédhibitoires des animaux. L'action en justice n'est admissible qu'à partir d'une somme de 100 francs. Jusqu'à 300 francs, le juge de paix en connaît, sans appel. Le délai pour cette action est de neuf jours, ou de trente jours, s'il s'agit de la fluxion périodique des yeux chez le cheval.

Le juge de paix est compétent, à charge d'appel, jusqu'à 600 francs. Le vendeur ne peut, en aucun cas, s'exonérer de la garantie des vices rédhibitoires, par une convention spéciale.

3º Nul ne peut vendre un animal atteint de maladie contagieuse, à peine de voir la vente annulée à la demande de tout intéressé, et d'encourir les poursuites intentées par le ministère public.

4º Le vendeur doit défendre l'acheteur contre les risques d'éviction, c'est-à-dire contre les menaces des tiers qui viendraient à revendiquer la chose vendue au nom d'un droit quelconque. (Il n'est pas question de troubles *matériels*, mais de troubles de *droit*, seulement.)

Il faut que le tiers ait agi pour que l'acheteur ait un droit d'action à son tour contre le vendeur.

Alors, dans le procès émis entre l'acheteur et le tiers, le vendeur est tenu d'intervenir, à la demande de l'acheteur, pour faire juger que les revendications du tiers sont nulles. S'il est décédé à ce moment, la garantie incombe à ses héritiers. S'il échoue, et si l'*éviction* se produit, il doit restituer à l'acheteur le prix de la vente, plus une indemnité. Si l'éviction ne fait que restreindre les droits de l'acheteur sur la chose vendue, il n'y a lieu à résolution que si l'éviction est assez importante pour qu'on pense que, sûr de l'acheteur, elle aurait empêché la conclusion du marché. Dans le cas contraire, il y a lieu à une simple indemnité.

Par la *stipulation de non-garantie*, le vendeur peut prévoir, pour s'en exonérer, les causes d'éviction, autres, bien entendu, que celles qui seraient de son propre fait. La stipulation de non-garantie ne permet pas au vendeur de garder le prix quand l'acheteur a perdu la chose, elle le dispense seulement de payer des dommages-intérêts.

OBLIGATION DE L'ACHETEUR
1º L'acheteur doit prendre livraison à l'époque fixée, sous peine d'y être contraint, selon la nature et l'importance de la vente, par un jugement du juge de paix, un référé du tribunal civil, ou par le tribunal de commerce. En matière de vente de denrées et effets mobiliers, le vendeur pourra considérer la vente comme résolue de plein droit *et sans surenchères*, si l'acheteur n'a pas retiré les objets au terme convenu.

2º L'acheteur doit, sauf stipulation contraire, fournir le prix au même lieu et au même moment que la délivrance.

3º Il doit les intérêts jusqu'au paiement au taux quelconque fixé par le contrat de vente, et non pas nécessairement au taux de 5 p. 100. S'il n'est pas fait de convention, le taux est de 4 p. 100 en matière civile et de 5 p. 100 en matière commerciale.

4º L'acheteur n'est pas tenu de payer, quand il est sous le coup des troubles possessoires qui naissent d'une menace d'éviction. Mais il peut l'être dès que le vendeur a fait cesser ce trouble ou offert caution.

5º Si la chose vendue périt avant d'être livrée, l'acheteur n'en est pas moins tenu au paiement, dans le cas d'une vente *ferme*. Il en est autrement quand la vente a lieu *sous condition*.

GARANTIES DU VENDEUR
La loi accorde plusieurs garanties au vendeur, qui, presque toujours, cède la chose vendue avant d'avoir été couvert du prix. Ces garanties sont les suivantes :

1º *Le droit de rétention*, c'est-à-dire de retenir l'objet jusqu'au paiement du prix, ou à l'accomplissement de la condition stipulée.

2º *Le privilège*, qui donne la préférence à la créance du vendeur sur toutes les autres. S'il s'agit d'un immeuble ce privilège est une véritable hypothèque.

3º *La revendication* de la chose vendue et non payée, seulement dans le cas d'une vente mobilière et dans le délai de huitaine.

4º *La résolution*, par voie de justice, de la vente mobilière ou immobilière. L'acheteur peut toujours l'éviter en payant le prix. Le juge, d'autre part, peut lui accorder un délai, ce qui n'aurait pas lieu si les parties étaient convenues que la vente fût résolue par défaut de paiement à une certaine date. Encore dans ce cas, faudra-t-il qu'il y ait eu sommation de purge notifiée à l'acheteur. L'action en résolution peut être exercée par la masse des héritiers du vendeur décédé.

Si la résolution de la vente, pour non-paiement, cause un préjudice au vendeur, il en demandera réparation à l'acheteur.

Entre le vendeur et l'acheteur, l'action en résolution de la vente ne se prescrit qu'au bout de trente ans. A l'encontre des tiers sous-acquéreurs, le vendeur se trouve désarmé quand l'objet vendu est immeuble corporel et quand l'acheteur est de bonne foi. Quand la chose vendue est un immeuble, le tiers de bonne foi peut lui opposer la prescription de dix à vingt ans.

Le vendeur de meubles, autre qu'un vendeur de fonds de commerce, perd son action en résolution contre un acheteur failli ou liquidé ; il perd aussi son action en revendication et son privilège.

Le vendeur d'immeubles perd aussi son action en résolution en cas de saisie immobilière, s'il ne la fait notifier par huissier devant le tribunal civil, avant le jour de l'adjudication.

La résolution d'une vente immobilière seule peut être prononcée pour cause de *lésion*, quand le prix réel de l'immeuble excède de sept douzièmes le prix convenu. La preuve doit être faite à dires d'experts, ceux-ci d'ailleurs n'obligeant pas le tribunal.

DIFFÉRENTES ESPÈCES DE VENTES 1º *Ventes amiables*. Ce sont elles que nous avons étudiées.

2º *Ventes en justice*. Nous en parlerons à propos de la saisie.

3° *Vente à réméré.* C'est celle où le vendeur se réserve le droit de reprendre la chose vendue à l'acheteur dans un délai qui ne peut être supérieur à cinq ans, en lui remboursant le prix de vente et les frais. Il peut déléguer cette faculté de rachat à un tiers. Peu importe qu'il y ait eu plusieurs ventes intermédiaires, et que la condition du réméré ait été connue ou non des acquéreurs successifs. Le vendeur garde toujours son droit jusqu'à l'expiration des cinq ans. Telle est, du moins, la théorie, car en fait les tiers de bonne foi peuvent en matière mobilière invoquer la prescription immédiate de l'article 2279.

4° *Le transfert de créances.* Le *transfert* est un acte par lequel le créancier *cédant* cède au *cessionnaire* sa créance contre le débiteur *cédé.* Il se forme et se prouve de la même manière que tous les contrats. Le transfert doit avoir été signifié par huissier au cédé, ou accepté par lui, dans la forme d'un acte notarié. Tant que l'une ou l'autre de ces formalités n'a pas été remplie, le cédé n'a d'obligations qu'envers le cédant. Ce dernier n'est garant de la solvabilité actuelle du cédé, que s'il en a été convenu ainsi ; il ne l'est également de la solvabilité future, qu'en cas de clause expresse.

5° *Le retrait.* C'est le droit accordé à une partie, le *retrayant*, de prendre à son compte l'achat fait par l'autre partie, le *retrayé.* On peut acheter un *droit litigieux* qui fait le fonds d'un procès ; le tiers contre lequel existe le droit peut se substituer à l'acheteur en lui remboursant le prix d'achat, les intérêts et les frais : c'est le retrait litigieux.

6° *Les ventes commerciales.* Elles se font de différentes manières :

a) *Au poids brut*, sans défalquer le poids du contenant, ce qui a lieu pour les marchandises de peu de valeur.

b) *Au poids net*, en déduisant ce poids.

c) *En bloc*, pour une somme déterminée, et immédiatement.

d) *Au compte,au poids ou à la mesure*, après les opérations de compte, de mesurage et de pesage.

e) *En disponible ou à l'essai*, comme pour les vins qui ne sont définitivement vendus qu'après dégustation.

f) *A livrer*, quand les marchandises doivent être livrées et vendues à une date fixe.

g) *A terme*, quand la même opération porte sur des valeurs mobilières, avec le concours obligé des agents de change.

h) *A crédit*, ce qui n'a pas besoin d'explication.

i) *A tempérament*, quand le paiement doit avoir lieu par termes espacés. C'est ce qui a lieu, par exemple, pour les valeurs à lots. Les parties doivent dresser alors un double original de l'acte de vente et les paiements doivent être effectués dans un délai maximum de deux ans.

j) *Par filière*. C'est une série de ventes à livrer qui se trouvent conclues par le seul fait de la remise et de l'endossement de l'ordre de livraison. La filière, malgré le nombre des intéressés, ne nécessite qu'une seule livraison. Les prix peuvent différer pour chaque vente. Le premier vendeur est appelé *livreur* et le dernier acheteur qui prend livraison, *réceptionnaire*.

Le réceptionnaire ne peut être tenu de payer plus qu'il n'a acheté et le livreur ne peut recevoir plus qu'il n'a vendu. Si le réceptionnaire a acheté pour un prix supérieur à celui de la première vente, il ne paie au livreur que ce qui est dû à celui-ci par le premier acheteur et il remet la différence à son propre vendeur. Si le réceptionnaire a au contraire acheté pour un prix inférieur à celui de la première vente, il ne paie au livreur que son prix et le livreur reçoit la différence de son acheteur immédiat.

k) *Par navire désigné*. Ce mode de vente permet à l'acheteur de savoir d'une façon certaine si les marchandises sont arrivées ou non.

l) *Vente à l'entrepôt*. Cette combinaison permet au vendeur de ne pas acquitter les droits de douane, qui seront acquittés par l'acheteur, lorsqu'il prendra livraison des marchandises à l'entrepôt, s'il ne les réexpose pas.

m) *Au déballage ou soldes*. Depuis la loi du 30 décembre 1906, elles ne peuvent plus avoir lieu qu'avec l'autorisation du maire.

n) *Par intermédiaire*. C'est elle qui se conclut par un tiers dûment autorisé, par exemple le commis auquel son patron a donné pouvoir.

LA LOCATION

O<small>N</small> appelle ordinairement *location* le *louage des choses*, c'est-à-dire un contrat par lequel le propriétaire d'une chose le *bailleur*, en cède la jouissance à un autre, le locataire ou *preneur*, moyennant un prix convenu entre les deux parties et pour un temps donné. Le louage d'un immeuble est un *bail*.

Les *baux à vie*, qui représentent le maximum de durée d'un bail, ne peuvent être consentis que pour trois générations de locataires et pour une période de 99 ans.

CONDITIONS DU BAIL Le bail doit être écrit sur papier timbré à 60 centimes et enregistré dans les trois mois de sa date, ou de l'entrée du locataire, si elle a eu lieu antérieurement. L'omission du timbre est punie d'une amende de 62 fr. 50, prononcée solidairement contre les parties, et celle de l'enregistrement, d'un double droit. Les locataires seuls éviteront l'amende encourue pour défaut d'enregistrement en s'exécutant dans le quatrième mois.

PREUVES DU BAIL VERBAL Les baux faits sans écrit ou *locations verbales*, ne peuvent être prouvés par témoins, quelque modique que soit le prix. Lorsque le bail verbal a reçu un commencement d'exécution, le litige ne peut plus naître entre les parties sur l'existence du bail ; mais une contestation peut encore s'élever sur le prix du loyer. La déclaration sous serment du bailleur, quand il n'y a pas de quittance, fait foi en ce qui concerne le prix du bail.

OBLIGATIONS DU BAILLEUR Le bailleur doit livrer l'immeuble au preneur à la date convenue et « en bon état de réparations de toute espèce » (art. 1720, Code civil).

Il garantit le preneur contre les menaces d'éviction, et répond des troubles de droit de la part des tiers, comme le vendeur. Il doit aussi le garantir contre les actes des autres locataires, qui le troubleraient dans sa jouissance à la condition que ces actes soient exercés par eux, en vertu ou en conformité de leur bail.

Il est encore responsable des vices cachés de l'immeuble, tels que cheminées qui fument, punaises, etc., qu'il les ait connus ou non, et qu'ils soient ou non postérieurs à la location ; il ne l'est pas des vices apparents ou notoires.

Pour les troubles de toute espèce qui surviendraient, le locataire obtiendra, des tribunaux, la résiliation du bail ou la diminution du loyer ou des dommages-intérêts.

C'est le propriétaire ou bailleur qui fait curer les puits et les fosses d'aisances, réparer les cheminées et les tuyaux de conduite des eaux ménagères, les cours, escaliers, passages, communs à tous, les dégradations causées par les trous dans les murs et les plafonds. (Les réparations locatives sont faites par le locataire à la fin de son bail, et immédiatement s'il y a urgence.)

Le bailleur a droit d'exiger que le locataire souffre, pendant son séjour, les réparations nécessaires, quelle qu'en soit l'incommodité, mais au delà de quarante jours, il sera fait sur le prix du bail une réduction proportionnée à la durée desdites réparations et à la partie de l'immeuble dont la jouissance aura été enlevée au locataire.

Le nouveau propriétaire d'un immeuble est tenu de respecter les conventions établies par les baux passés antérieurement, et ayant date certaine, c'est-à-dire enregistrés, et de plus, s'ils dépassent dix-huit ans, transcrits au bureau des hypothèques.

CAS D'INCENDIE La preuve, faite par le locataire, que l'incendie a eu une cause fortuite,[1] entraîne la résiliation du bail, et la libération dudit locataire envers le bailleur. L'absence ne serait pas pour lui une excuse, s'il n'y avait pas de concierge dans la maison, car dans ce cas, il aurait personnellement le soin des lieux loués.

En pratique, la preuve est assez difficile à faire.

Lorsqu'il y a plusieurs locataires dans la maison, ils sont responsables en proportion de leurs loyers ; ceux qui peuvent administrer la preuve en question sont mis naturellement hors de cause.

Le bailleur habitant la maison n'aura recours contre ses locataires qu'après avoir prouvé que le feu n'a pas commencé chez lui.

La responsabilité des locataires envers le propriétaire en cas d'incendie — le *risque locatif* — fait l'objet d'une assurance spéciale. Le propriétaire est désintéressé le premier, sur l'indemnité accordée, préférablement aux autres créanciers.

OBLIGATIONS DU LOCATAIRE Le locataire doit utiliser l'immeuble ou la partie de l'immeuble de la façon prévue par le bail, ou, à défaut, indiquée par les circonstances de la convention. Il ne pourra pas, par exemple, ouvrir une boutique dans une maison bourgeoise.

Il usera de la chose louée « en bon père de famille » c'est-à-dire avec précaution.

Il fera les paiements aux époques indiquées soit par la convention, soit par les usages.

Il paiera l'impôt des portes et fenêtres. L'impôt foncier est à la charge du bailleur, toutefois le locataire en est responsable à l'égard du fisc, sauf son recours contre le propriétaire. Il assumera, s'il est seul locataire, l'obligation du balayage.

Il garnira la maison ou l'appartement de meubles en quantité suffisante pour garantir le paiement des termes en cours, à moins que la destination des locaux en elle-même ne s'y prête pas. Par exemple, une salle de réunion. Notons que le propriétaire ne pourra saisir ni l'argent comptant, ni les valeurs, ni les créances, ni les instruments de travail. Mais il pourra saisir tout le mobilier, sans s'inquiéter de savoir s'il appartient en totalité au locataire.

Le locataire qui sous-loue est privilégié comme le propriétaire, mais après lui, sur le prix des meubles du sous-locataire.

Dans les quinze jours qui suivent l'enlèvement des meubles le bailleur impayé peut les faire reprendre chez le tiers, même de bonne foi, qui les aurait reçus. Le délai est porté à quarante jours, s'il s'agit d'une exploitation agricole. Dans le cas où le tiers aurait acheté de bonne foi dans un *marché*, ou *foire*, ou chez un *marchand vendant des choses pareilles,* le bailleur devra l'indemniser en lui remboursant le prix d'achat.

Il est déchu de son privilège s'il est prouvé qu'il a consenti à l'enlèvement des meubles.

Le bailleur n'est pas seulement privilégié pour le paiement des loyers échus; il l'est aussi pour le montant des réparations locatives. Il l'est pour les termes à échoir, pourvu toutefois que le bail ait date certaine, ce qui arrive presque toujours.

Au cas spécial où le locataire est un commerçant en faillite, le privilège du bailleur des locaux affectés au commerce ne s'exerce que pour quatre années au plus, savoir deux années d'arriéré, l'année en cours et une année dans l'avenir (art. 450 et 550 du Code de commerce). Le même système s'applique au baux ruraux.

Le bailleur peut demander et obtenir la résiliation du bail, malgré le syndic ou le liquidateur, s'il a une autre cause de résiliation que le non-paiement des loyers.

Le bailleur, pour garantie de son privilège, a la saisie-gagerie et même la saisie-exécution si son bail est notarié. Nous parlons de ces deux opérations au chapitre de la saisie.

Le bailleur ne peut ni s'opposer à la sortie des meubles du locataire, ni, à plus forte raison, requérir à cet effet les agents de l'autorité. Il ne peut que suivre les meubles. Quand il sait où ils ont été transportés, il a recours à la saisie. Si des meubles garnissent encore les lieux loués et que l'intention de déguerpir est flagrante (commencement de déménagement) le bailleur procédera par *saisie-gagerie.* Si les meubles sont chez un tiers, il fera demander, par avoué au président du tribunal civil, la *saisie-revendication.* Dans le cas où le bail ne dépasserait pas 600 francs, et où il n'y aurait aucune réclamation de la part d'un tiers, le juge de paix autorisera. La demande en validité sera formée devant le tribunal civil. Pour cela une assignation double sera lancée par le bailleur contre le locataire et le nouveau propriétaire.

CESSATION DE BAIL Le *bail à durée déterminée* cesse naturellement au terme fixé.

Le *bail par périodes,* sauf clause contraire, cesse à l'expiration de l'une quelconque des périodes, à charge, pour la partie renonçante, de donner congé à l'avance, selon les usages locaux.

Le *bail sans écrit d'une ferme* est censé fait pour *un an* s'il n'y a qu'une culture, et dans le cas contraire, pour autant d'années qu'il y a de soles différentes.

Le *congé* peut se donner même verbalement. Quand on veut se procurer une preuve certaine qu'il a été donné, on le signifie par huissier.

La *tacite reconduction* s'opère quand le locataire ou le fermier reste, avec l'autorisation implicite du propriétaire. Le bail est alors continué indéfiniment jusqu'au congé de l'une ou l'autre partie.

Il peut continuer aussi quand il s'agit de meubles meublant une maison et donnés en même temps à bail.

SOUS-LOCATION ET CESSION — Le locataire, à moins de convention contraire, peut sous-louer, ou céder son bail sans le consentement du bailleur.

La *sous-location* n'est qu'un louage de seconde main, la *cession* est un transfert de créance, une véritable vente, dont la preuve est soumise à d'autres règles, et qui ne peut être opposée aux tiers que si elle a été signifiée par huissier au bailleur.

Le cessionnaire du bail doit prendre l'immeuble dans l'état où il se trouve ; le sous-locataire peut exiger qu'il soit en bon état.

Dans l'un et l'autre cas, le principal locataire est toujours responsable envers le bailleur du paiement et des risques locatifs. Le bailleur, non payé par lui, a recours contre le sous-locataire ou le cessionnaire, qui, de leur côté, peuvent lui opposer les paiements déjà faits au principal locataire.

ACTIONS RELATIVES AUX LOYERS ET BAUX — Pour les loyers qui ne dépassent pas 600 francs, les juges de paix sont compétents sans appel jusqu'à une valeur de 300 francs, et au-dessus avec appel, au sujet des actions suivantes :

1° Actions en paiement de loyers et d'arrérages ;
2° Congés ;
3° Demandes en résiliation ou en diminution de baux ;
4° Demandes pour les baux ;
5° Expulsion de lieux ;
6° Saisies-gageries et saisies revendicatives, sauf intervention de tiers.

Ils connaissent dans les mêmes conditions, pour tous loyers et baux, au-dessous ou au-dessus de 600 francs :

1° Des réparations locatives ;
2° Des indemnités pour non jouissance, provenant d'un fait du bailleur, non contesté par celui-ci ;
3° Des demandes en résiliation et dommages-intérêts pour perte partielle et fortuite des choses louées, hors les cas d'incendie et d'inondation.

Hors ces cas, c'est le tribunal civil — ordinairement celui du domicile du défendeur, — qui juge les contestations, en premier et dernier ressort jusqu'à 1.500 francs ; en premier ressort et sauf appel, au-dessus de 1.500 francs.

En cas d'urgence, l'affaire est soumise au président, en référé. Par exemple, quand le locataire dégarnit de meubles l'immeuble loué.

Le référé ordonnant l'expulsion entraîne la séquestration du mobilier. Si le droit du bailleur n'est pas contesté, et si le bail a été fait par notaire, la vente et la remise du prix au bailleur peuvent être ordonnées en même temps.

DÉLAIS DE PAIEMENT Le tribunal peut accorder au locataire un délai de paiement. Si le bailleur a un titre exécutoire, la saisie paraît inévitable. Le locataire exigera que l'huissier le cite devant le juge des référés, qui décidera si l'on doit ou non procéder à la saisie. Dans le cas où le délai serait accordé, le locataire qui en bénéficie devra se conformer pour la date des paiements aux indications du juge, sous peine de se voir saisi par le propriétaire qui recouvrerait sa liberté d'action contre lui.

Concierges. — A la question des baux et loyers se rattache étroitement celle des concierges. Nous donnons ci-dessous quelques renseignements sur leurs obligations envers les propriétaires et les locataires.

OBLIGATIONS DU CONCIERGE

Envers le propriétaire :

Le concierge doit :
Surveiller la maison.

Assurer le nettoyage de la maison ;
— des trottoirs devant la porte ;
— des escaliers, des cours.

Envers les locataires :

Le concierge doit :
Ouvrir la porte de la maison à toute heure aux locataires et à leurs visiteurs ;
Indiquer à ceux-ci { l'étage habité par les locataires ; / la nouvelle adresse de ceux qui ont déménagé.
Donner aux locataires l'adresse du propriétaire et du gérant ;
Recevoir leur correspondance et les menus envois qui leur sont destinés. (Le propriétaire est civilement responsable de la perte.) De même pour les personnes qui habitent, à sa connaissance, chez les locataires.

Monter la correspondance de tous les locataires { au premier courrier du matin ; / au dernier courrier du soir.

Dans le cas où les objets adressés à un locataire seraient trop encombrants, il peut refuser de les recevoir dans sa loge, mais il est tenu alors d'aviser le locataire dès sa rentrée.

Tout locataire à bail qui aurait à se plaindre de la malveillance du concierge envers lui ou ses visiteurs, peut demander de ce fait la résiliation de son bail et, en plus, des dommages-intérêts au propriétaire. Il peut aussi, s'il ne veut pas résilier, demander aux tribunaux d'ordonner l'expulsion du concierge.

Le propriétaire lui-même peut toujours renvoyer un concierge dans les huit jours.

FORMULES DE BAUX

BAIL D'UNE MAISON

Les soussignés :
M. Louis Martin, propriétaire, demeurant à Paris, rue de Médicis, n° 15 ;
Et M. Pierre Mortier, négociant, demeurant à Paris, rue des Francs-Bourgeois, n° 69 ;
Il a été fait et convenu ce qui suit :
M. Martin donne, par ces présentes, à loyer, à partir du 1er janvier 1904, pour six, neuf ou douze années entières et consécutives au choix du preneur (ou au choix des deux parties) qui seront tenues de s'avertir six mois avant l'expiration des six ou neuf premières années ;

A M. Mortier, qui accepte,
Une maison sise à Paris, rue Aubry-le-Boucher, n° 22, consistant (désignation de la maison) ;
Ainsi que cette maison se trouve exister, sans en rien excepter ni réserver, n'en étant fait plus ample description sur la demande du preneur qui a déclaré parfaitement la connaître et s'est engagé à la prendre en l'état où elle se trouve actuellement.
Ce bail est fait aux conditions suivantes, que M. Mortier s'oblige d'exécuter et accomplir, savoir :
1° De garnir la maison louée de meubles et effets suffisants pour répondre des loyers ;
2° D'entretenir ladite maison et de la rendre, à la fin du bail, en bon état de réparations locatives suivant un état de lieux qui en sera dressé avant l'entrée en jouissance aux frais du preneur ;
3° De payer les impôts des portes et fenêtres et de satisfaire à toutes les charges de ville et de police dont les locataires sont ordinairement tenus ;
4° De ne pouvoir céder son droit au présent bail, ni sous-louer en tout ou en partie, sans le consentement exprès et par écrit du bailleur, à peine de résiliation, si bon semble à celui-ci, et de tous dommages et intérêts ;
5° De souffrir faire toutes les grosses réparations qui seraient nécessaires pendant la durée dudit bail sans pouvoir prétendre à aucune indemnité ; pourvu néanmoins que leur durée ne dépasse pas trois mois ;
6° De faire curer, à ses frais, les fosses d'aisances, toutes les fois que ce curement deviendra nécessaire ;
7° De payer les gages du concierge, si le preneur jugeait à propos d'en avoir un ;
8° De payer exactement ses loyers. A défaut du paiement de deux termes consécutifs dudit loyer, le présent bail sera résilié de plein droit, si bon semble au bailleur, sans qu'il soit besoin de faire prononcer la résiliation, ni de faire d'autre acte de procédure qu'un simple commandement de payer non suivi d'exécution dans les vingt-quatre heures ;
9° De ne pouvoir faire aucuns percements, distributions, nouvelles constructions, augmentation ou diminution, ou autres changements des lieux sans le consentement exprès et par écrit du bailleur.
En outre, ce bail est fait moyennant un loyer annuel de cinq mille francs que le preneur s'oblige de payer au bailleur, en sa demeure sus-indiquée, ou pour lui au porteur de ses pouvoirs, en quatre paiements égaux de douze cent cinquante francs chacun de trois mois en trois mois et aux époques ordinaires de l'année, pour le premier payement avoir lieu le 1er avril, le second le 1er juillet, le troisième le 1er octobre 1904, le quatrième le 1er janvier 1905, et ainsi continuer sans interruption de trois en trois mois, jusqu'à l'expiration du présent bail.
M. Martin reconnaît que M. Mortier lui a présentement remis la somme de deux mille cinq cents francs pour six mois d'avance de ses loyers, imputables pour les six derniers mois de jouissance du présent bail, de manière à ce que l'ordre ci-devant établi pour le payement des loyers n'en soit point interverti.

Pour l'exécution des présentes, les parties font élection de domicile, savoir : M. Martin dans sa demeure sus-désignée, et M. Mortier dans les lieux loués.

Fait double entre les parties à ....le...

                                    (*Signatures.*)

BAIL D'UN APPARTEMENT

Entre les soussignés :

    M. Pierre Guigonet, propriétaire, demeurant à Paris, rue Cambou, nº 27 ;

    M. Antoine Delécraz, avocat, demeurant à Paris, rue Simon-Lefranc, nº 100 ;

    Il a été fait et convenu ce qui suit :

    M. Guigonet donne, par ces présentes, à loyer, pour trois, six ou neuf années, à son choix seulement et à la charge de prévenir par écrit le preneur six mois avant l'expiration des trois ou six premières années, qui commenceront le 1ᵉʳ octobre prochain.

    A M. Antoine Delécraz ;

    A ce présent et acceptant.

    Les lieux ci-après désignés, dépendant d'une maison située à Paris, rue Sainte-Anne, nº 9, savoir :

    Un appartement au troisième étage, sur le devant, composé d'une antichambre, une salle à manger, un salon, trois chambres à coucher, avec cheminées, un cabinet de toilette, lieux à l'anglaise, une cuisine et un office ;

    Deux chambres de domestique au cinquième étage sous le comble, fermant les deux premières dans le corridor à gauche en entrant ;

    Deux caves sous la maison, avec entrée sous le grand escalier ;

    Enfin la jouissance de la pompe étant dans la cour ;

    Ainsi que le tout se pourrait et comporte, sans aucune exception ni réserve, et dont il n'est pas fait plus ample description, sur la demande de M. Delécraz qui a déclaré parfaitement connaître les lieux loués, pour les avoir plusieurs fois vus et visités.

    Le présent bail est fait à la charge, par M. Delécraz, qui s'y oblige, et sans aucune déduction sur les loyers ci-après fixés, savoir :

    1º De garnir les lieux loués, pendant toute la durée du bail, de meubles suffisants pour répondre des loyers ;

    2º De les entretenir en bon état de réparations locatives, et de les rendre, en fin de bail, uniformes à l'état qui en sera fait, aux frais du preneur, dans le mois de son entrée en jouissance ;

    3º De souffrir les grosses réparations qui pourraient devenir nécessaires dans le cours du bail, sans pouvoir réclamer aucune indemnité, quel que soit le temps de leur durée ;

    4º De laisser, à la fin du bail et dans l'état où ils se trouveront, les décors, embellissements, armoires et autres travaux que le preneur aura fait faire *dans les lieux loués, sans pouvoir répéter aucune indemnité entre le bailleur ;*

Toutefois, et malgré cette clause, le preneur ne pourra faire aucun percement de mur ni changement quelconque de distribution sans le consentement exprès et par écrit du bailleur ;

5° De payer, entre les mains du bailleur, annuellement et par quatre, aux mêmes époques que les loyers, et en sus de celui-ci, après fixé ;

La somme de vingt-cinq francs, fixée invariablement entre les parties pour remboursement des contributions des portes et fenêtres, à la charge du preneur, quelque modification qui puisse être apportée par la suite, au taux de ces contributions ;

Le preneur devra en outre acquitter exactement toutes ses contributions mobilière et personnelle, et satisfaire à toutes les charges de ville et de police dont les locataires sont ordinairement tenus de manière que le bailleur ne puisse être inquiété à cet égard.

De ne pouvoir céder son droit au présent bail, ni sous-louer en tout ou en partie, sans le consentement exprès et par écrit du bailleur, à peine de résiliation, si bon semble à celui-ci, et de tous dommages et intérêts ;

De payer les frais auxquels ces présentes donnent ouverture, notamment les droits d'enregistrement.

En outre, le présent bail est fait pour et moyennant un loyer annuel de douze cents francs, qui devront être payés en la demeure du bailleur, en quatre paiements égaux de trois cents francs chacun de trois en trois mois et aux époques ordinaires de l'année, pour le premier paiement avoir lieu le 1ᵉʳ janvier, le second le 1ᵉʳ avril, le troisième le 1ᵉʳ juillet, le quatrième le 1ᵉʳ octobre 1906, et ainsi continuer sans interruption de trois en trois mois jusqu'à l'expiration du présent bail.

Fait double à....le....

(Signatures.)

BAIL A FERME

Entre les soussignés :

M. Pierre Nicolet, propriétaire, demeurant à Paris 29 bis, rue de Richelieu ;

M. Ambroise Lepetit, cultivateur, et Marie-Anne Couvreur, son épouse, qu'il autorise, demeurant ensemble à Colomby-les-Deux-Eglises (Aube).

Il a été fait et convenu ce qui suit :

M. Nicolet loue et donne à ferme, pour neuf années consécutives, qui commenceront le 12 octobre 1903,

A M. Lepetit et Marie-Anne Couvreur, son épouse,

A ces présents et acceptants,

La ferme de Cornet, située commune de Colomby-les-Deux-Eglises (arrondissement de Bar-sur-Aube).

Cette ferme consiste en bâtiment d'habitation et d'exploitations, écurie, bergerie, diverses granges, hangars, toits à porcs, poulailler, pigeonnier et autres bâtiments formant la dépendance de la ferme ;

Cour, basse-cour, jardin et verger plantés d'arbres à fruits ;
Le tout clos de murs en bon état ;
Un clos entouré de haies vives, derrière les bâtiments de la ferme, conte-
nant en superficie deux hectares trente-cinq ares, quarante-deux cen-
tiares ;
Plus cent quinze hectares, huit ares, tant en terres labourables qu'en prés,
pâtures et bois, en plusieurs pièces et climats, le tout situé dans l'étendue du
territoire de la commune de Colomby-les-Deux-Eglises ;
Ainsi que tous ces biens se poursuivent et comportent, avec toutes leurs
dépendances, tels qu'ils sont désignés et détaillés dans un acte de partage
passé devant Mᵉ Bonnefoi, notaire à Bar-sur-Aube le.... enregistré, aux
termes duquel la ferme de Cornet est échue à M. Nicolet.
Duquel acte il a été donné lecture et communication aux preneurs, qui
le reconnaissent et déclarent, au surplus, parfaitement connaître lesdits
biens, pour les avoir plusieurs fois vus et visités ;
M. Nicolet n'entend garantir, en aucune façon, la quantité de mesure ci-
devant indiquée, et la différence qui pourrait exister en plus ou en moins
tournera au profit ou à la perte des preneurs, quelque grande qu'elle puisse
être.
Le présent bail est fait aux charges et conditions suivantes, que M. et
Mᵐᵉ Lepetit s'obligent, conjointement et solidairement, à exécuter et accom-
plir, sans aucune diminution des fermages ci-après fixés, ni sans aucune
indemnité, savoir :
1° Les preneurs seront tenus d'habiter par eux-mêmes, avec leur famille
et leurs domestiques, ladite ferme, qu'ils garniront de meubles, effets mo-
biliers, chevaux, bestiaux et attirail de labour, en suffisante quantité et
valeurs pour répondre des fermages et de l'entière exécution du présent
bail ;
2° Ils entretiendront les bâtiments de la ferme et dépendances de toutes
réparations locatives, et devront les rendre en bon état à la fin du présent
bail ;
3° Ils souffriront toutes les grosses réparations et constructions qui devien-
draient nécessaires aux bâtiments de la ferme ou de l'habitation de maître,
réservée par le bailleur, sans pouvoir prétendre à aucune indemnité ou
diminution de fermage, quelle que soit la durée des travaux ; ils devront,
de plus, fournir sans aucune rétribution, leurs chevaux, voitures et charre-
tiers, pour faire tous les charrois que nécessiteraient lesdites réparations et
constructions. Il est toutefois convenu qu'il ne pourra être exigé à la fois
plus de deux voitures à deux chevaux, et que les charrois n'auront pas lieu
pendant les temps de semailles ou de moissons ;
4° Ils seront tenus de bien et dûment labourer, cultiver et ensemencer les
terres par soles et saisons convenables, de manière à ne pas les détériorer
ni épuiser, et de les rendre en bon état de terres labourables à la fin du
présent bail ;
5° Ils engrangeront dans les bâtiments de la ferme tous les grains, foins,
pailles et fourrages qui proviendront des récoltes des terres, prés et pâtures
de la ferme, sans pouvoir engranger ailleurs ;

6° Ils convertiront en fumier toutes les pailles qui proviendront des terres de la ferme pour fumer et amender ces terres, ainsi que les prés, sans qu'ils puissent autrement disposer de leur fumier ;

7° Ils laisseront dans la ferme, lors de la sortie, toutes les pailles et fumiers qui s'y trouveront. En conséquence, il est interdit aux preneurs sortants de vendre, sous aucun prétexte, aucune partie des pailles provenant des récoltes ;

8° Ils devront faucher les prés en temps et saisons convenables, les étaupiner et les purger de ronces et d'épines de manière à les tenir constamment nets et en bon état de fauche ;

9° Ils devront curer et rafraîchir, pendant le cours du présent bail, les fossés qui se trouvent autour des terres, prés et pâtures, même en faire de nouveaux, s'il est nécessaire, pour l'écoulement des eaux ou la défense des terres, et les rendre en bon état à la fin du bail ;

10° Le colombier sera rendu par les preneurs, à l'expiration de leur jouissance, garni d'une quantité de pigeons égale à celle qu'ils auront reçue des précédents fermiers ;

11° Les preneurs devront entretenir les arbres fruitiers et autres existant actuellement sur les terres, prés et pâturages de la ferme, comme ceux que le bailleur se réserve le droit de faire planter, les tailler, écheniller, émonder, les garnir d'épines et leur faire les labeurs nécessaires ;

12° La tonte et l'élagage des arbres seront faits par les preneurs à leur profit, dans les temps et saisons convenables et d'usage ;

13° Ils ne pourront jamais demander ni prétendre aucune diminution de prix ni des charges du présent bail pour cause de grêle, gelée, inondation, stérilité, invasion, ni pour aucun autre événement prévu ou imprévu, renonçant à jamais à s'en prévaloir ;

14° Les preneurs ne pourront pas chasser sur la propriété présentement louée, le bailleur se réservant expressément ce droit de chasse pour lui ou pour les personnes à qui il lui plaira de le conférer ;

15° Les preneurs ne pourront pas céder leur droit au présent bail en tout ou partie, sans le consentement exprès ou par écrit du bailleur ; néanmoins cette interdiction ne s'étend pas au cas où les preneurs céderaient ce droit à un de leurs enfants ; mais en faisant cette cession les preneurs restent garants solidaires de leur cessionnaire pour l'entière exécution du présent bail ;

16° Ils devront fournir et livrer au bailleur annuellement, en son domicile à Paris, et aux époques de sa demande, quatre dindons, douze poulets gras, deux chapons et six canards, le tout vif et en plumes, loyal et marchand ;

17° Les preneurs payeront, à compter du 1er janvier 1904, toutes les contributions foncières et autres, ordinaires et extraordinaires, et toutes autres charges de quelque nature qu'elles soient et sous quelque dénomination qu'elles puissent être établies, qui pourraient être imposées sur ladite ferme pendant la durée du présent bail, en sorte que le fermage ci-après stipulé soit délivré aux bailleurs franc et quitte de toutes impositions, contributions et charges publiques quelconques.

Indépendamment de toutes les charges et conditions ci-dessus stipulées, le présent bail est encore fait moyennant onze mille francs de fermage annuel, que M. et Mme Lepetit s'obligent solidairement à payer à M. Nicolet en sa demeure à Paris, ou pour lui au porteur de ses pouvoirs, par chaque année de jouissance, en deux paiements égaux, dont le premier écherra et devra être payé le 1er octobre 1903 et le second le 11 avril 1904. Ces paiements continueront ainsi chaque année pendant la durée du présent bail.

Tous ces paiements ne pourront être faits valablement qu'en espèces d'or ou d'argent, ayant cours de monnaie, aux titres, cours et poids de ce jour, nonobstant toutes lois ou décrets qui rendraient obligatoire un autre mode de libération et auxquels M. et Mme Lepetit déclarent renoncer formellement dès à présent.

Cette clause est tellement de rigueur que, faute par les preneurs de l'exécuter, ils demeureront de plein droit, et sans qu'il soit besoin de la faire prononcer en justice, déchus de leur droit au présent bail, qui sera dès lors considéré comme nul et résilié, si bon semble au bailleur.

M. Nicolet s'oblige à tenir les bâtiments clos et couverts, suivant l'usage.

Les charrois et autres charges imposées aux preneurs, autres toutefois que le paiement des impositions foncières, ainsi que les faisances sont évalués à une somme annuelle de cent quinze francs. Cette évaluation est faite par les parties, seulement pour la perception de l'enregistrement, et les preneurs ne pourront pas, en offrant d'en payer le montant, se refuser à l'exécution réelle des dites charges.

M. Nicolet déclare aux preneurs que les contributions foncières de ladite ferme s'élèvent à la somme de.... pour la présente année, ainsi qu'il en résulte des avertissements à lui délivrés par le percepteur de la commune de Colomby-les-Deux-Eglises.

Pour l'exécution des présentes, les parties font élection de domicile : M. Nicolet à son domicile à Paris, et M. et Mme Lepetit dans les lieux loués.

Fait double à Paris, le...

DU LOUAGE DES DOMES-
TIQUES ET OUVRIERS

DOMESTIQUES Les domestiques sont les gens à gage attachés
au service d'une façon permanente. Le contrat
par lequel une personne s'engage au service d'autrui s'appelle
louage d'ouvrage. L'article 1780 du Code civil déclarant qu'on ne
peut engager ses services qu'à temps, un domestique ne peut
s'engager à vie à rester chez son maître, mais celui-ci peut s'engager à garder son domestique jusqu'à sa mort, sauf à l'indemniser
en cas de renvoi.

A défaut de convention écrite ou verbale, c'est l'usage qui détermine la durée de l'engagement. Les domestiques attachés à la
personne se louent généralement au mois, ou pour une durée indé-
terminée ; ils peuvent quitter le service et on peut les renvoyer
après avoir donné huit, dix ou quinze jours à l'avance, selon les
usages. Le maître et le domestique ont même la faculté de rompre
le contrat instantanément, à la charge, pour le premier, de payer
les gages des huit, dix ou quinze jours et pour le second de subir
le décompte de ces mêmes gages. Ni l'un ni l'autre ne peuvent
s'interdire de demander des dommages-intérêts.

Au cas où l'engagement serait fait pour une année, le domestique
ne pourrait ni quitter le service ni être renvoyé avant la fin de
l'année sans donner ou sans recevoir, suivant le cas, une indemnité du douzième, du cinquième ou du tiers des gages, d'après
les usages. Il y a exception pour le cas où il serait appelé au service militaire ; il ne devrait alors à son maître aucune indemnité.

Si, à la fin de l'engagement, il n'est donné congé ni par le maître
ni par le domestique, cet engagement se poursuit par tacite reconduction.

20

OBLIGATIONS RÉCIPRO- Les domestiques doivent accomplir
QUES DES MAITRES leur service avec régularité et fidé-
ET DES DOMESTIQUES lité. Une interruption de service
pour cause de maladie donne droit
au maître de retenir une partie des gages.

Tout manquement grave dans son service autorise le maître
à le renvoyer avant la fin de son engagement.

Le maître doit payer régulièrement son domestique, le nourrir
convenablement et le bien traiter. Les paiements doivent être faits
aux époques convenues selon les usages locaux, à la fin du mois
ou à la fin de l'année. Le legs fait par le maître à son domestique
n'est jamais déduit des gages de celui-ci. L'action du domestique en paiement de ses gages se prescrit par six mois, s'il a été
engagé au mois, et par un an, s'il a été engagé à l'année.

En cas de faillite ou de déconfiture de leurs maîtres, les domestiques ont un privilège général sur les meubles et les immeubles
de celui-ci, pour le paiement des gages de l'année échue et de ceux
de l'année courante, qu'ils aient été engagés à l'année ou au mois.

Tout domestique que son maître aura maltraité en gestes ou
en paroles, ou dont il n'aura pas assuré convenablement la subsistance alors qu'il s'y était engagé, pourra quitter son service, sans
être obligé à aucune indemnité.

Les contestations entre maîtres et domestiques sont tranchées
sans appel par le juge de paix jusqu'à concurrence de 100 francs,
et pour toute somme, à charge d'appel.

CERTIFICAT Les maîtres sont tenus de délivrer aux domestiques, qui quittent leur service un certificat
constatant sans plus, la date de leur entrée, celle de leur sortie et
la nature du travail auquel ils ont été employés. S'ils manquaient
à cette obligation, ils seraient passibles de dommages-intérêts.

A titre purement facultatif, ils peuvent y ajouter des renseignements sur la façon dont les domestiques se sont acquittés de leur
service, mais si ces renseignements avaient un caractère diffa-
matoire, ils les exposeraient à des poursuites. Le mieux est donc,
si l'on ne peut en conscience délivrer un *satisfecit* aux serviteurs
congédiés, de se borner à l'attestation obligatoire que prescrit
la loi.

RESPONSABILITÉ DES MAITRES Les maîtres sont responsables uniquement, mais absolument, des dommages ou quasi-délits et délits commis par les domestiques dans l'exercice de leurs fonctions.

OUVRIERS « Le contrat qui lie le patron à l'ouvrier, dit un jurisconsulte, M. Planiol, est bien un louage. » La force de travail dont dispose chaque ouvrier ou employé fait l'objet d'une location comme pourrait le faire à force d'une machine. Le trait caractéristique du contrat est le procédé employé pour déterminer la rémunération du travailleur, son salaire est *proportionnel au temps*, comme dans le louage des choses. C'est par là que le travail *en location* diffère du travail à l'*entreprise*.

Le mineur non émancipé et la femme non autorisée par son mari ne peuvent valablement louer leur travail : c'est donc le père ou le mari qui contracte et touche pour eux. Dans la pratique, il suffit qu'ils les laissent faire, pour être censés avoir accepté les conditions du travail.

Le contrat est purement consensuel ; cependant les règlements d'atelier lui donnent un mode de formation spécial, en indiquant les heures d'ouverture et de fermeture, le paiement des salaires ; l'ouvrier en a connaissance puisqu'il est affiché, et il est réputé s'y soumettre.

Le patron n'a guère de garantie contre la rupture du contrat de travail avant terme. Les ouvriers n'hésitent pas à se mettre en grève sous un prétexte quelconque, et en dehors même des faits de grève, leur insolvabilité presque habituelle rend vaines toutes les poursuites que l'on pourrait de ce chef intenter contre eux. Aussi, M. Planiol estime-t-il justement qu'il y a lieu de considérer le contrat des ouvriers comme un *contrat réel* « qui ne se forme définitivement que par l'accomplissement du travail et au fur et à mesure de cet accomplissement ».

Pour obtenir la bonne exécution du contrat, les patrons peuvent recourir aux amendes, qui sont ordinairement tarifées par le règlement d'atelier ; quelquefois les patrons les prononcent arbitrairement surtout dans les maisons d'ordre secondaire. « Au fond, dit le jurisconsulte que nous venons de citer, l'amende n'est qu'une clause pénale, et elle est licite, en vertu de l'article 1226 du Code civil. Elle correspond à une inexécution partielle, ou à une mauvaise exécution ou à un manquement à une obligation accessoire ; elle représente une indemnité pour le patron, et elle doit tomber dans sa caisse. » Une loi récente a supprimé le droit pour le patron d'infliger des amendes.

Le patron est tenu de payer le salaire. C'est à tort que parfois il prétend le payer autrement qu'en argent, par exemple sous forme de jetons remboursables chez les fournisseurs de l'endroit.

Les époques du paiement sont déterminées de la manière suivante (loi du 7 décembre 1909) : les salaires des ouvriers du commerce et de l'industrie doivent être payés au moins deux fois par mois, à seize jours au plus d'intervalle; ceux des employés doivent être payés au moins une fois par mois. Pour obtenir le paiement quand les patrons sont insolvables, les ouvriers ont *un privilège,* pour trois mois de salaires, et lorsqu'ils sont employés à des travaux publics pour le compte de l'Etat, des départements et des communes, ils bénéficient d'un privilège sur les sommes dues aux entrepreneurs chargés de l'exécution des travaux.

La loi du 12 janvier 1895 rend insaisissables jusqu'à concurrence des neuf dixièmes les salaires des ouvriers et gens de service quel qu'en soit le montant.

En outre, elle a déclaré ces salaires cessibles seulement pour un dixième, qui ne se confond pas avec le dixième que les créanciers peuvent saisir.

Le patron est responsable des accidents qui arrivent à ses ouvriers à l'occasion de leur travail qu'il y ait ou non faute de sa part.

C'est ce qu'on appelle le *risque professionnel* établi par la loi du 9 avril 1898.

Résiliation. — Le contrat de louage d'ouvriers n'est pas résiliable s'il a été fait pour une durée déterminée. Mais quand la durée n'est pas spécifiée, il peut être rompu par l'une quelconque des parties, sauf à respecter le délai prescrit par l'usage entre le congé et le départ.

La brusque rupture peut donner lieu à une action en dommages-intérêts de la partie lésée.

ASSURANCES, RENTES VIAGÈRES, CAISSE D'ÉPARGNE, ETC.

L'ASSURANCE sur la vie (dans le sens large du terme, qui n'est pas celui qu'on lui donne dans la pratique courante) signifie une sorte de contrat par lequel l'assureur — généralement une compagnie — garantit à l'assuré ou à ses ayants droit une somme dont le versement est subordonné aux éventualités de vie ou de mort de l'assuré.

Différentes sortes d'assurances. — Ce que l'on appelle l'assurance sur la vie, dans le langage ordinaire, est proprement l'*assurance en cas de décès*, par laquelle la somme en question est garantie aux héritiers ou à un tiers bénéficiaire, à la mort de l'assuré. C'est une des espèces de l'assurance sur la vie, et de beaucoup la plus usitée.

Les autres sont :

1° *L'assurance en cas de vie :* la somme est versée à l'assuré, s'il vit au delà d'une date convenue; elle est rarement employée.

2° *L'assurance sur la vie d'un tiers :* la somme est versée à l'assuré au décès d'une personne quelconque choisie par lui.

3° *L'assurance à terme fixe :* la somme est versée, à l'époque convenue soit à l'assuré, s'il vit, soit à ses héritiers, mais en tous cas, le paiement des primes cesse à la mort de l'assuré.

4° *L'assurance mixte* combine cette dernière forme avec la première, l'assurance en cas de vie; à la mort de l'assuré, quelle qu'en soit l'époque, la somme est versée à la succession, mais si l'assuré vit, à une date convenue, elle lui est versée à lui-même.

Ces différentes espèces d'assurances énumérées surtout pour mémoire, nous revenons à la principale, qui est l'*assurance en cas de décès,* celle que l'on entend presque toujours désigner, quand on parle de l'assurance sur la vie.

ASSURANCE EN Le système des assurances en cas de décès
CAS DE DÉCÈS repose sur la progression des chances de mort
coïncidant avec celle de l'âge. La prime fixée d'une manière invariable pour toute la vie de l'assuré, au moment où il contracte l'assurance, est calculée de façon à se trouver en excès pendant les premiers temps, sur ce qu'elle devrait être proportionnellement aux chances de mort. De ces excédents qui sont produits par tous les contrats ou polices d'assurances, se forme *la réserve des primes.*

Elle ne sert pas au paiement des sommes échues ; elle est portée au compte de l'assuré, chaque année, et produit intérêt.

Quand l'assuré arrive à l'âge où sa prime deviendrait insuffisante, eu égard à la progression des chances de mort, la différence en moins est comblée par des prélèvements sur la réserve des primes.

Quant au paiement des capitaux exigibles, à la mort de l'assuré, il s'effectue au moyen des primes ramenées à leur valeur réelle.

Rachat d'une police d'assurances. — Si l'assuré veut rompre son contrat, et cesser de verser à la compagnie d'assurances, on lui rembourse alors immédiatement une partie de ce qu'il a versé en trop, et qui constitue la réserve des primes. L'assurance est annulée.

Réduction d'une police d'assurances. — L'assuré peut encore cesser ses versements et ne pas rompre pour cela son contrat avec la compagnie. En ce cas, il abandonnera son avoir dans la réserve des primes, pour la constitution d'un nouveau capital, naturellement inférieur à celui qu'auraient produit les versements continués.

L'assurance et les héritiers. — Si l'assurance est stipulée au profit des héritiers, sans désignation, elle ira à la masse de la succession et pourra servir de gage aux créanciers. Dans le cas où l'assuré aurait cédé à une tierce personne le bénéfice de l'assurance par un acte ultérieur, celle-ci succédera à son droit, mais sera tenue des charges qui grèvent le patrimoine du défunt, proportionnellement à ce qu'elle aura recueilli.

Il n'en sera pas de même si l'assurance a été souscrite originairement au profit d'un tiers nommé et désigné. En pareil cas, il s'agit, en effet, d'une *stipulation pour autrui ;* le tiers ne succède pas, il est *investi à la place* de l'assuré.

Par conséquent, d'après ce que nous avons expliqué au chapitre des successions, la créance ne venant pas du patrimoine du défunt, celui qui la recueille n'est pas tenu des charges qui grèvent ce patrimoine. La somme garantie demeure acquise au bénéficiaire, quelle que soit la situation du défunt, solvable ou non.

Il suit de là que, dans la pratique, pour garantir à quelqu'un le bénéfice d'une assurance en cas de décès, vulgairement appelée assurance sur la vie, il faut toujours la souscrire à son nom.

Si la personne, en même temps que *bénéficiaire*, est aussi *héritière* de l'assuré, elle devra, pour éviter d'être tenue des charges, refuser la succession, ou du moins ne l'accepter que sous bénéfice d'inventaire. En l'acceptant purement et simplement, elle serait obligée de répondre du passif, non seulement sur les biens recueillis, mais sur les siens propres, dont le montant de l'assurance fait partie.

Le bénéficiaire n'est jamais tenu de rapporter à la succession le montant de l'assurance recueillie par lui, car les primes qui l'ont produite sont censées avoir été payées, non sur le capital, mais sur les revenus du défunt.

L'assurance et la femme mariée. — La femme mariée bénéficie directement et intégralement de la somme que son mari lui a garantie, même si elle était mariée sous le régime de la communauté.

Rente viagère. — Tout le monde sait ce que c'est qu'une rente viagère, assurée à l'intéressé jusqu'à sa mort, moyennant l'abandon d'un capital fixé. Nous la mentionnons seulement ici, parce que c'est, en réalité, une des espèces de l'assurance sur la vie, bien qu'on la considère plutôt comme une rente à fonds perdus.

CAISSES D'ÉPARGNE

*A*DMINISTRATION. — Les caisses d'épargne sont administrées par un conseil de quinze directeurs, que préside le maire. Ils sont à la nomination du Conseil municipal élus pour trois ans, et renouvelables par tiers chaque année ; cinq au moins doivent être des conseillers municipaux. Les directeurs se réunissent obligatoirement une fois par mois. Ils nomment et surveillent le personnel, et vérifient les comptes.

Ressources de la Caisse d'épargne. — Ces ressources se décomposent ainsi :

1° Retenue de 1/4 p. 100 au moins et de 1/2 au plus sur l'intérêt aliéné (à Paris, elle peut aller jusqu'à 1 p. 100) ;

2° Produit des sommes laissées depuis trente ans dans les caisses et qui ne peuvent, à cause de leur insuffisance, être converties en rentes sur l'État, comme il est de règle en pareil cas ;

3° Intérêts du fond de dotation ;

4° Intérêts du capital de réserve ;

5° Subvention du Conseil municipal ;

6° Produits des souscriptions ;

7° Produits du revenu des dons et legs.

COMMENT ON EFFECTUE LES DÉPOTS A LA CAISSE D'ÉPARGNE Tout le monde peut faire un dépôt à la caisse d'épargne. A chaque déposant est affecté un livret, établi à son nom ; toutes les opérations y sont inscrites à leurs dates. C'est ce livret qui sert de titre. La caisse peut le garder une huitaine de jours, quand il y a encombrement d'écritures, mais elle est alors tenue de délivrer au déposant un récépissé.

Outre les particuliers, les sociétés aptes à posséder des fonds peuvent aussi avoir des livrets de caisse d'épargne : telles, par exemple, les sociétés de secours mutuels.

On ne peut verser ni moins d'un franc, ni plus de deux mille francs en tout.

Capitalisation des intérêts. — Les intérêts des sommes versées sont capitalisés annuellement et produisent eux-mêmes intérêts. Toutes sommes supérieures à un franc produisent ainsi intérêts.

Taux des intérêts. — Le taux légal est de 4 p. 100, sur lequel il est opéré une retenue variable, pour frais d'administration. A Paris, où cette retenue est la plus forte, le taux net est de 3 fr. 25 p. 100. Parmi les autres caisses, la majorité sert aux déposants un intérêt de 3 fr. 75, se contentant de la retenue obligatoire d'un quart, cent soixante environ n'accordent que 3 fr. 50 p. 100.

Qu'arrive-t-il quand le maximum des versements est dépassé? — Lorsqu'un déposant a plus de deux mille francs portés à son livret, l'administration l'en avise par lettre recommandée. Si, dans les trois mois, il n'a rien retiré, on lui achète d'office 20 francs de rente sur l'Etat français.

S'il ne retire pas son titre de rente, les intérêts sont touchés par la caisse en son nom et portés à son compte.

Comment s'opèrent les remboursements? — D'après la loi, la somme demandée ne serait remboursable que quinze jours après la demande par formule spéciale. Mais dans la pratique, il n'y a plus ni demande ni délai.

Mais le droit subsiste toujours, pour l'administration (en cas de crise financière, ou toute autre raison de force majeure) de différer ce remboursement pendant quinze jours ; elle pourrait même ne l'opérer que par acomptes de cinquante francs. C'est ce qu'on appelle la *clause de sauvegarde*.

Comment peut-on transférer ses fonds dans une autre caisse? — Il n'est pas nécessaire, pour cela, de se faire rembourser et de verser à nouveau les fonds. D'après les dispositions du 5 juin 1835, le transfert est opéré d'office. On n'a qu'à faire la demande à la caisse dépositaire, et à indiquer celle où l'on désire transférer les fonds.

Cependant, s'il s'agissait de deux caisses situées dans le même département, il faudrait s'assujettir aux deux opérations du remboursement du versement.

Qui contrôle les caisses d'épargne ? — Elles sont contrôlées, quant à la caisse et aux écritures, au nom du ministre des Finances, par les inspecteurs des finances, les trésoriers-payeurs généraux et les receveurs particuliers. Le ministère des finances transmet les rapports, avec son avis, à son collègue du commerce. Le préfet du département prend connaissance, dès les premiers jours de l'année, du compte rendu des opérations de l'année précédente, qui lui est adressé par chaque caisse d'épargne.

CAISSE D'ÉPAR- GNE POSTALE Elle a été instituée en France par la loi du 9 avril 1881. L'agent comptable de la caisse est nommé par décret, il est justiciable de la cour des comptes. Les opérations sont surveillées par un service spécial qui fonctionne au ministère des Finances sous le titre de *Direction de la Caisse d'épargne postale.*

Différences avec la Caisse d'épargne ordinaire

1° L'intérêt est uniformément de 3 p. 100 ;

2° Les versements et retraits peuvent être opérés dans tous les bureaux de poste, sans aucune formalité de transfert ;

3° La constatation des versements se fait en apposant sur le livret un nombre de timbres-épargne, à date du bureau, et signés du receveur, en nombre suffisant pour représenter la somme versée, qui est inscrite en francs dans la colonne des sommes reçues ;

4° Les livrets peuvent être remis sans frais aux déposants par l'entremise des facteurs ;

5° On peut effectuer des versements inférieurs à 1 franc en apposant des timbres de 5 et 10 centimes qui, lorsqu'ils arrivent à former la somme de 1 franc, sont remboursables en numéraire dans les bureaux ou portés au crédit du déposant ;

6° Les demandes de remboursement sont rédigées sur formules spéciales ;

7° Les fonds sont remboursés sur quittances ;

8° Toute opposition doit être adressée à la Direction centrale des Postes à Paris ;

9° L'intérêt court à partir du 1er ou du 16 après le jour du versement ;

10° Les opérations d'achats de rentes pour les comptes dépassant 2.000 francs sont faites par la Caisse des dépôts et consignations.

MONT-DE-PIÉTÉ

LES monts-de-piété sont régis par la loi du 24 juin 1851. Ils ont essentiellement pour fonction le prêt sur gage.

COMMENT SE FAIT L'ENGAGEMENT Contre le dépôt d'un objet mobilier il est remis à l'emprunteur une reconnaissance au porteur, qui n'est assujettie ni au timbre ni à l'enregistrement.

L'emprunteur est tenu de prouver son identité, pour que le mont-de-piété ne risque pas de devenir un lieu de recel des objets volés.

L'engagement se fait pour une période de six mois ou d'un an. Après ce temps, l'emprunteur a le choix entre deux partis. Il peut renouveler son engagement, en payant les intérêts échus. Il peut aussi dégager l'objet en remboursant de plus l'avance qui lui a été faite. Faute par lui d'effectuer l'un ou l'autre de ces paiements, l'objet déposé sera mis en vente deux mois après l'expiration du délai.

Au cas où la vente produirait une somme supérieure au total de l'avance et des intérêts, l'excédent serait tenu à la disposition de l'emprunteur pendant un laps de trois ans. Passé ce temps, le boni est acquis à l'administration.

Montant des avances. — Le montant de l'avance accordée aux emprunteurs est fixé par des commissaires-priseurs spécialement attachés à ces établissements et qui portent le nom d'*appréciateurs*. On ne prête pas moins de 1 à 3 francs suivant les localités. Quant au maximum, le décret du 12 août 1863 l'avait fixé à 10.000 francs, mais ce décret a été abrogé.

Si l'objet venant à être vendu, faute du paiement des intérêts ou de l'avance, il ne produisait qu'un prix inférieur à l'estimation qui en a été faite, c'est la caisse commune des appréciateurs qui serait tenue de la différence.

Quels objets peuvent être engagés ? — Pendant longtemps, les monts-de-piété n'ont prêté que sur des objets mobiliers.

Depuis la loi du 25 juillet 1891, le mont-de-piété de Paris a été autorisé à prêter sur valeurs mobilières, dans les proportions suivantes :

Rentes françaises . . . .)	80 p. 100
Bons et obligations du Trésor. . . . . . }	de leur
Bons de caisse du Mont-de-piété . . . .)	valeur.
Titres d'emprunt de certaines villes de France.	75 p. 100
Titres d'emprunt des grandes compagnies de chemins de fer français	60 p. 100
Maximum de l'avance.	500 francs
Intérêts	6,25 p. 100.

Remboursement facultatif par à-comptes, comme pour les objets mobiliers. Délai pour réclamer le boni, en cas de vente : 10 ans.

Le mont-de-piété de Toulouse a bénéficié depuis d'une autorisation semblable, qui tend à se généraliser.

Taux des intérêts.— Le taux des intérêts est fixé chaque année par l'administration du mont-de-piété. Relevons le taux minimum de 3 p. 100 à Toulouse et celui maximum de 12 fr. 25 p. 100 à Calais.

Ressources des monts-de-piété. — Elles sont constituées par :

1º Les biens meubles ou immeubles affectés à leur fondation ;
2º Les bénéfices réalisés sur les inventaires ;
3º Les subventions { de l'État; des départements ; des municipalités ;
4º L'emprunt contracté en hypothéquant leurs immeubles et en émettant des bons de caisse à échéance de trois, six ou douze mois portant intérêt de 2 à 3 p. 100. Ces bons paient une taxe de 4 p. 100 sur le revenu.

Bénéfices des monts-de-piété. — Les bénéfices résultant des intérêts, exclusivement, sont employés :

1º Au paiement des frais généraux ;
2º A l'abaissement du taux de l'intérêt ;

3° A la dotation pour tous les monts-de-piété, excepté ceux de Paris et de Saint-Quentin ;

4° Pour ces deux derniers seulement, au profit des hospices dont ils sont les annexes.

Administration des monts-de-piété. — A Paris, le directeur du mont-de-piété est nommé par le ministre de l'Intérieur ; en province, par le préfet.

A côté du directeur se trouve un comité de surveillance ainsi composé :

Trois conseillers municipaux ;

Trois administrateurs d'établissements de bienfaisance ;

Trois citoyens de la commune.

Ce conseil est renouvelable par tiers tous les deux ans à Paris, tous les ans en province.

Chaque mont-de-piété comprend, outre l'établissement principal, ou chef-lieu, une ou plusieurs succursales, et des bureaux auxiliaires. En province, des commissionnaires autorisés servent d'intermédiaires entre le mont-de-piété et les emprunteurs. Ils ont été supprimés à Paris depuis 1887.

CONSEILS PRATIQUES

L'HYGIÈNE DE LA BEAUTÉ. Toutes dames désireuses de conserver leur jeunesse doivent s'adresser à Mlle ESTELLE qui détient le merveilleux secret d'un procédé unique au monde pour améliorer, corriger et régénérer l'épiderme du visage en effaçant les plis les plus anciens, et en redonnant aux muscles leur souplesse primitive, à la peau sa juvénile fraicheur.

Rénover complètement le visage le plus las, en lui rendant une expression de jeunesse, faire disparaître toutes impuretés, boutons et rougeurs, c'est ce qu'obtient Mlle ESTELLE par des soins intelligents et savants, et non pas en dissimulant les marques désespérantes du temps par de fâcheux artifices ou des maquillages complaisants.

Ce résultat est acquis graduellement par la savante application de produits végétaux toniques, bienfaisants, n'ayant aucun rapport avec la chimie, laquelle entre trop souvent dans la fabrication d'un grand nombre de produits de beauté nuisibles à l'épiderme.

Mlle ESTELLE, désireuse de donner aux dames éloignées de Paris le moyen sûr de conserver ou d'acquérir la beauté, leur conseille de demander l'envoi d'un guide fait spécialement pour les différents épidermes.

L'épilation est faite 16, rue de la Paix, Paris, dans les salons d'hygiène et de beauté par l'electrolyse ne laissant aucune trace de brûlure.

Mlle ESTELLE se tient à la disposition de toutes les dames pour leur donner tous conseils à titre gracieux.

Usine à Levallois-Perret. — Succursales des *Salons d'hygiène et de beauté :* Londres, Constantinople, Boston, Varsovie, Saint-Pétersbourg, Vichy, Alger, Munich, Rome, Marseille.

La maison forme des élèves.

LES PARFUMS Un froufrou léger... un parfum qui enveloppe... et c'est une jolie femme qui vient de passer...

Ah! qui dira la puissance de séduction d'un parfum! qui saura traduire les pensées multiples qu'il éveille par ses subtiles effluves! Aucune élégante ne l'ignore, et c'est pourquoi elle ne se considérerait jamais complètement séduisante sans être parfumée.

Mais il y a, ne l'oubliez pas mes chères lectrices, un abîme entre les divers produits chimiques vendus dans le commerce sous le nom fallacieux de « parfums » et les essences rares, distillées avec soin, sélectionnées avec art, que peut vous offrir une marque aussi ancienne et aussi réputée que la Parfumerie E. Coudray.

Ses parfums pour le mouchoir sont adoptés par toutes nos élégantes, sur la caractéristique de ces essences aux effluves grisants c'est « leur distinction ». La Parfumerie E. Coudray s'est toujours refusée à fabriquer ces parfums équivoques, violents, indice du mauvais ton, ses créations « Pour Elle », « Duchesse d'Enghien », « Adiantis », « Exor », sont incomparables. Si ces parfums ont charmé la clientèle aristocratique de la Parfumerie E. Coudray, ses célèbres Talismans de Beauté ont contribué aussi au succès de cette marque séculaire.

Signalons son produit de beauté « Rosée Sovrana » qui est un produit liquide, absolument limpide, obtenu exclusivement par la distillation de plantes fraîches ayant une action remarquablement bienfaisante sur l'épiderme. La Rosée Sovrana n'a aucun des inconvénients des crèmes, qu'elle détrône toutes, elle dissipe les rides, assouplit l'épiderme et assure au teint cette fraîcheur délicate si enviée aux jeunes filles. Le prix du grand flacon est de 3 francs (port 0 fr. 50).

Nous devons signaler le très grand succès de la poudre « Secret de Beauté » de E. Coudray; jamais on n'avait atteint une telle perfection dans la composition d'une poudre pour le visage; son action sur l'épiderme est remarquable et, comme son nom l'indique, elle est le vrai Secret de Beauté.

Nous engageons d'ailleurs toutes nos Lectrices à demander à la Parfumerie E. Coudray, 13, rue d'Enghien, Paris, sa très intéressante brochure « L'Art d'être Jolie »; elle leur sera adressée gracieusement sur simple demande.

UN DES CLOUS DE L'EXPOSITION DE BRUXELLES

Nous devons à la bonne grâce de MM. Mercier frères de pouvoir
reproduire le somptueux bureau qui fut le clou des classes de
l'ameublement et de la décoration à l'Exposition de Bruxelles. Le Roi
des Belges fut, on le sait, émerveillé de ce magnifique ensemble de
style assyrien, que nos grands décorateurs, poussés par leur habituel
souci d'art voulurent exécuter, d'après les travaux de M. Dieulefoy,
scrupuleusement.

Le Roi Léopold II témoigna hautement sa satisfaction à M. Henri
Mercier à qui, en sa qualité de Président des classes de l'ameublement
et de la décoration, revenait l'honneur de guider le Roi dans les
diverses sections de l'Exposition. Peu après, le Roi de Bulgarie, à son
tour, exprimait son admiration pour ce chef-d'œuvre qui réunit le
double mérite de constituer une création originale et neuve tout en
étant pleine des bonnes traditions qui font la gloire de l'ameublement
des grandes époques.

PRODUITS DE BEAUTÉ DU DOCTEUR FRUJAN.

Les Produits de Beauté du Dʳ Frujan, établis par un spécialiste bien connu pour soigner, nourrir et conserver en bon état l'épiderme, ne sont pas des fards et n'ont aucune ressemblance avec les innombrables spécialités que la parfumerie lance annuellement sur le marché.

Notre crème de beauté n° 1, entièrement soluble, antiseptique et tonique, est un véritable aliment pour l'épiderme, indispensable pour retenir la poudre. Notre crème n° 2 nettoie l'épiderme mieux que le meilleur des savons.

Notre lait épidermique, lotion tonique, donne très rapidement à la peau une blancheur, un éclat et une transparence incomparables. Notre poudre, enfin, est d'une finesse et d'une innocuité absolues.

Tous ces produits se trouvent chez MM. Amiot et Cⁱᵉ, parfumeurs-chimistes, 68, rue de Rivoli, Paris (tél. 228-85), au Bon Marché, et dans les grands magasins de Paris.

LA BASE DE L'ESTHÉ-TIQUE FÉMININE.

La femme ne peut se passer du *corset*. Malheureusement le nom de corset est souvent donné à des instruments de torture dont la coupe, ou la composition même de l'étoffe utilisée pour leur fabrication, ne sont nullement en rapport avec les formes ou la sensibilité des sujets qui doivent les supporter. Maintenir certaines parties du corps sans les comprimer, tel est le principe qui nous a amenés à créer un corset entièrement élastique, dit l'*Indispensable*, ne possédant que *deux baleines*, ainsi que différents modèles de corselets, soutien-gorges et ceintures de hanches, applicables suivant les cas.

Toute personne se référant de *Femina-Bibliothèque* obtiendra une remise de 5 p. 100. — Lucien Laroche, fabricant, 41, rue des Archives, Paris (IVᵉ). Manufacture de tissus élastiques, ceintures ventrières, bas élastiques. — Tél. 1025-68.

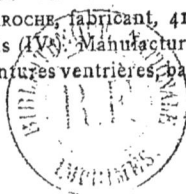

ÉVREUX, IMPRIMERIE CH. HÉRISSEY, PAUL HÉRISSEY, SUCC^r

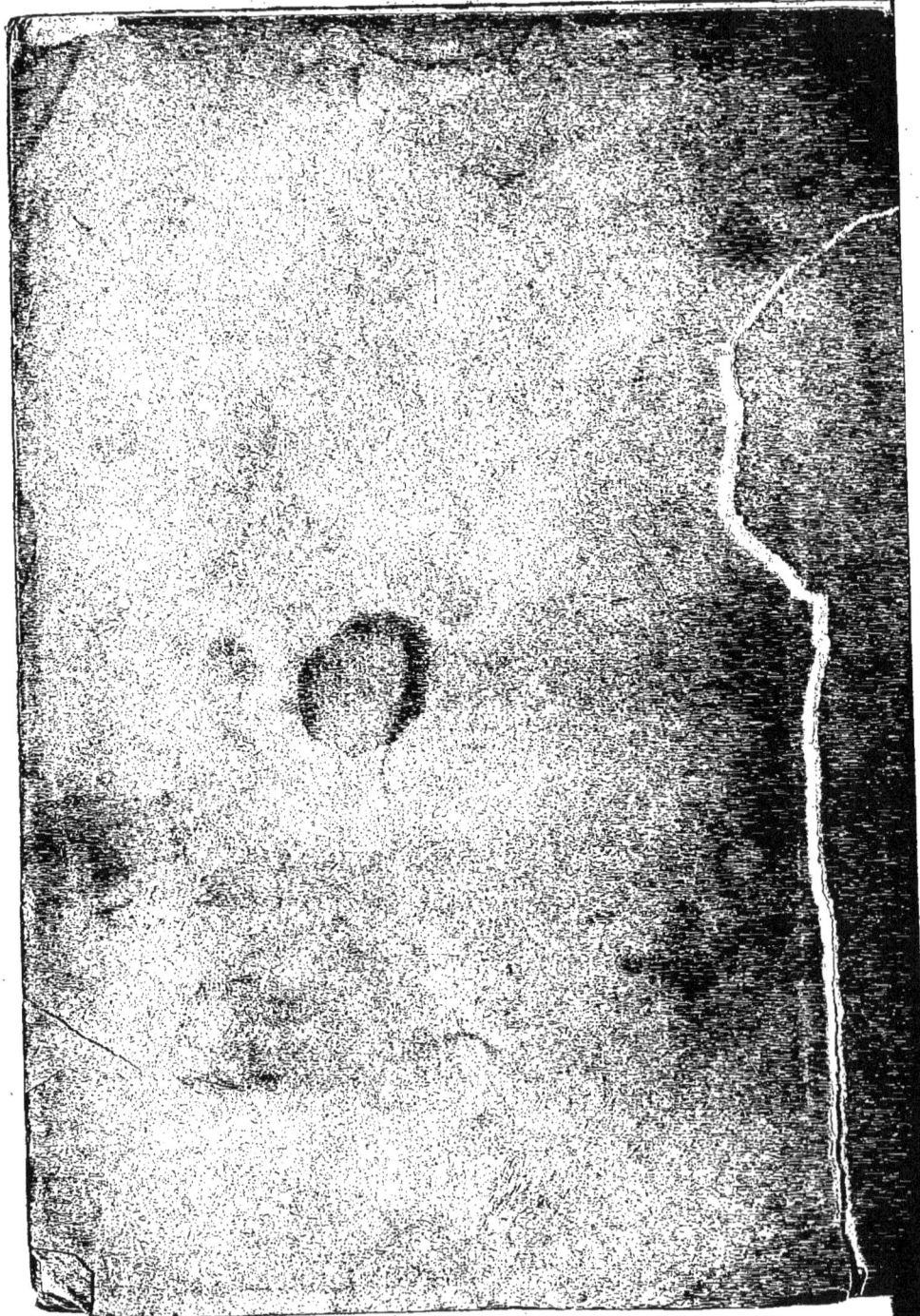

www.ingramcontent.com/pod-product-compliance
Lightning Source LLC
Chambersburg PA
CBHW060123200326
41518CB00008B/913